FIDIC

2017版系列
合同条件解析

陈勇强　吕文学　张水波　等编著

中国建筑工业出版社

图书在版编目（CIP）数据

FIDIC 2017版系列合同条件解析／陈勇强，吕文学，张水波等
编著．—北京：中国建筑工业出版社，2019.4（2025.9重印）
ISBN 978-7-112-23297-0

Ⅰ.①F… Ⅱ.①陈… ②吕… ③张… Ⅲ.①建筑施工－经济合
同－研究 Ⅳ.①D913.6

中国版本图书馆CIP数据核字（2019）第027463号

　　FIDIC是国际工程管理领域的非官方权威机构，其系列合同范本在业界一直起着引领作用。FIDIC 2017年底发布了1999版《施工合同条件》《生产设备和设计—建造合同条件》《设计—采购—施工与交钥匙项目合同条件》的第二版。本书共有8章及5个附录，对FIDIC 2017年发布的这三本合同条件进行了系统、深入的解读和对比分析，向读者展示了这套国际权威工程合同范本的体系、结构、要点和原理。

　　本书的主要读者对象是从事国际工程项目投资与承包的商务管理人员、法律顾问和国际工程管理咨询人士，也可作为高等学校工程管理、造价管理、土木工程及相关专业在校师生学习和研究的教材和参考用书。

责任编辑：朱首明　李天虹
书籍设计：锋尚设计
责任校对：李美娜

FIDIC 2017版系列合同条件解析
陈勇强　吕文学　张水波　等编著
*
中国建筑工业出版社出版、发行（北京海淀三里河路9号）
各地新华书店、建筑书店经销
北京锋尚制版有限公司制版
建工社（河北）印刷有限公司印刷
*
开本：787×1092毫米　1/16　印张：17¾　字数：316千字
2019年4月第一版　2025年9月第八次印刷
定价：**58.00**元
ISBN 978－7－112－23297－0
　　　　　（33600）

FIDIC

FIDIC及其2017版系列合同条件

国际咨询工程师联合会（Fédération Internationale des Ingénieurs–Conseils，简称FIDIC）成立于1913年，其宗旨是通过编制高水平的标准文件、传播工程信息，推动全球工程咨询行业健康、可持续发展。目前有100多个国家和地区加入了FIDIC，中国于1996年正式加入该组织。

FIDIC最享有盛誉的是其编制的一系列工程和咨询合同条件，现已形成了独具特色的FIDIC合同体系。这些合同条件被广泛应用于国际工程承包和咨询市场，在国际工程界的影响力越来越大。

2017年12月，FIDIC在伦敦举办的国际用户会议上正式发布了1999版系列合同条件中三本的第二版（本书简称"2017版"），分别是：《施工合同条件》（Conditions of Contract for Construction）（红皮书）、《生产设备和设计—建造合同条件》（Conditions of Contract for Plant and Design–Build）（黄皮书）和《设计—采购—施工与交钥匙项目合同条件》（Conditions of Contract for EPC/Turnkey Projects）（银皮书）。

FIDIC在中国

最早将FIDIC合同条件正式介绍到中国的是清华大学卢谦教授，卢谦教授于1986年将FIDIC《土木工程施工合同条件》（1977年第三版）翻译成了中文并由中国建筑工业出版社出版。1991年，天津大学何伯森教授组织天津大学和中国国际咨询公司等单位的多位教师和工程师，翻译并出版了FIDIC《土木工程施工合同条件》（1987年第四版）应用指南。之后，FIDIC正式授权何伯森教授将其编制的系列合同条件英文版翻译成中文在中国出版。在何伯森教授的组织下，天津大学翻译团队在1992年至1997年期间陆续将FIDIC《电气与机械工程合同条件》（第三版）及应用指南、《设计—建造与交钥匙合同条件》及应用指南、《业主/咨询工程师服务协议书》及应用指南，以及与《土木工程施工合同条件》配套使用的《土木工程施工分包合同条件》等翻译出版。中国工程咨询协会于1996年代表中国加入了FIDIC后，成立了FIDIC文献翻译委员会，陆续组织翻译出版了一系列FIDIC合同文件，包括1999版系列合同条件及其指南，本书的三位主要作者张水波、吕文学和陈勇强均参与了翻译工作。

中国国际工程实业界最早在国外承包工程时用到了FIDIC合同条件，后来随着鲁布革水电站、京津塘高速公路、二滩水电站、小浪底水利枢纽工程等一批在中国境内建设的世界银行贷款项目中FIDIC合同条件的使用，中国工程项目业主和承包单位开始大量接触、学习和认识FIDIC。中国国际工程实业界以中国水利电力对外公司原党委书记、水利部外事司原副司长梁镒先生为代表的一批有识之士，在业界对FIDIC合同条件还不太熟悉的时候，在国内积极宣传和推广FIDIC合同条件。FIDIC合同条件在中国工程界的应用，直接推动了中国的建设监理制和招标投标制等的变革和发展，由中国政府各部委主导和编写的各种中文工程合同示范文本，参考和借鉴了FIDIC合同条件中的很多理念和内容，这也促进了中国国内工程承包市场与国际工程市场的快速接轨。自20世纪中国"走出去"战略的实施，到近年来"一带一路"倡议的提出和实施，更随着中国国力的不断增强，中国工程企业在国际工程市场上的影响力越来越大，很多在国外实施但由中方主导的工程直接或间接地使用了FIDIC合同条件。中国工程界在使用FIDIC合同条件的过程中发现和遇到的问题，也为FIDIC合同条件的修订提供了借鉴和宝贵的经验。

致谢

感谢FIDIC这个"百年老店"及其专家们为我们奉献的国际权威合同范本。

感谢并缅怀中国国际工程管理学科创始人、将FIDIC引入中国的杰出贡献者之一、我们的恩师和引路人天津大学何伯森教授，他的精神永远激励和鼓舞着我们不断向前。

感谢中国建筑工业出版社朱首明编审在本书的出版过程中和多年来对我们一如既往的支持和帮助，她的严谨、敬业和专业态度使得本书更加完美。

感谢国际经济合作杂志社，尤其是钱志清编辑，本书的很多内容已经作为单独的文章在国际经济合作杂志刊登，并获杂志社授权再次修订出版。

感谢本书引用的所有著作和文章及其他相关资料的作者们。

感谢家人对我们工作一直以来的无私支持和奉献。

感谢本书的其他各位作者，他们都是我们的优秀学生，且在很多方面已经超过了我们，是我们看国际工程实业的眼睛，我们以他们为荣！本书是三代天津大学工管人不懈努力、薪火传承、厚积薄发的成果之一。

本书的其他作者和主要贡献者有：

赵珊珊	中国恩菲工程技术有限公司
张玲	中国电建集团华东勘测设计研究院有限公司
朱星宇	英国贝尔法斯特女王大学
张帅军	中国港湾工程有限责任公司
金梦夏	中国机械设备工程股份有限公司
高原	中国机械设备工程股份有限公司
秦晋	中国能源建设集团广东省电力设计研究院有限公司
杜博	中国五矿集团有限公司
刘磐	联合建管（北京）国际工程科技有限责任公司
阿加克布	中国恩菲工程技术有限公司
石慧	三峡国际能源投资集团有限公司
姜琳	天津城建大学经济与管理学院
马晓苹	通用环球医疗集团有限公司
吴昊	中华人民共和国外交部行政司

还有天津大学管理与经济学部工程管理系的在校博士/硕士研究生：姚洪江、谢爽、张语芮、张启航、姜宇星、游静雅、尤闻博、刘心言、杨志东等。

本书是我们团队作战的成果，虽然创作及实施过程并不轻松，但我们乐在其中。正是因为团队的力量，能从多角度、多维度和多立场去审视书稿的所有内容，进而保证了本书的严谨性、实务性和可读性。

在本书写作过程中我们参考了大量国内外专家学者的著作和论文，已在参考文献中列出，部分文献可能被遗漏，在此向被遗漏文献的作者表示歉意。

虽然我们的团队已经尽了最大努力，但由于各方面的局限，书中可能存在这样或那样的问题，真诚的希望读者批评指正。如果有什么意见或建议，可发邮件至：symbolpmc@vip.sina.com。

谨以此书献给国际工程管理界的同仁们，也献给已经成为我们同行的学生们和我们现在及未来的学生们。

陈勇强　吕文学　张水波

2018年12月8日于天津大学

FIDIC

2017版红皮书、黄皮书和银皮书分别代表了三种不同的工程合同模式。为了便于用户理解和使用，FIDIC从1999版系列合同条件开始就大大提升了其同类合同的规范化和标准化程度，2017版这三本合同条件的通用合同条件均包括21个条款。

本书章节结构设计有横纵两条线：横线是2017版红皮书、黄皮书和银皮书三本不同的合同条件；纵线是这三本合同条件通用合同条件的21个条款。本书主干内容采用横纵结合，以纵线为主的方式展开，且试图覆盖通用合同条件21个条款的大部分内容，同时兼顾这三本合同条件的差异。本书在分析过程中，多以2017版黄皮书通用合同条件的21个条款为主线展开，对红皮书和银皮书不同的地方会做特别说明。横纵两条线结合分析，对读者的要求较高，但可以使本书的内容大大缩减，减少了不必要的冗余。本书写作过程中试图在全面性、简约性和可读性之间做好平衡。

本书共有8章，前7章共有21节，21节的每一节都是一个相对独立的专题分析，每节之前有该节的内容提要供读者快速浏览、选择，读者可以顺序阅读，也可以根据自己的兴趣和需要有选择性的阅读；第8章则是关于FIDIC合同体系发展回顾与展望。

本书第1章第1节是写给对1999版系列合同条件非常熟悉的读者的，该节从总体上介绍和分析了2017版与1999版系列合同条件相比的主要变化和修订理念；第2节对2017版红皮书、黄皮书和银皮书进行了横向的对比分析，为的是使读者从总体上对红皮书、黄皮书和银皮书的关系，尤其是这三本合同条件之间的主要差异有概要性的了解。

本书第2章至第6章以2017版系列合同条件通用合同条件的21个条款这条纵线为主展开，也是本书的主干内容。2017版系列合同条件强调合同内容的项目管理化，本书的很多章节的安排顺应了这种理念，第2章至第6章的每一节都试图从某一个项目管理职能的视角去看待合同条件中的相关规定，同时将不同条款中的相关内容进行梳理和归纳。

本书第2章第1节，以2017版红皮书和黄皮书的工程师、银皮书的业主代表为对象，分析项目业主方管理团队是如何工作的。后续各章节分别从设计管理、现场管理、质量管理、进度管理、支付、保函、工程照管与保障、风险、例外事件、保险、变更、索赔、合同终止、争端解决等方面进行专题分析，其中支付和索赔内容较多各自设立了两节。

本书第7章也是写给熟悉1999版系列合同条件的读者的，三节内容分别将2017版红皮书、黄皮书和银皮书与对应的1999版进行详细的对比。对于没有接触过或只是简单了解1999版系列合同条件的读者，则可暂时忽略第7章的内容，等到对工程合同有了比较深刻的理解之后，再读这一章。

本书第8章是我们团队完成的一个研究报告《FIDIC合同体系发展60年：1957到2017》，是对FIDIC系列合同范本的一个历史性的、全面性的概要介绍。

本书最后一部分是五个附录。

BIM技术的快速发展对工程项目管理及合同结构和内容的设计将带来较大的影响，附录1给出了FIDIC关于BIM使用建议说明的翻译，供读者参考。

附录2、3、4列出了2017版红皮书的整体英文版目录、通用合同条件二级子条款英文目录、合同条件中关键词或词组索引及参考中文，还附上了常用国际工程合同管理词组缩写及其含义。最后，附录5给出了本书的主要图表索引以方便读者查找。

我们设想这样的章节顺序和内容安排能够实现问题导向和用户友好，为读者提供更多的阅读选择方案，使读者在阅读某一章或节时能够专注于某个方面，但我们仍希望，在读完本书（或读完所有合同条款原文）之后，读者能够将2017版系列合同条件看作一个整体，从宏观上去理解国际工程合同的体系、框架和原理，而不是将这些内容割裂开来。

本书的内容设计和定位是针对有相当基础的国际工程商务专业人员的，对于国际工程合同管理的初学者，如果想真正理解书中内容，应该首先拓展学习相关的专业基础知识，搭建好比较坚实的国际工程合同管理知识体系，然后再阅读本书更好。本书后面所列主要参考文献中的相关经典著作和文章可供读者参考和学习。最后，强烈建议读者认真、反复地阅读和理解2017版系列合同条件英文原文，即使你是一位很资深的专业人士，本书也仅仅是一本解析，不能替代合同原文的学习。

为了方便读者快速、形象、概要地从总体上理解本书和2017版系列合同条件的内容，我们专门制作了一个125页的与本书配套的PPT文件供大家参考使用（请扫二维码关注"全球工程经营公众号"下载该文件）。

全球工程经营公众号

目录

FIDIC

第 1 章

总体分析

1.1 2017版系列合同条件主要修订分析

　　2017年12月FIDIC正式发布了与1999版相对应的三本合同条件的第二版。2017版三本合同条件各自的应用范围、业主与承包商的职责和义务，尤其是风险分配原则与1999版基本保持一致；合同条件的总体结构基本不变，但通用合同条件将索赔与争端区分开，并增加了争端预警机制。与1999版相比，2017版系列合同条件的通用合同条件在篇幅上大幅增加，融入了更多项目管理理念，相关规定更加详细和明确，更具可操作性；2017版系列合同条件加强和拓展了工程师的地位和作用，同时强调工程师的中立性；更加强调在风险与责任分配及各项处理程序上业主和承包商的对等关系。本节以2017版黄皮书为主线对所做的修订进行了分析和讨论，并介绍了FIDIC新推出的专用条件起草五项黄金原则。

1.1.1 2017版系列合同条件的发布背景和修订理念

1999版系列合同条件已经使用了18年，随着国际工程市场的发展和变化以及工程项目管理水平的提升，FIDIC认为有必要针对1999版合同条件在应用过程中产生的问题进行修订，以使其能更好地反映国际工程实践，更具代表性和普遍意义。此次修订是从黄皮书开始的，FIDIC早在2016年就推出了黄皮书的征求意见稿（2016 pre-release version of the Yellow Book），在黄皮书的基础上删减相关的设计义务形成红皮书，对风险分配进行调整形成银皮书。此次修订过程中，FIDIC征求并吸纳了国际工程业界各方用户和相关组织（包括CICA、EIC、ICAK和OCAJI等承包商协会）的意见和建议。

2017版系列合同条件追求更加清晰、透明和确定（clarity，transparency and certainty），以减少合同双方争端的发生，使项目更加成功。2017版系列合同条件加强了项目管理工具和机制的运用；进一步平衡了合同双方的风险及责任分配，更强调合同双方的对等关系；力求反映当今国际工程最佳实践做法；解决1999版使用过程中产生的问题；借鉴FIDIC 2008年出版的《设计—建造和运营项目合同条件》（Conditions of Contract for Design，Build and Operate Projects）（金皮书）的编写理念和经验。

2017版与1999版系列合同条件相比，各本相对应合同条件的应用和适用范围，业主和承包商的权利、职责和义务，业主与承包商之间的风险分配原则，合同价格类型和支付方式，合同条件的总体结构都基本保持不变。本节将以2017版黄皮书为主线进行分析，只有当2017版红皮书和银皮书有特别不一样的地方才会在讨论时涉及。

1.1.2 2017版系列合同条件的通用合同条件结构略有调整

2017版系列合同条件的通用合同条件总体结构和条款的排列顺序基本不变，有些条款的名称略有调整但所涵盖的内容范围基本不变，见表1-1（以黄皮书为例）。

2017版系列合同条件都将1999版系列合同条件的第11条［缺陷责任］改为了"接收后的缺陷"；将第17条［风险与职责］改为了"工程照管与保障"；第18条与第19条调换了顺序，"不可抗力"被命名为"例外事件"；将1999版系列合同条件的第20条［索赔、争端与仲裁］拆分成了第20条［业主和承包商的索赔］和第21条［争端和仲裁］。

2017 版与 1999 版黄皮书通用合同条件结构对比　　　　表 1-1

序号	2017版《生产设备和设计—建造合同条件》	1999版《生产设备和设计—建造合同条件》
1	General Provisions（一般规定）	General Provisions（一般规定）
2	The Employer（业主）	The Employer（业主）
3	The Engineer（工程师）	The Engineer（工程师）
4	The Contractor（承包商）	The Contractor（承包商）
5	Design（设计）	Design（设计）
6	Staff and Labour（员工）	Staff and Labour（员工）
7	Plant, Materials and Workmanship（生产设备、材料和工艺）	Plant, Materials and Workmanship（生产设备、材料和工艺）
8	Commencement, Delays and Suspension（开工、延误和暂停）	Commencement, Delays and Suspension（开工、延误和暂停）
9	Tests on Completion（竣工试验）	Tests on Completion（竣工试验）
10	Employer's Taking Over（业主的接收）	Employer's Taking Over（业主的接收）
11	Defects after Taking Over（接收后的缺陷）	Defects Liability（缺陷责任）
12	Tests after Completion（竣工后试验）	Tests after Completion（竣工后试验）
13	Variations and Adjustments（变更和调整）	Variations and Adjustments（变更和调整）
14	Contract Price and Payment（合同价格和付款）	Contract Price and Payment（合同价格和付款）
15	Termination by Employer（由业主终止）	Termination by Employer（由业主终止）
16	Suspension and Termination by Contractor（由承包商暂停和终止）	Suspension and Termination by Contractor（由承包商暂停和终止）
17	Care of The Works and Indemnities（工程照管与保障）	Risk and Responsibility（风险与职责）
18	Exceptional Events（例外事件）	Insurance（保险）
19	Insurance（保险）	Force Majeure（不可抗力）
20	Employer's and Contractor's Claims（业主和承包商的索赔）	Claims, Disputes and Arbitration（索赔、争端和仲裁）
21	Disputes and Arbitration（争端和仲裁）	—

2017版红皮书的第5条由原来的"指定分包商"（Nominated Subcontractors），改为了"分包"（Subcontracting），改名后该条款内容包括了指定分包和一般分包；2017版红皮书的第12条不变，仍为"测量与估价"（英文由Measurement and Evaluation改为Measurement and Valuation）。2017版银皮书没有工程师这个角色，第3条与1999版银皮书一样，仍为"业主的管理"（The Employer's Administration），除第3条外，2017版银皮书其他一级条款的名称及顺序均与黄皮书一致。

2017版系列合同条件的二级子条款的顺序有部分调整，内容也有增删。由于篇幅的增加，2017版系列合同条件的通用合同条件均增加了很多三级子条款，具体变化请参见合同条件原文。

1.1.3 2017版系列合同条件的通用合同条件篇幅均大幅增加

2017版与1999版系列合同条件相比，合同条件各部分内容均有所增加，最大的变化则是通用合同条件的篇幅大幅度增加，如：2017版黄皮书的通用合同条件由63页增加到了109页，字数由31，263个单词，增加到49，441个单词。

2017版与1999版红皮书、黄皮书和银皮书的通用合同条件单词数统计对比如图1-1所示（右侧的IV、V、VI）。为了展示FIDIC系列合同条件的通用合同条件篇幅的变化趋势，图1-1左侧I、II、III分别是FIDIC 1987年《土木工程施工合同条件》（第四版）、1987年《电气与机械工程合同条件》（第三版）、1995年《设计—建造和交钥匙合同条件》三本早期合同版本的通用合同条件的单词数。

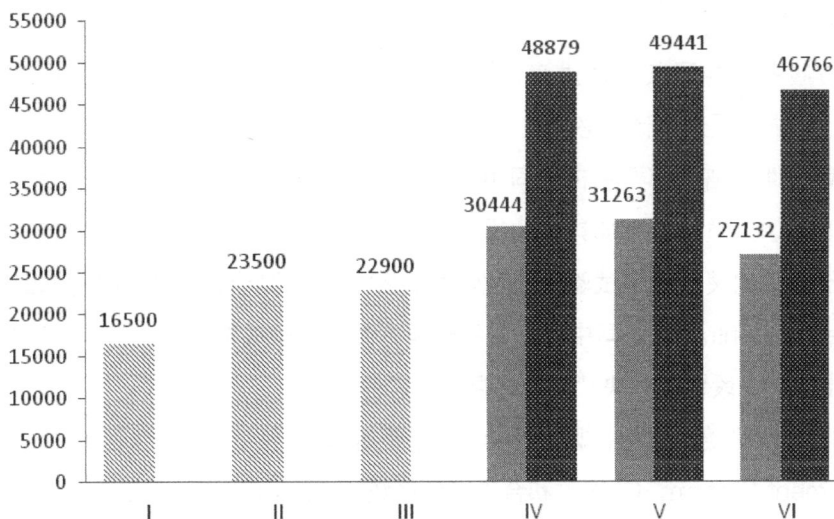

图1-1 2017版与1999版及早期部分版本通用合同条件字数对比示意图

由图1-1可以看出，FIDIC合同通用合同条件的篇幅有逐渐增加的趋势，这样做的好处是将更多的内容和细节纳入通用合同条件，即使用户不用，删掉总比用户自己增加相应的规定更容易，但这样做的同时也会使通用合同条件变得复杂，除非是大型复杂工程项目，用户可能并不愿意使用一个非常复杂的通用合同条件。理想的状况是通用合同条件更加详实了，很多操作性的内容已经纳入其中，在未来的使用过程中专用条件的篇幅应该会适当减少。

1.1.4　2017版系列合同条件融入了更多项目管理理念

FIDIC认识到工程合同虽然是法律文件，但工程合同不仅仅是给律师看的，更是给项目管理人员用的，所以2017版系列合同条件中融入了更多项目管理的思维，借鉴国际工程界有关项目管理的最佳实践做法，在通用合同条件各条款中增加了很多更加详细明确的项目管理方面的相关规定，这也是2017版系列合同条件的通用合同条件篇幅增加的主要原因。

天津大学国际工程管理研究团队的相关研究结果表明，工程合同可以实现控制、协调和适应三种功能，分别应对合同双方的机会主义行为、合同双方沟通协作以及未来不可预见的事件。我们对2017版系列合同条件的通用合同条件的初步分析认为，其增加的篇幅绝大部分用于项目管理的协调功能上，即主要增加在了合同各方如何进行有效的沟通与合作的内容上，这符合FIDIC合同编制由单纯的法律思维向项目管理思维转变的理念。

2017版系列合同条件对进度计划、进度报告等的要求更加明确，内容大幅增加，如：要求每项进度计划必须包含逻辑关系、浮时和关键路径，对使用什么版本的进度计划软件等细节都要求在合同中详细规定，对项目实施过程中如何进行进度计划的修改和调整做出了更加具体的规定；还要求承包商在竣工试验开始前42天单独提交一份详细的关于竣工试验的进度计划；2017版系列合同条件借鉴了NEC（New Engineering Contract）合同中关于项目管理方面的一些成熟理念，在"工期的延长"条款中增加了一段旨在解决"共同延误"问题的规定。

2017版系列合同条件规定承包商需要准备和执行质量管理体系（Quality Management System，QMS）和合规验证系统（Compliance Verification System，CVS）。此外，还要求承包商对QMS进行内部审核，并向工程师报告审核结果且按工程师要求提交一套完整的CVS记录。2017版系列合同条件更加重视健康、安全和环境保护问题，明确规定承包商应按合同要求在开工日期之后21天内，向工程师提交健康和安全手册，并对手册的内容提出了具体要求。

2017版系列合同条件引入了2008年FIDIC金皮书（DBO）所使用的"提前通知"（Advance Warning）预警机制，要求合同各方对于自己意识到的严重影响承包商人员工作的、严重影响未来工程性能的、使合同价格上升的或会使工程工期延误的已知的或者可能发生的事件或情况，提前告知各方，以使损失降到最小。这项规定旨在使合同各方提前有效地进行沟通，在问题萌芽状态将其解决，以减少争端的产生。

2017版系列合同条件还体现了对各方项目管理人员的重视，如：新增了关于承包商关键人员资质要求的条款，并将承包商代表的任命作为所有支付的前提条件；2017版银皮书规定除非业主同意，承包商代表要常驻现场（1999版银皮书没有此项要求），且在"业主要求"文件中有对关键人员的要求；2017版黄皮书和银皮书中对设计人员的资质提出了更加具体、严格的要求；对工程师（2017版银皮书为业主代表）人员的资质同样提出了更加具体的要求。

1.1.5　2017版系列合同条件加强和拓展了工程师的地位和作用

早期的FIDIC合同范本延续了英国ICE（Institution of Civil Engineers）合同的理念，在1987年FIDIC《土木工程施工合同条件》（第四版）及之前FIDIC的其他合同范本中工程师均处于核心地位（第三版在描述工程师时使用了术语"独立的"），工程师是公平和公正的（fair and impartial）第三方，是业主和承包商之间沟通的桥梁和中枢，但因为工程师要和业主签订合同，工程师和业主有利益关系，因此业界一直对工程师能否真正做到公平和公正有很大的质疑，这种质疑主要来自承包商。1995年世界银行在其招标文件中采用了1992年FIDIC《土木工程施工合同条件》（第四版）的修订版本，但世界银行引入了"争端审议委员会"（Dispute Review Board，DRB）取代了工程师以准仲裁员身份处理合同争端的功能。

1999版红皮书和黄皮书对工程师角色的定位做出了非常大的调整，转而强调工程师就是为业主服务的（1999版银皮书甚至取消了工程师这个角色用业主代表来替代）。可能是考虑到业界仍有很大的呼声，希望工程师能在处理合同事务中发挥更大的作用，2017版红皮书和黄皮书（银皮书仍然没有工程师）尝试着在1999版的基础上加强和拓展工程师的地位和作用。在2017版红皮书和黄皮书的通用合同条件中关于工程师的条款篇幅大幅增加（由2页增加到了5.5页），在说明工程师仍代表业主行事的同时，要求工程师做出决定时保持中立（neutral），但这里的中立不能被理解成独立（independent）或公正（impartial），理解成无派别（non-partisan）似乎更为合适。可以预见，关于工程师的中立性，仍将是一个被质疑和争论的问题。

2017版红皮书和黄皮书对工程师人员的资质提出了更高、更详细的要求，也只有高水平、权威、专业且敬业的工程师才有可能做到中立。同时，增加了工程师代表这个角色，并要求工程师代表常驻现场，且工程师不能随意更换其代表。

2017版红皮书和黄皮书中对工程师做出回复的时间给予了很多限制，促使其在合同管理过程中不能随意拖延回复承包商发出的通知或请求，主要体现在"视为"规定（deem/deemed provisions）上，如：承包商提交的初始进度计划如果工程师没有在21天内（修订的进度计划为14天）回复，则视为其同意了此计划。

2017版红皮书和黄皮书中工程师无需经业主同意即可根据"商定或决定"（agreement or determination）条款做出决定。与1999版不同，2017版红皮书和黄皮书中要求工程师在处理合同事务时使用"商定或决定"条款，尤其是处理索赔问题时要保持中立，并强调此时工程师不应被视为代表业主行事。2017版系列合同条件关于"商定或决定"一个二级子条款有近3页，规定非常详细，具有较强的可操作性。

1.1.6　2017版系列合同条件将索赔与争端区别对待

索赔与争端是工程项目合同执行过程中的主要"摩擦力"。因此，FIDIC在2017版系列合同条件的修订过程中，将索赔与争端作为重要议题来考虑，期望合理、及时的处理索赔问题，以尽量避免索赔升级为争端。

FIDIC认为索赔仅仅是某一方依据合同对自己的权利提出的一种要求，不一定必然上升为争端，只有索赔部分或全部被拒绝时才可能会形成争端。因此，2017版系列合同条件对1999版的"索赔、争端与仲裁"条款进行了重组和扩展，拆分成了两个条款：第20条［业主和承包商的索赔］和第21条［争端和仲裁］。

1999版系列合同条件中，第2.5款和第20.1款分别规定了业主的索赔和承包商的索赔，但这两个条款对业主索赔和承包商索赔的权利和义务的规定是不对等的，对承包商索赔的规定更加详细和严格。2017版系列合同条件将这两个二级子条款合并为第20条［业主和承包商的索赔］，要求业主和承包商遵守相同的索赔处理程序。第20条的规定更加详细和明确，由1999版系列合同条件第20.1款"承包商的索赔"的2页，增加到了2017版的4.5页。2017版系列合同条件的通用合同条件其他地方篇幅的增加很多也和索赔与争端的解决有关。

2017版对索赔的处理有两个时间限制规定：

1）要求索赔方在意识到（或本应意识到）索赔事件发生后的28天内尽快发出索赔通知；

2）要求索赔方在84天内（与上一条同一起点）提交完整详细的索赔支持资料和最终索赔报告。超过上述任何一个时间限制，索赔方都将失去索赔的权利。

2017版系列合同条件还引入了第三类索赔："其他索赔事项"，这类索赔由工程师（或业主代表）根据"商定或决定"条款确定，且这类索赔不适用第20条 [业主和承包商的索赔] 的索赔程序。2017版系列合同条件规定由于变更引起的工期延长自动成立，不需要按照第20条 [业主和承包商的索赔] 规定的程序处理，与1999版不同。

2017版系列合同条件对1999版争端解决条款进行了较大幅度的修改，1999版的"争端裁决委员会"（Dispute Adjudication Board，DAB）改为"争端避免／裁决委员会"（Dispute Avoidance/Adjudication Board，DAAB），并强调DAAB预警机制的作用。DAAB协议书模板和程序规则也由1999版的6页增加至17页。

2017版系列合同条件要求在项目开工之后尽快成立DAAB，且强调DAAB是一个常设机构（1999版仅红皮书要求DAB是常设机构，黄皮书与银皮书都可以不是），还对当事人未能任命DAAB成员的情况做了详细规定。DAAB要定期与各方会面并进行现场考察。2017版系列合同条件提出并强调DAAB非正式的避免纠纷的作用，DAAB可应合同双方的共同要求，非正式地参与或尝试进行合同双方潜在问题或分歧的处理。FIDIC希望各方用这种积极主动的态度，尽量避免和减少重大争端的发生。

1.1.7 2017版系列合同条件更强调合同双方的对等关系

2017版系列合同条件在1999版的基础上，更加强调业主和承包商之间在风险与责任分配及各项处理程序上的相互对等关系。1999版系列合同条件的通用合同条件的第15条 [由业主终止] 和第16条 [由承包商暂停和终止] 这两个条款就是FIDIC希望合同双方对等的一个最好的例证。这种理念在2017版的修订过程中再次被强化，更加明确了FIDIC一直非常强调和推崇的合同双方风险与责任对等的原则，主要体现在以下方面：

1）强调业主资金安排需要在合同数据中列明，如果有实质性改变业主应马上通知承包商并提供详细的支持资料，如果业主没有遵守此规定承包商甚至可以终止合同，该项规定与承包商向业主提供履约保证对等；

2）很多关于通知的规定对合同双方的要求是对等的，如：业主和承包商都有对已知或未来可能发生的事件提前向对方（及工程师）发出预警通知的义务；

3）业主和承包商都要遵守同样的保密条款；

4）业主和承包商都要遵守所有合同适用的法律；

5）业主和承包商都应协助对方获得相应的许可；

6）对工程师及其代表（银皮书的业主代表）的资质提出了更加明确具体的要求，与对承包商人员资质的详细、严格的要求对等；

7）业主和承包商都要对各自负责的设计部分承担相应的责任；

8）业主和承包商都不得雇佣对方的雇员；

9）在出现工期共同延误时，业主和承包商要承担相应的责任，并在专用条件的编写说明中给出了参考解决方案；

10）保障条款将业主对承包商的保障和承包商对业主的保障对等分开，并增加了交叉责任条款；

11）将业主的索赔和承包商的索赔纳入同一处理程序，且要求双方均须遵守相同的DAAB程序；

12）业主和承包商合同终止条款中同时增加了未遵守工程师最终的具有约束力的决定、未遵守DAAB的决定、欺诈和贪污等行为作为终止合同的触发条件。

1.1.8 2017版系列合同条件其他重点修订与调整

2017版系列合同条件与1999版相比，除了上述主要变化以外，还在如下诸多方面进行了修订与调整：

1）定义的数量大大增加（如2017版黄皮书定义个数由1999版黄皮书的58个增加到了90个），FIDIC希望由此提升合同条件的清晰度。被定义的词或词组由原来的分类排放，改为按照字母顺序排列；

2）定义中将一个有经验的承包商"不可预见"（Unforeseeable）的时间点，提前到了"基准日期"（Base Date），而不是原来的投标截止日期；

3）增加了关于"通知"的定义，很多地方有发出正式书面通知的要求，明确规定进度报告和进度计划中的内容不能被视为通知；增加了很多关于通知更加具体的时间限制要求；还增加了很多"视为"规定，如果一方不遵守时间限制的要求，则触发"视为"规定；

4）对承包商符合合同规定的工程预期目的（Fit for the purpose（s），简称FFP）的义务更加重视和明确且与保障和保险条款联系在一起，强调承包商要对其设计中出现的所有错误导致的业主的直接损失负责（但受责任限额的约束），同时也要求业主将工程预期目的写入"业主要求"文件（红皮书没有此文件）；

5）2017版黄皮书和银皮书的变更条款中新增加了三项（红皮书略有不同）承包商可以拒绝业主提出的变更的条件，分别是：承包商不可预见的业主要求中提及的工作范围或工作性质的改变、严重影响健康安全和环境保护的变更、严重影响承包商达到FFP要求的变更；

6）合同终止条款中增加了一些新的触发条件，如超过误期损害赔偿费的限额、收到中标函后84天承包商仍未能收到开工通知等，关于业主自便终止合同后的处理增加了一些有利于承包商的规定；

7）1999版系列合同条件的"风险与责任"条款改名为"工程照管与保障"，不再使用"业主的风险"一词，并对此条款进行了重新编排，子条款的逻辑顺序更加合理，且明确将承包商对业主的保障和业主对承包商的保障分为两个二级子条款；

8）2017版系列合同条件"例外事件"与1999版"不可抗力"条款的内容基本相同，增加了"海啸"作为例外事件，且将承包商人员涉及的"罢工或停工"也归为例外事件；

9）保险条款内容基本没变，但被重新编排，保险的种类增加了与设计和FFP相关的"职业保障险"（Professional Indemnity Insurance，简称PI），还要求考虑与法律及当地风俗要求相关的其他保险；

10）2017版银皮书业主承担了1999版没有承担的、由业主自身原因产生的部分风险，与1999版相比，2017版银皮书业主对承包商的管理深度和力度加大了很多；

11）2017版系列合同条件增加了"建筑信息模型"（Building Information Modelling，简称BIM）应用的说明，并列出如果项目应用BIM可能需要调整的合同条款清单；

12）2017版系列合同条件的专用合同条件分为A、B两部分，A部分是1999版红皮书和黄皮书中的"投标书附录"（Appendix to Tender），在此被命名为"合同数据"（Contract Data），而且"合同数据"的优先顺序比原来1999版的"投标书附录"提前了；1999版银皮书没有"投标书附录"，但2017版银皮书增加了"合同数据"；1999版系列合同条件原来的专用条件作为2017版系列合同条件的专用合同条件的B部分专用条件（Special Provisions）。

1.1.9　FIDIC提出了专用条件起草的五项黄金原则

FIDIC一直是以公平和均衡地在业主和承包商之间分配风险和责任而著称的（即使是将大多风险交由承包商承担的银皮书，FIDIC也明确说明了其不适用的范围和情况），每一个FIDIC合同范本都有其特定的适用范围。随着FIDIC合同条件在业界的使用越来越广泛，出现了一些用户虽然以FIDIC合同条件为蓝本，但直接或通过专用条件无限制的修改通用合同条件的内容，最终形成的合同文件严重背离了FIDIC相应合同条件的起草原则，扰乱了行业秩序，也严重损害了FIDIC的声誉。针对业界存在的越来越多FIDIC合同条件被滥用的问题，在发布2017版系列合同条件的同时，FIDIC首次提出了专用条件起草的五项黄金原则（FIDIC Golden Principles），以提醒用户在起草专用条件时慎重考虑。这五项原则是：

1）合同所有参与方的职责、权利、义务、角色以及责任一般都在通用合同条件中默示，并适应项目的需求；

2）专用条件的起草必须明确和清晰；

3）专用条件不允许改变通用合同条件中风险与回报分配的平衡；

4）合同中规定的各参与方履行义务的时间必须合理；

5）所有正式的争端在提交仲裁之前必须提交DAAB取得临时性具有约束力的决定。

FIDIC强调，通用合同条件为合同双方提供了一个基准，而专用条件的起草和对通用合同条件的修改可视为在特定情境下通过双方的博弈对基准的偏离。FIDIC给出的五项黄金原则，力图确保在专用条件起草过程中对通用条件的风险与责任分配原则以及各项规定不发生严重的偏离。

1.1.10　FIDIC 2017版系列合同条件应用展望

1999版红皮书的首席起草人Peter Booen先生曾经说过："1999版红皮书是按照'易于使用者使用'的方针起草的，这里的'使用者'是指所有起草和管理合同的个体。"FIDIC 2017版系列合同条件的修订仍充分体现了上述原则，期待着新的版本能够受到更多使用者的欢迎，在国际工程市场上的应用越来越广泛和深入。

2017版系列合同条件能否达到FIDIC的预期目标，其中的一些问题还有待在未来的使用过程中观察，如：通用合同条件篇幅的大幅增加是否会加大合同管理的难度和管理成本，能否顺利被各方所接受？工程师的中立性仍将面临挑战，其地位和作用的加强和拓展能否被业界认可？常设DAAB、预警机制及非正式接触必然会增加争端解决成本，中小型项目的合同双方是否愿意承受？2017版银皮书业主的风险增大，业主是否会接受，业主加大了对承包商的管理力度是否有悖最初银皮书的编制原则？新修订或增加的某些条款似乎过于强调合同双方的相互对等关系，如关于业主财务安排的相关规定，会不会引发业主方的强烈抵触情绪？专用条件起草的五项黄金原则在实际应用时是否会被起草方忽略？上述问题都还需要时间的检验。

　　2017版系列合同条件正式发布前后，已经出现了对该版本的各种质疑和不同的声音，但是应该认识到没有任何一个组织或机构可以编制出完美无缺、放之四海而皆准的合同范本，只要在持续改进，就能不断降低合同参与各方的交易成本，保护合同各方的权益，提高项目的实施效率。因此，我们呼吁各位同仁首先应该认真研读和分析新版合同条件，不要断章取义，人云亦云；同时呼吁业主方能认真对待FIDIC做出的改进和努力，尤其应该重视其提出的专用条件起草的五项黄金原则，使国际工程行业向着健康、可持续发展的方向迈进。

本节内容摘自《国际经济合作》期刊2018年第5期
作者：陈勇强、张水波、吕文学

1.2 2017版三本合同
条件比较分析

　　本节比较分析了2017版三本合同条件各自的适用范围与结构的差异；业主、承包商、工程师（或业主代表）和DAAB不同的角色定位及各自责任和义务的不同；合同价格类型与支付方式的差异；业主和承包商之间风险分担方式的不同及三本合同条件其他方面的主要差异。希望能够对业界相关人士理解三本2017版合同条件的主要区别有所帮助，进而更好地选择合同条件。

1.2.1 2017版三本合同条件的适用范围对比分析

2017版系列合同条件仍然沿用1999版适用范围。2017版红皮书主要适用于承包商按照业主提供的设计进行施工的项目（该项目也可由承包商承担某些土木、机械、电气和/或构筑物的设计，但承包商负责的设计工作一定不会太多），实践中设计和施工两个阶段分离的DBB（Design Bid Build）承包模式经常采用该合同条件。2017版黄皮书适用于DB（Design and Build）承包模式，在该模式下，承包商根据业主要求，负责项目大部分的设计和施工工作，且承包商可能负责（或协助业主）设计并提供生产设备和（或）其他部分工程，还可以包括土木、机械、电气和/或构筑物的任何组合。

2017版银皮书适用于采用设计、采购和施工（Engineering，Procurement and Construction，简称EPC）及交钥匙模式的工厂、基础设施或类似工程。在这种模式下，业主希望对价格和工期有更高的确定性，同时承包商承担项目的设计、采购和施工工作，并且在此过程中，业主参与度不高。FIDIC在2017版银皮书的说明中并没有明确其适用条件，但给出了三种不适用于银皮书的情况：

1）如果投标人没有足够时间或资料以仔细研究和核查业主要求，或进行他们的设计、风险评估和估算；

2）如果工程涉及相当数量的地下工程，或投标人未能调查区域内的工程（除非在特殊条款对不可预见的条件予以说明）；

3）如果业主要严密监督或控制承包商的工作，或要审核大部分施工图纸。

FIDIC建议，在上述三种情况下，可以使用2017版黄皮书。

虽然2017版三本合同条件并不是按项目类型划分的，但从项目类型来看，红皮书适用于传统类型的土建、房屋及基础设施项目；黄皮书适用于生产设备相对较多的传统的房建项目及工业项目，如大型建筑、供水、污水处理，也可包括厂房和工业综合体等；银皮书主要用于大型基础设施项目、厂房以及工业综合体。银皮书的诞生源自私人业主的需求，私人业主往往比政府组织在融资或者资金链等方面有更加严格的要求，要求合同价格及工期更加固定，因此，必须将更多的风险分配给承包商承担。建设-运营-转让（Build-Operate-Transfer，简称BOT）、公私合营合作伙伴关系（Public-Private-Partnership，简称PPP）模式的项目在建设实施阶段的合同较多使用银皮书。

1.2.2 2017版三本合同条件结构及相关附件对比分析

2017版三本合同条件均包括通用合同条件、专用条件编写指南及附件（担保函、投标函、中标函（银皮书没有中标函，FIDIC认为银皮书更适合议标）、合同协议书和争端避免／裁决协议书格式）。三本合同条件的通用合同条件均为21个一级条款，总体结构基本保持一致，但根据其不同的适用范围略有调整，详见表1-2；专用合同条件均分为两部分：合同数据和专用条件；三本合同条件的附件中的担保函格式一致，其中保函格式参照了国际商会见索即付保函统一规则（URDG758，2010年修订本）。

2017 版三本合同通用合同条件一级条款对比　　　　表 1-2

序号	红皮书	黄皮书	银皮书
1	一般规定	一般规定	一般规定
2	业主	业主	业主
3	工程师	工程师	业主的管理
4	承包商	承包商	承包商
5	分包	设计	设计
6	员工	员工	员工
7	生产设备、材料和工艺	生产设备、材料和工艺	生产设备、材料和工艺
8	开工、延误和暂停	开工、延误和暂停	开工、延误和暂停
9	竣工试验	竣工试验	竣工试验
10	业主的接收	业主的接收	业主的接收
11	移交后的缺陷	移交后的缺陷	移交后的缺陷
12	测量与估价	竣工后试验	竣工后试验
13	变更和调整	变更和调整	变更和调整
14	合同价格和支付	合同价格和支付	合同价格和支付
15	由业主终止	由业主终止	由业主终止
16	由承包商暂停和终止	由承包商暂停和终止	由承包商暂停和终止
17	工程照管与保障	工程照管与保障	工程照管与保障
18	例外事件	例外事件	例外事件
19	保险	保险	保险
20	业主和承包商的索赔	业主和承包商的索赔	业主和承包商的索赔
21	争端和仲裁	争端和仲裁	争端和仲裁

注：表中加下划线的条款为三本合同条件有差异的一级条款。

　　由表1-2可以看出，2017版三本合同条件仅在第3条（红皮书和黄皮书为"工程师"，银皮书为"业主的管理"）、第5条（红皮书为"分包"，黄皮书和银皮书为"设计"）以及第12条（红皮书为"测量与估价"，黄皮书和银皮书为"竣工后试验"）三个一级条款不同，其他一级条款的名称均保持一致。2017版红皮书和黄皮书有工程师参与，而银皮书为业主代表；红皮书业主承担了大部分或全部设计工作，而黄皮书和银皮书承包商承担了大部分或全部设计，因此黄皮书和银皮书对设计进行了详细的规定；红皮书是以单价合同为主，因此在测量与估价方面进行了详细的规定，而黄皮书和银皮书为总价合同，因此没有相应条款，但黄皮书和银皮书由于项目应用类型的原因增加了竣工后试验的相关规定。

　　可见虽然2017版三本合同条件的适用范围不同，但通用合同条件仍然保持着统一和标准化的结构体系，这样做非常有利于用户的使用，但是，由于这三本合同适用于不同的情境，所以其二级子条款的调整幅度较大（详见表1-3），同时有些二级子条款尽管标题相同，具体内容也可能不同，请读者阅读原文时予以注意。

2017版三本合同通用合同条件不同二级子条款对比　　　　表1-3

红皮书	黄皮书	银皮书
1.9 延误的图纸或指示	1.9 业主要求中的错误	–
3.1 工程师	3.1 工程师	3.1 业主的人员
3.2 工程师的职责与权力	3.2 工程师的职责与权力	3.2 其他业主人员
3.3 工程师代表	3.3 工程师代表	3.3 受托人员
3.4 工程师的委托	3.4 工程师的委托	–
3.5 工程师的指示	3.5 工程师的指示	3.4 指示
3.6 工程师的更换	3.6 工程师的更换	–
3.7 商定或决定	3.7 商定或决定	3.5 商定或决定
3.8 会议	3.8 会议	3.6 会议
4.4 承包商文件	5.2 承包商文件	5.2 承包商文件
4.5 培训	5.5 培训	5.5 培训
4.12 不可预见的物质条件	4.12 不可预见的物质条件	4.12 不可预见的困难
5.1 分包商	4.4 分包商	4.4 分包商
5.2 指定分包商	4.5 指定分包商	4.5 指定分包商
10.4 地表需要恢复原状	10.4 地表需要恢复原状	–
14.6 期中支付证书的颁发	14.6 期中支付证书的颁发	14.6 期中付款

注：表中加下划线部分条款为位置不同但内容基本相同，其他均为内容不同

表1-3展示了2017版三本合同条件的通用合同条件有较大差异或顺序不同的二级条款（第5条和第12条整个一级条款红皮书与黄皮书和银皮书不同，在表1-3没有列出），其他细节方面的差异请读者直接阅读条款原文。

1.2.3 2017版三本合同条件各方角色定位及责任和义务的不同

2017版三本合同条件中的主要参与方为业主、承包商、工程师（银皮书为业主代表）和争端避免／裁决委员会（DAAB）。

业主的主要责任和义务包括：1）指明项目的各个要素；2）任命管理合同的工程师（或业主代表）；3）给予承包商现场占有权；4）在必要的时候提供信息、指示、同意、批准以及发出通知；5）合同中规定业主要负责的避免任何可能干扰或阻碍工程进展的行为；6）提供合同中规定业主要负责的保障、材料并实施各项工作（若这些工作根据合同的规定构成工程的组成部分）；7）在必要时指定专业分包商和供应商；8）允许承包商实施整个工程。当然，业主最基本的义务是在承包商完成相应工作时按时并足额向其支付工程款。

承包商的主要责任和义务包括：1）以应有的努力在合同规定的竣工时间内实施并完成工程；2）按照合同的规定以及工程师（或业主代表）的指示使用材料、设备以及工艺；3）在合同期内为其负责的各项义务提供保证、保障和保险；4）提供工程执行和竣工所需的信息和通知，并在可能增加工程成本或竣工时间可能延长时告知业主；5）履行其他日常管理职能。对2017版红皮书而言，业主承担了大部分或全部的设计工作，承包商承担了施工任务；对于黄皮书，设计和施工的任务均由承包商承担（承包商常常也负责设备和材料的采购）；银皮书一般承包商承担所有的设计和施工任务的同时，还可能承担更多的设备和材料的采购、项目试运行及业主人员培训等工作。

工程师和业主代表均要满足：1）有能力执行业主分配给其的任务；2）熟练运用合同规定的主导语言；3）应为专业人士；4）若为法人实体，则应指定并授权给自然人行使权利和履行义务。同时要求工程师应有从事类似工程的资质和经验，2017版黄皮书的工程师与红皮书相比，显然要对设计工作的管理更加专业，而对业主代表则没有类似的明确的要求。从工作范围的角度而言，业主代表的工作主要在沟通、指示、同意和决定等方面；而工程师除了业主代表的上述职责范围外，还可决定支付、变更、试验、验收等专业事项。除了在解决争端时，业主代表和工程师行使的是"中立"的角色外，2017版系列合同条件在其他条款中，业主代表像是一个"信使"，而工程师更像业主的大"管家"。

2017版三本合同条件都要求在项目开工之后尽快成立DAAB，且强调DAAB是一个常设机构（1999版仅红皮书要求DAB是常设机构，黄皮书与银皮书都可以不是常设机构），由一位或三位成员组成，并对当事人未能任命DAAB成员的情况做了详细规定。合同条件规定DAAB成员要定期与各方会面及现场考察，并强调DAAB非正式的避免纠纷的作用。DAAB可应合同双方的共同要求，非正式地参与或尝试进行合同双方潜在问题或分歧的处理。

1.2.4 2017版三本合同条件合同价格类型与支付方式的差异

工程合同按照价格类型可以分为单价合同、固定总价合同和成本补偿合同三种。单价合同属于重新计量合同，招标文件中有一个工程量清单，业主承担工程量清单中原估计工程量变化的风险，承包商承担相应费率的风险；固定总价合同业主则按照合同中约定的里程碑向承包商支付，承包商承担工程量和费率变化的风险；成本补偿合同，业主承担全部工程量和价格变化的风险，属于实报实销型，但业主一般会和承包商约定一个总成本的上限，这种合同因为业主承担的风险过大因而较少在工程实践中使用。2017版红皮书属于单价合同，而黄皮书和银皮书属于固定总价合同，在实际应用过程中，不排除红皮书中有部分工作使用单项总价包干的方式，黄皮书也可能会有少部分工作采用重新计量的单价方式，但银皮书一般全部采用固定总价的方式，不排除极少部分采用成本补偿的方式支付。

2017版三本合同条件一般都采用按月为固定周期的期中付款方式由业主向承包商支付进度款，但红皮书需要计算和确定每个支付周期内完成的工程量，而黄皮书和银皮书则是确定每个支付周期内所完成的里程碑。因为2017版银皮书没有红皮书和黄皮书中的工程师这个角色，支付是由业主直接决定的，所以银皮书不再使用支付证书，包括期中支付证书和最终支付证书，而由业主直接进行期中支付或决定最终合同款的支付。2017版三本合同条件中关于预付款的支付与返还、保留金的扣除与返还方面的相关程序规定均基本保持一致。

1.2.5 2017版三本合同条件风险分担方式的不同

FIDIC在其《采购程序指南》（FIDIC Procurement Procedures Guide）中指出，

工程项目中的任何风险必须分配给业主或承包商，而不能"让风险悬在空中"。一般风险分配原则是将每一项风险分配给能够最有效地预见、处理和承担风险的一方，这样的风险分配方式试图使合同价格最小化。但在实际操作过程中，很难决定哪一方处理风险会取得最优效果，因此FIDIC认为，在工程实践中，哪一方负责设计就应该由哪一方承担设计风险，哪一方负责施工就应由哪一方承担施工风险。因此，在三本合同条件中，工程的施工风险均由承包商来承担，而设计风险也相应的由负责设计的一方承担。业主提供了相应项目现场和招标文件的信息，因此相关风险应该由业主承担。而按照工程合同的一般惯例，未知的和不可预见的风险一般应由业主来承担。

2017版红皮书中业主承担大部分或全部设计风险、工程量变化风险、不可预见的物质条件风险和例外事件的风险，承包商承担施工风险；黄皮书中业主承担不可预见的风险和例外事件的风险，而承包商承担设计风险、工程量变化的风险以及"符合预期目的（FFP）"的风险；银皮书中业主承担例外事件的风险，承包商承担设计风险、工程量变化风险、不可预见的物质条件风险以及FFP风险。与2017版黄皮书相比，银皮书在"业主要求中的错误"、"现场数据及参照项"、"放线"、"现场数据的使用"、"不可预见的物质条件"、"不异常不利的气候条件"，尤其是"一般设计义务"等方面，承包商将承担绝大部分的风险。

总体而言，2017版三本合同条件除了因为业主和承包商所承担的工作范围不同而承担不同的工作带来的风险以外，红皮书和黄皮书在业主和承包商之间的风险分配是比较均衡的，但银皮书因为业主要获得固定工期和更加固定的合同价格，因此将更多的风险交由承包商承担。FIDIC在银皮书的使用说明中也特别强调了这一点，并且明确给出了2017版银皮书不适用的三种条件（详见前文）。

1.2.6 2017版三本合同条件其他方面的主要差异

2017版三本合同条件的"编写招标文件注意事项"中列举了在不同合同条件下招标文件的组成，以黄皮书为例，包括：招标邀请函、投标者须知、投标信格式及附录（如果有）、合同条件（通用和专用条件）、基本信息及数据、技术信息及数据、业主要求、业主提供的资料表（也可能为概要设计）、图纸以及投标人需要获取的其他信息明细、所需协议书、担保及保函的格式等。2017版银皮书与黄皮书招标文件的构成相同，而红皮书则没有"业主要求"和"业主提供的资料表"，但包括了"规范"和"图纸"。

对采用2017版黄皮书和银皮书作为合同条件的项目而言，"业主要求"是一个很重要的文件，规定了工程的目的、范围、设计及技术标准和功能性要求。其中包含了业主需要的关于项目执行和完工的所有工作，并包括为达到工作预定目标的相关需求。从业主要求的准确性、充分性和完备性角度来说，2017版黄皮书业主要求应对工程设计、实施和完工所需的规范、需求、规定、流程、接口、数据等进行描述。2017版黄皮书部分条款的信息和解释，应当在业主要求中予以具体说明。2017版黄皮书要求，承包商需要以应有的谨慎仔细检查业主要求；而业主对业主要求的准确性、充分性和完备性承担责任。2017版银皮书业主要求应在描述实现功能的基础上，阐述生产设备和工程的基本设计和原则，同时不应包括干预承包商设计、实施和完工的内容。2017版银皮书部分条款的信息和解释，应当在业主要求中予以具体说明。2017版黄皮书的业主要求文件一般是由工程师起草的，而且对于使用黄皮书的项目，业主要求这个文件显得比使用银皮书的项目更加重要，甚至可以说是项目成功与否的关键文件。

因为2017版红皮书与黄皮书及银皮书适用的工程项目类型不同，红皮书涉及的工程一般含生产设备较少，红皮书的试验多在实施过程中进行并完成，很少会出现过程试验没问题，最终试验不能通过的情况。因此，2017版红皮书第9条［竣工试验］的相关内容与另外两本有所不同，主要是第9.1款［承包商的义务］的相关规定差异很大，而且红皮书没有黄皮书和银皮书的性能保证表（Schedule of Performance Guarantees）。2017版黄皮书和银皮书的"业主要求"中会有非常详细的关于竣工试验和竣工后试验的具体要求。

2017版三本合同条件在变更条款中规定了承包商可以拒绝变更指令的情况时，红皮书规定了：

1）变更的工作根据规范规定的范围是不可预见的，可以引申为变更的工作超出原有范围；

2）承包商难以获得变更所需物品；

3）变更严重影响承包商遵守健康与安全义务和/或环境保护规定。

而2017版黄皮书和银皮书在此基础上还增加了：

4）对性能保证计划的实现有不利影响；

5）对实现工程目的和工程完成产生不利影响。

2017版三本合同条件中业主对承包商的管理深度明显不同。2017版红皮书是重新计量合同，业主雇佣了工程师，对承包商的管控是最细也是最严格的；黄皮书中虽然承包商承担了大部分的设计工作，但业主仍然雇佣了工程师，因此对承包商的整个实施过程进行比较严格的管理，如对承包商的项目经理及关键人员（包括设计人员）的资质都有明确的要求，且要求承包商的代表（承包商的项目经理）必须常驻现场，施工设备出场必须经工程师同意等；银皮书中业主对承包商项目实施过程的管理相对比较宽松，业主不雇佣工程师，而是仅仅派业主代表直接管理，承包商的项目经理经业主同意可以不常驻现场，施工设备出场也可不经业主同意等，这些规定说明业主不想介入太多。

2017版三本合同条件在结构和文本内容高度标准化的同时，各自适用于不同的工程类型和承包模式，合同各参与方的角色定位和职责、合同支付方式以及风险分担也不尽相同。总体来看，从2017版红皮书、黄皮书到银皮书，承包商承担的工作范围越来越宽、承担的风险也越来越大，合同价格一个比一个更加固定，而业主对承包商的管理却一个比一个更加宽松。希望本章的对比分析能为业界相关人士更好的学习和理解2017版三本合同条件提供帮助，也为用户在选择适用合同版本时提供参考。

本节内容摘自《国际经济合作》期刊2018年第6期

作者：朱星宇、陈勇强、赵珊珊、张玲

第 2 章

工程师与设计

2.1 2017版系列合同条件中工程师／业主代表相关问题分析

　　工程项目业主方的管理非常重要。本节首先介绍了2017版系列合同条件中工程师／业主代表的聘用和职权；然后，重点分析了工程师／业主代表"商定或决定"条款使用的基本程序，对通用合同条件中引用"商定或决定"条款的其他条款进行了归纳和分类；最后，比较和讨论了2017版三本合同条件下工程师／业主代表角色的不同以及2017版与1999版在工程师／业主代表问题的规定和处理上的差异。

2017版三本合同条件一般是用于新建大中型复杂工程项目的，大中型工程项目的业主方往往会投入很多的资源进行项目全过程管理，大中型项目业主方多聘请第三方专业的咨询团队帮助其进行项目各个阶段甚至是全过程管理。2017版红皮书和黄皮书中由业主方聘用代表其管理项目的一方称为"工程师"（Engineer），准确的讲"工程师"是业主的咨询方，也可以称作"咨询工程师"。中国国内建筑行业称为"监理工程师"的角色就来源于早期版本的FIDIC合同范本。1999版银皮书用"业主代表"（Employer's Representative）替代了传统意义上的"工程师"，银皮书中业主代表的职权范围与工程师相比受到了明显的限制，2017版银皮书仍然这样使用。2017版红皮书、黄皮书的定义中明确将工程师、工程师代表及其助理归类到业主的人员（Employer's Personnel）之内，银皮书同样规定业主代表及其助理为业主的人员。

本节关注2017版系列合同条件中工程师／业主代表的相关问题，以2017版黄皮书为主线进行分析，红皮书的工程师相关条款与黄皮书基本一致，而银皮书采用了业主代表这一角色，银皮书与红皮书和黄皮书的不同之处将在文中特别说明。

2.1.1 2017版系列合同条件中工程师／业主代表的聘用与职权

工程师或业主代表均受雇于业主。2017版黄皮书和红皮书的第3条［工程师］（The Engineer）（银皮书第3条［业主的管理］（The Employer's Administration））规定了工程师／业主代表的聘任和委托、职责和权力。

（1）工程师／业主代表的聘任和委托

2017版黄皮书中的工程师指受雇于业主按合同授予其权力履行管理职责的自然人或法律实体。当业主聘任的工程师是法律实体时，工程师单位应向合同双方发出通知，指明一个自然人代表其主持管理工作。

工程师可以将自己的某些职责和权力委任给其助理人员。第3.4款［工程师的委托］规定了工程师助理人员的委托或撤换，助理人员负责行使被委托的职责和权力，但第3.7款［商定或决定］和第15.1款［通知改正］涉及的两项重要职权，工程师不得委托给其助理人员。

第3.3款［工程师代表］规定了工程师代表的委托，且要求工程师代表在整个合同实施期间应常驻现场，如果工程师代表暂离开现场应由工程师向承包商发出通知指明代管人员。工程师代表及代管人员的资质要求为：1）具备行业资格、相关工作经验和专业能力；2）熟练使用第1.4款［法律和语言］中规定的主导语言。其他的助理人员需具备完成委托通知所限定的授权任务的工作经验和专业能力并且能够流利地使用交流用语言。

第3.6款［工程师的替换］规定了工程师的替换程序，替换原因有两类：第一类是业主要求的替换，如果业主想要替换工程师，应在预定替换日期前不少于42天向承包商发出通知；第二类是客观原因导致的替换，如果工程师因死亡、疾病、残疾或辞职而无法履行职权（或者若工程师是法律实体，工程师单位不能或不愿履行其职权，该状况是由业主导致的除外），业主应立即指定替换人员，但该指定的人员属于临时指定，正式的替换仍须经承包商接受认可。

2017版银皮书关于业主代表的聘任和委托的内容基本与黄皮书相同，银皮书第3.1款［业主代表］规定了业主代表的聘任和撤换，而且强调了业主代表没有第15条［业主的终止］规定的权力，关于委任助理人员的相关要求在第3.2款［其他业主人员］和第3.3款［被委任的人员］中规定。

（2）工程师／业主代表的职责和权力

2017版黄皮书第3.2款［工程师的任务和权力］规定了工程师的职权范围，并说明了工程师无权修改合同以解除任何一方的合同责任。专用条件中可能会注明工程师在行使某些职权之前需获得业主的批准。然而，为保证工程师在根据第3.7款［商定或决定］促使双方协商或做出决定时保持中立，工程师行使第3.7款［商定或决定］的职权时不能受业主的限制。工程师具体的工作分别在第3.5款［工程师的指示］和第3.7款［商定或决定］中规定。

2017版银皮书中没有与黄皮书第3.2款［工程师的任务和权力］相对应的条款；关于指示的问题，黄皮书第3.5款［工程师的指示］规定工程师有权发出指示，而银皮书第3.4款［指示］规定业主有权通过业主代表发出指示，也就是说业主代表本身没有发出指示的权力，而它只是业主发出指示的执行者；关于第3.7款［商定或决定］（银皮书为第3.5款），银皮书只规定业主代表在行使第3.5款［商定或决定］权力时不应该视作是代表业主行事，但没有黄皮书第3.7款［商定或决定］中类似于工程师应该保持中立的描述。

2017版黄皮书和红皮书第3.8款［会议］规定工程师做会议记录并向合同双方提供复印件。2017版银皮书关于参与会议的相关要求规定在第3.6款［会议］，且业主需做会议记录并抄送给合同双方。

2.1.2　2017版系列合同条件中工程师／业主代表商定或决定程序

"商定或决定"（agreement or determination）条款是2017版系列合同条件中非常重要的一个条款，而且与很多其他重要的条款有着密切的关联。本节以2017版黄皮书为例，对工程师按照第3.7款［商定或决定］商定或决定的程序进行归纳和分析。2017版黄皮书要求工程师在执行第3.7款［商定或决定］时应保持"中立"（neutrally），而且不应被视为代表业主行事（2017版银皮书中对业主代表也有同样的要求，但没有要求业主代表保持"中立"）。

根据2017版黄皮书第3.7款［商定或决定］规定，需要工程师商定或决定的事件分为事项（matter）和索赔（claim）两种类型，其中索赔根据第20.1款［索赔］又可分为：第一类索赔（业主向承包商的索赔）、第二类索赔（承包商向业主的索赔）和第三类索赔（索赔方认为其有权要求或主张其他任何方面的权利或救济）。

2017版黄皮书第3.7款［商定或决定］条款没有直接和变更相关联，因为该条款是事后才会启动执行的，而变更是一种主动行为，但在变更处理过程中也会用到该条款确定费用和工期的变化。同时，第3.7款［商定或决定］条款也是变更问题在不能友好解决、上升为争端时进入争端解决程序的前置程序。

图2-1以2017版黄皮书为例给出了工程师按照第3.7款［商定或决定］处理相关事件的基本流程图（红皮书的第3.7款［商定或决定］和银皮书第3.5款［商定或决定］的处理流程与图2-1基本一致）。图2-1中与索赔及争端解决处理程序有接口，在本图中不再对此做详细描述，如果需要参见本书第6章。

如图2-1所示，当发生需要工程师进行"商定或决定"的事件（事项或索赔）后，需要工程师及合同双方做如下工作：

（1）商定

工程师应立即与合同双方充分沟通，尽力促成他们达成一致，如果在42天（或各方约定的其他期限）内合同双方达成一致，则工程师发出协商一致的通知和所达成的协议（如果在14天内发现协议中有低级错误，工程师应在发现错误后的7天之内发出修改后的协议）。

（2）决定

如果工程师没能使合同双方在42天内达成一致，或者合同双方均告知工程师无法达成一致（以上述两个时间较早的一个为准），则开始进入工程师自行决定阶段。

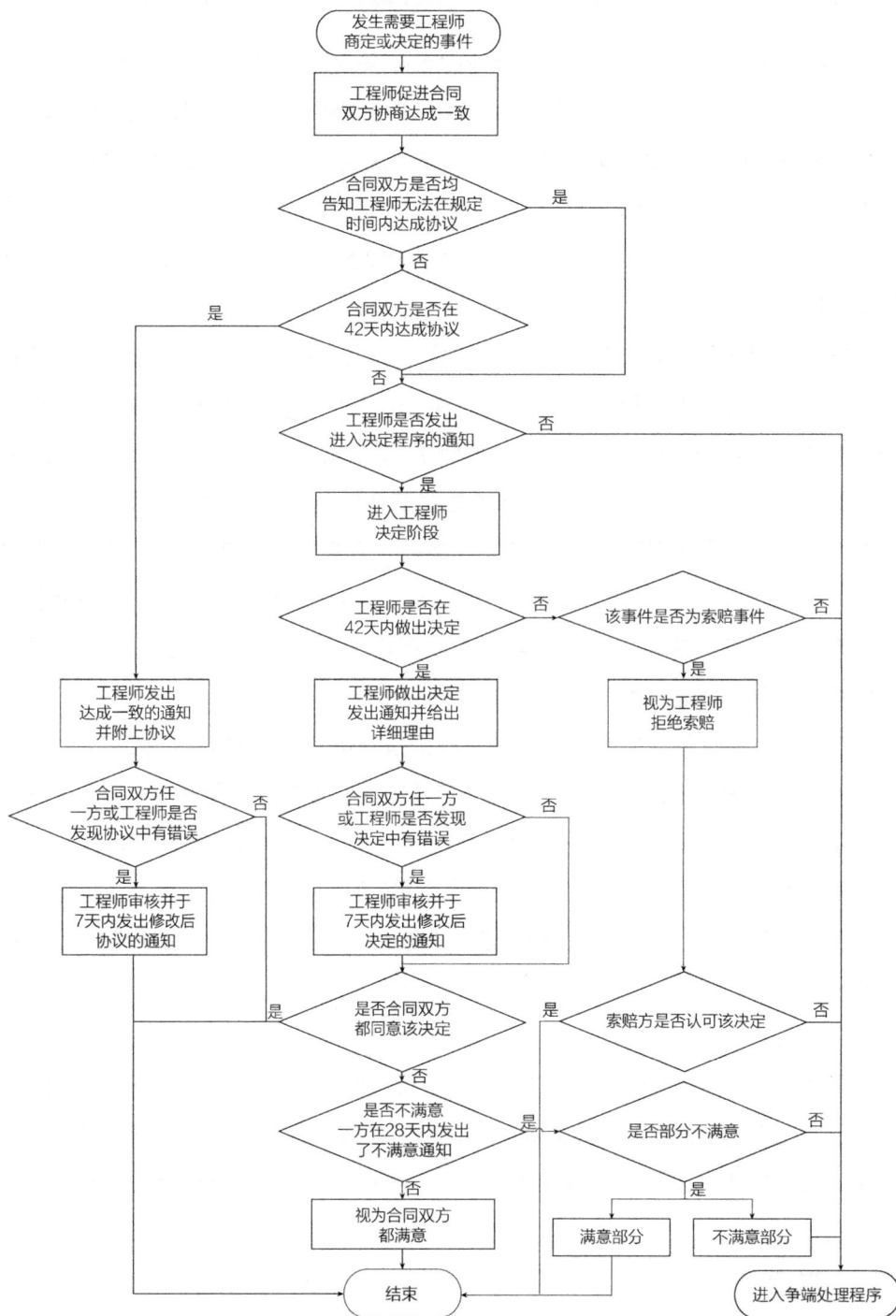

图2-1 2017版黄皮书中工程师进行商定或决定的程序示意图

工程师应在进入决定阶段之后的42天（或各方约定的其他期限）内做出决定并发给合同双方（如果在14天时限内发现决定中有低级错误，工程师应在发现错误后7天之内发出修改后的决定）。

针对工程师做出的决定：

1）如果合同某一方不满意工程师的决定（或者不满意决定的一部分），则该方应在收到工程师的决定后28天内发出不满意通知（如果只对决定的一部分不满意则在不满意通知中标明不满意部分），然后，合同的任何一方都可以依据第21.4款［获得DAAB的决定］提交DAAB请求其做出决定；

2）如果合同双方都对工程师决定表示满意，或者合同双方未在收到工程师决定后28天内发出不满意通知，则视为合同双方对决定全部满意，该决定即成为最终的、具有约束力的决定（若为部分不满意，则满意部分成为最终的、具有约束力的决定）。

如果在规定的时间限制内，合同双方没有达成一致，或工程师未在规定的时间限制内做出决定，则：a）若该事件是索赔，视为工程师拒绝了索赔；b）若该事件是事项，视为事件上升为争端，合同任何一方都可以提交给DAAB请求其做出决定。

（3）时间限制

关于工程师促使合同双方达成一致，或做出决定的42天（或各方约定的其他期限）时效的起算时间因需要处理的事件类型不同而异：

1）如果该事件是事项而非索赔，本合同条件中的相应条款明确的适用第3.7.3款［时效限制］的日期为时效的起算时间；

2）如果该事件是第三类索赔，则以工程师收到根据第20.1款［索赔］索赔方发出的索赔通知日期为时效的起算时间；

3）如果该事件是第一或第二类索赔，则以工程师收到完整详细的索赔报告的日期为时效的起算时间（如果该索赔事件有持续影响，则以工程师收到期中或者最终完整详细的索赔报告的日期为时效的起算时间）。

（4）执行

合同双方达成的协议或工程师做出的决定对合同双方及工程师都有约束力，除非有错误修订，或按照第21条［争端与仲裁］的程序修改了工程师所做出的决定。如果具有约束力的协议或决定涉及支付问题，承包商可以将相应的款项包含在下一期支付申请报表中，工程师也应将此款项列入下一期支付证书之中。

如果合同双方达成了协议，或者工程师做出了决定并且该决定成为最终的、具有约束力的决定，但是合同某一方未遵守已达成的协议或最终的、具有约束力的工程师的决定，则按该方未遵守DAAB最终的、具有约束力的决定的程序处理，另一方可将此事件直接提交仲裁。

2.1.3　2017版系列合同条件中"商定或决定"相关条款分析

"商定或决定"条款是一个典型的"标准化条款"，该条款被合同条件中很多其他条款所直接或间接的引用。在2017版黄皮书通用合同条件中第3.7款［商定或决定］被其他条款一共直接引用了61次。2017版黄皮书中类似的"标准化条款"最具代表性的还有：第20.2款［索赔款项和／或EOT］(Claims for Payment and／or EOT (Extension of Time))(被直接引用58次)、第13.3.1款［指示变更］(被直接引用19次)、第21.4款［获得DAAB的决定］(被直接引用17次)。

"标准化条款"是国际权威合同范本的一个共同特征。在阅读和理解FIDIC系列合同条件时，尤其应该透彻的理解这些"标准化条款"。"标准化条款"具备"输入－处理－输出"功能，即需要有不同的参数输入，经"标准化条款"进行处理后，有不同的结果输出。

本节对2017版黄皮书所有引用第3.7款［商定或决定］的其他条款进行了梳理，可将这些条款分为三类：

1) 直接引用"商定或决定"且需工程师采取行动的条款；

2) 引用"商定或决定"但无需工程师采取行动的条款；

3) 通过变更、索赔和争端条款间接引用"商定或决定"的条款。

（1）直接引用"商定或决定"且需工程师采取行动的条款

2017版黄皮书中直接引用"商定或决定"条款并需要工程师做出商定或决定行动的条款见表2-1，有的条款需工程师先进行定性决策（如原因分析、过错归属和责任划分等），如果需要，再经索赔或变更程序进行定量决策；还有一些需工程师就工程量、款项、时间等直接进行定量决策。

（2）引用"商定或决定"但无需工程师采取行动的条款

表2-2所列出的是2017版黄皮书中仅引用"商定或决定"条款但无需工程师采取行动的条款。

2017 版黄皮书直接引用"商定或决定"且需工程师采取行动的条款　　表 2-1

条款号	条款名	性质
1.9	业主要求中的错误	定性／定量
4.7	放线	定性／定量
4.7.3	修复措施、延误和/或成本的商定或决定	
10.2	工程部分移交	定量
11.2	修复缺陷的成本	定性／定量
13.3	变更程序	定量
13.3.1	指示变更	
13.5	计日工	定量
14.4	支付计划表	定量
14.5	拟用于工程的生产设备和材料	定量
14.6	期中支付证书的颁发	定量
14.6.3	纠正和调整	
15.3	承包商的原因导致合同终止后的估价	定量
15.6	业主自便终止合同后的估价	定量
18.5	自主选择的合同终止	定量
20.1	索赔	定性／定量
20.2	索赔款项和/或EOT	定量
20.2.5	索赔的商定或决定	

2017 版黄皮书直接引用"商定或决定"但无需工程师采取行动的条款　　表 2-2

条款类别		条款号与条款名称	
"商定或决定"的"输出"条款	按"商定或决定"仍无法解决	21.4	获得DAAB的决定
	按"商定或决定"的协议或决定执行	8.5	竣工时间的延长
		14.3	期中支付申请
		14.13	最终支付证书的颁发
	未按"商定或决定"的协议或决定执行	4.2	履约保证
		15.2	承包商原因导致的终止
		16.1	承包商的暂停
		16.2	承包商终止合同
		21.6	仲裁
其他	定义	1.1.29	争端
		1.1.57	不满意通知
	工程师"商定或决定"的权力	3.2	工程师的职责和权力
		3.4	工程师的委任
	引用"商定或决定"条款规定的时间限制	20.2.6	有持续影响的索赔
	与"商定或决定"不能同时进行	21.3	争端的避免

（3）通过变更、索赔和争端条款间接引用"商定或决定"条款

变更、索赔和争端处理是合同实施过程中工程师／业主代表要处理的重点和难点问题，而这三类条款和"商定或决定"条款密不可分，2017版黄皮书第20.2款［索赔款项和／或EOT］、第13.3.1款［指示变更］、第21.4款［获得DAAB的决定］三个条款均直接引用了第3.7款［商定或决定］，也就是说凡是直接引用上述三个条款的其他条款均间接引用了第3.7款［商定或决定］。变更和索赔条款均属于"商定或决定"条款的"输入"条款，争端条款属"商定或决定"的"输出"条款，变更、索赔和争端是"商定或决定"条款最重要的应用领域。

同时，重要的风险分担和支付条款也会直接引用第3.7款［商定或决定］。由此可见，"商定或决定"条款几乎覆盖整个合同条件体系的所有重要方面。这也说明了"商定或决定"条款在合同条件体系中的重要性。关于变更、索赔和争端处理的分析请参见本书第6章。

2.1.4 2017版三本合同条件下工程师／业主代表的不同

2017版三本合同条件属于三种不同类型的合同模式，在这三种不同的合同模式下，业主方在项目实施阶段选择的管理团队和投入的资源是有差异的。

2017版红皮书中，业主所选择的工程师及其团队主要负责的是施工阶段的项目管理工作，因为红皮书是重新计量合同，所以需要比较多的工程师人员进行项目实施过程中的重新计量工作；又因为2017版红皮书中，业主负责项目的主要设计工作，所以工程师的这些管理人员从事的也多是与施工过程有关的管理工作，较少涉及设计管理工作。

2017版黄皮书中，承包商要负责大部分的设计工作，而且黄皮书采用的是总价合同，需要重新计量的部分非常少，因而黄皮书的工程师不需要像红皮书一样多的现场管理人员从事重新计量工作；但在项目前期工程师及其团队需要对承包商的设计文件进行审核，所以，工程师及其团队必须有相当数量的人员精通设计相关专业。如果在2017版黄皮书中，承包商负责部分生产设备和材料的采购，则需要工程师投入相应的人员对采购过程进行管理。

2017版银皮书中，业主代表的职权范围与红皮书和黄皮书的工程师相比受到了明显的限制。因为2017版银皮书采用承包商承担大多数风险的固定总价合同，这种合同模式可以大大减轻业主方在项目实施阶段的管理压力，所以业主代表及其团队人

员的配备可以相对比较精干。如2017版黄皮书中,工程师需根据第1.9款［业主要求中的错误］的规定,可能要做很多相关的判断和工作,但银皮书中此类风险在签署合同后多由承包商承担;又如,银皮书与黄皮书就第4.7款［放线］、第4.12款［不可预见的物质障碍］相比,银皮书中这些风险大多由承包商承担,因而不需要业主代表投入太大的精力。2017版银皮书第3.5款［商定或决定］没有像红皮书和黄皮书中的工程师一样要求业主代表保持"中立",也大大减轻了业主代表的工作负担,有些重大争端问题可以直接交由DAAB处理。

现实中,存在大型能源项目在采用银皮书模式时业主会聘请咨询公司进行项目全过程管理的情况,这类咨询公司被称为Project Management Contractor或Project Management Consultant(简称PMC),在这种PMC + EPC的模式下,PMC团队往往要比一般的工程师或业主代表承担更多的项目管理工作,PMC还可承担部分前期设计工作,甚至承担投资、进度、质量目标控制的部分风险,这时的PMC团队规模会大大超过银皮书下的业主代表团队。现实中,在业主聘请专业PMC团队时,可能有业主代表和PMC的经理两个角色同时存在,这时业主代表常常演变成了不管实际工作的业主的代言人和信使了。

2.1.5 2017版与1999版系列合同条件工程师／业主代表比较

与1999版相比,2017版系列合同条件对工程师／业主代表相关条款做了较大的修订,主要变化体现在以下四个方面:

1)2017版系列合同条件对工程师／业主代表的聘用和授权更加明确。2017版系列合同条件明确指出工程师／业主代表是受雇于业主按合同授予其权力履行管理职责的自然人或法律实体,当业主聘用的工程师／业主代表是法律实体时,需指定一个自然人代表该法律实体主持工作。2017版系列合同条件对工程师／业主代表可委托的职权进行更严格的限定,1999版仅要求第3.5款［决定］的职权不能委托给助理;考虑到第15.1款［通知改正］发出的通知是业主终止合同前的一个警告信号,属于非常严重的问题,2017版对该职权的委托也进行了限制,要求第3.7款［商定或决定］和第15.1款［通知改正］的职权都不能委托给他人。2017版红皮书和黄皮书增设了工程师代表,并要求工程师代表一直常驻现场。

2)2017版系列合同条件"商定或决定"条款大幅增加,规定更加详细、可操作。1999版系列合同条件在工程师／业主代表条款中仅设立了"决定"(determination)

条款，没有明确提出"商定"（agreement）的概念。"商定或决定"条款由1999版系列合同条件的两段，增加到了2017版系列合同条件的近3页。"商定或决定"条款明确了工程师／业主代表处理重要事项或索赔时的具体职责及操作流程；强调了工程师／业主代表在双方协商过程中应尽早涉入，旨在促使合同双方友好解决问题；增加了工程师做出回复的时间限制。2017版系列合同条件"商定或决定"条款与其他相关条款之间的关系更清晰、接口更明确，搭建了完善的按照"商定或决定"条款处理重要事件的"程序链"，使"商定或决定"条款与风险分担、支付、变更、索赔和争端解决等重要条款紧密的链接在一起，使得合同条款之间的关系更加系统、严密，成为一个有机的整体。

3）2017版系列合同条件通过"商定或决定"条款，将变更、索赔与争端的基本概念和处理程序进行了更明确的划分。1999版系列合同条件对变更与索赔的界定不太清楚。2017版系列合同条件通过"商定或决定"条款将变更与索赔分开，若变更问题合同双方未能达成一致，则通过"商定或决定"条款直接上升为争端，任何一方可提交DAAB请求其做决定，而无需再经过索赔处理程序。1999版系列合同条件的所有索赔条款均指向"决定"条款，而2017版在索赔处理程序中增加了第20.2.5款［索赔的商定或决定］，在此条款中嵌入"商定或决定"条款，因此，合同条件中当涉及索赔时，均不用再指向"商定或决定"条款。

4）2017版系列合同条件加强和拓展工程师的地位和作用。1999版系列合同条件仅提及工程师应做出公平的决定，2017版系列合同条件在"商定或决定"条款明确指出工程师在履行该条款的相关职责时应该保持中立，且不应视作代表业主行事。这里的"中立"应被理解为不偏袒合同任何一方，对事件的理解不偏颇，且秉持公平、公正的合同精神。2017版系列合同条件"商定或决定"条款中将未遵守按"商定或决定"条款形成的有约束力的协议或最终的、具有约束力的决定与未遵守DAAB的决定同等对待；2017版系列合同条件虽然将索赔与变更的处理程序明确分开，但将发生的事件究竟属于索赔还是属于变更的判断权力交给了工程师；索赔处理程序虽然增加为两个时效，但是否符合时效的判断也由工程师做出，这些处理都大大提升了工程师的地位和作用。

工程师或业主代表及其团队是业主方项目管理的具体执行者，业主和承包商都应清楚地了解工程师／业主代表的角色定位、职权范围、工作内容和工作程序。与

1999版相比，2017版红皮书和黄皮书加强和拓展了工程师的地位和作用，要求工程师在执行"商定或决定"条款时保持中立，工程师地位的大幅提升应该是FIDIC总结了国际工程合同管理现状的基本实践做出的决定，银皮书也要求业主代表在某些关键问题的处理上不代表业主方行事，这些是否能够达到预期效果仍需在未来的使用过程中观察和验证。

本节内容摘自《国际经济合作》期刊2019年第1期

作者：陈勇强、姚洪江、谢爽

2.2 2017版黄皮书和银皮书中设计管理问题分析

    本节针对2017版黄皮书和银皮书中与设计管理有关的条款和规定，从设计责任角度，对符合预期目的、承包商相应的保障、职业责任险等进行了介绍和分析；从设计管理程序角度，对承包商设计人员的要求、业主提供的数据和信息准确性的责任分担、承包商文件的审核、设计原则与边界、设计变更等问题进行了归纳和分析。

2017版红皮书是施工合同,技术规范和设计图纸一般由业主方提供、并作为双方最终签署的施工合同文件的重要组成部分,除非合同另有约定,承包商不对设计承担责任;2017版黄皮书和银皮书同为"设计+施工"合同,这两种合同模式下,承包商是设计工作和设计责任的主要承担者,通用合同条件第5条[设计]对承包商的设计工作要求进行了集中约定。本节以2017版黄皮书为主线,兼顾银皮书(文中出现"工程师"的地方均指2017版黄皮书,如果是银皮书,则用"业主"替代),围绕通用合同条件第5条[设计]并结合其他与设计有关的条款,对承包商的设计责任和设计管理程序等问题进行归纳和分析。

2.2.1 2017版黄皮书和银皮书中设计责任的承担机制

2017版黄皮书和银皮书均在通用合同条件第5.1款[设计义务一般要求]中明确,承包商是项目设计工作和设计责任的主要承担者。

(1)设计责任的承担程度

1)承包商的设计工作应符合预期目的

2017版黄皮书和银皮书通用合同条件第4.1款[承包商的一般义务]对承包商履行合同的义务给出了提纲挈领的要求:

"承包商应按照合同实施工程。工程完成后,工程(或区段、或工程的某个部分、或生产设备的主要部分)应能符合业主要求中定义和描述的预期目的(如果业主要求中没有定义和描述此类目的,应符合它们的常规目的)。"

a)"符合预期目的"(Fit for the purpose(s),FFP)责任的内涵

由于2017版黄皮书和银皮书中,承包商的工作范围均包含设计,根据上述条款,承包商所设计的工程应符合业主要求中定义和描述的预期目的(以下简称"符合预期目的"),简言之,承包商应就其所负责的设计工作向业主承担"符合预期目的"的责任。

一般来说,单纯的设计方对业主承担的设计责任是"尽职责任"(responsibility for care)(也称"疏忽"(negligence)责任)的要求和"不当行为"(malpractice)责任。该责任一般的判断标准是:设计方必须以"合理的技能与谨慎"(reasonable skill and care)来进行设计,以使设计达到预期目的并能具有预期功能。在尽职责任下,设计方并不需要保证其设计的结果,仅要保证在设计的过程中使用合理的技能与履行谨慎义务。

"符合预期目的"责任，也称适用性责任或严格责任（strict liability）。在这一责任下，承包商进行设计工作，除了要使用合理的技能与履行谨慎义务之外，其设计的工程本身还必须满足业主对性能、美观、安全等方面的要求。如果承包商设计的工程没有符合预期目的，那么不管承包商是否履行了合理技能与谨慎义务，都须承担设计失败的后果和责任。可以说，"符合预期目的"的责任承担是结果导向的，承包商承担的责任更大、更重。

b）"目的"应在业主要求中明示

"目的"（purpose（s））应是在业主要求中所定义和描述的目的，如果业主要求中没有相应的定义和描述，则应符合工程的常规目的。同时，2017版系列合同条件在专用条件编写指南的第4.1款［承包商的一般义务］中，FIDIC强烈建议业主在业主要求中清晰地定义和描述其工程完工后希望达到的"目的"，以使得承包商更好地履行"符合预期目的"的义务，减少不必要争端的产生。

因此，识别"预期目的"是承包商在项目投标和谈判阶段的重要内容，同时，"预期目的"是承包商在合同执行阶段开展各项工作的准绳。

2）承包商应就"符合预期目的"向业主承担"保障"责任

2017版黄皮书和银皮书第17.4款［承包商的保障］第二段均规定：

"承包商须保障和保持业主免受由于承包商在履行设计义务时的所有行为、错误或遗漏导致工程（或区段、或工程的某个部分、或生产设备的主要部分）完工后不符合第4.1款［承包商的一般义务］中规定的预期目的而导致的损失。"

这是2017版黄皮书和银皮书新增的一项承包商向业主保障的要求。

在英国法下，如果合同没有明示，"保障"一般意味着：业主（被保障方）没有减轻损失的责任；直接损失和间接损失均可请求赔偿；以及业主拥有更长的诉讼时效（从发生保障须覆盖的损失时起算，而非有缺陷的设计完成之日起算）。

不过，2017版黄皮书第1.15款（银皮书第1.14款）［责任限度］对上述承包商就其设计责任的"保障"义务程度进行了一定程度的限制，即：1）赔偿范围不包括工程使用损失、利润损失、合同损失和间接损失；2）赔偿额度包含在承包商的总体赔偿责任上限之内。

（2）设计风险的转移：职业责任险

2017版黄皮书和银皮书第19.2.3款［职业责任］均要求：

"承包商应对其负责的设计投保职业责任险，保障承包商在履行其设计义务过程中因任何行为、错误或遗漏引起的责任。"

"如果合同数据中有规定，该职业责任险还应保障承包商在履行其设计责任过程中因任何行为、错误或遗漏引起已完工工程（或区段、工程的某个部分、生产设备的主要部分）不符合第4.1款［承包商的一般义务］中规定的预期目的的责任。"

职业责任险是2017版黄皮书和银皮书新增的一项保险要求，其责任范围是由于设计的疏忽或过失而引发的意外事故造成的工程自身的物质损失以及第三方的人身伤亡或财产损失。合同规定，有关保额、免赔额、保险期限等在合同数据中进行约定；业主可能还会决定是否将职业责任险的保险范围扩展到符合预期目的，并在合同数据中作出相应约定。

职业责任险是设计方转移职业责任的有效手段之一。在国际工程承包市场上，业主要求承包商购买职业责任险的情况已经越来越多。一般来说，如果工程项目规模大、工艺复杂、采用新技术，尤其是处于发达地区的项目，业主对职业责任险的购买要求较高。2017版系列合同条件增加对职业责任险的条款，也是对国际工程实践的一种呼应。

2017版黄皮书和银皮书中，承包商在投标阶段，不仅要关注业主对职业责任险的相关要求，还要注意相应要求下的投保成本和保险市场的接受能力，建议专门就此险种相关问题咨询专业的保险机构。同时，如果将职业责任险的保险范围扩展到符合预期目的，则合同"预期目的"的明确非常重要，它对于保险可购买性、成本和最终的赔付有关键影响。

2.2.2 2017版黄皮书和银皮书的设计管理程序

（1）对承包商设计人员的要求

2017版黄皮书和银皮书第5.1款［设计义务一般要求］中明确了对承包商设计人员的要求，包括：资质能力能够胜任设计工作，符合业主要求中明确的标准，以及有资格在适用法律下开展相应的设计工作。

对于承包商的设计人员，2017版黄皮书比银皮书多了"审核"和"保证"两重要求。2017版黄皮书在第5.1款［设计义务一般要求］中规定：

"除非业主要求中另有规定，承包商应将建议的设计人员以及设计分包商的名字、地址、详细资料和相关经验等信息提交工程师审核同意。"

"承包商须保证承包商、承包商设计人员和设计分包商拥有能够胜任设计工作所必须的经验和能力。承包商还须承诺在获得履约证书前，其设计人员和设计分包商能够参与工程师和／或业主随时在合理时间（在现场或其他地点）的讨论。"

2017版黄皮书的要求之所以比2017版银皮书更加细致，是因为黄皮书中业主提供的设计资料、数据和信息一般会更详尽，业主对数据准确性的责任范围更广、责任时间更长，因此，业主对承包商设计人员及设计过程的管控也更深入。

（2）业主提供的数据和信息的准确性审查及责任

业主在招标时提供的各类数据和信息是承包商开展设计工作的基本依据。2017版黄皮书和银皮书对这些数据和信息的仔细审查和校核（scrutinise and check）程序、准确性风险的承担机制做了详细约定，相关条款主要有第2.5款［现场数据和参照项］、第4.7款［放线］、第4.10款［现场数据的使用］和第5.1款［设计义务一般要求］，同时，黄皮书还另外设置了第1.9款［业主要求中的错误］。

2017版黄皮书和银皮书中业主提供的各类数据和信息一般可分为三类：

1）业主要求中标明的（或工程师以通知形式发出的）参照项（items of reference）；

2）业主要求中除参照项以外的其他内容；

3）除业主要求以外，业主提供的与项目相关的现场数据。

2017版黄皮书和银皮书对业主提供的这些数据和信息的准确性设置了不同的责任和风险分担框架和原则。

2017版黄皮书中，承包商对上述三类数据和信息所应承担的审查和校核义务均考虑了审查和校核的时间、成本、可行性以及承包商的经验。如果业主要求中的错误、失误或缺陷是一个有经验的承包商在合同约定的期限内并尽到合理注意义务后仍无法发现的，那么承包商对此不承担责任。为此，2017版黄皮书专门设置了第1.9款［业主要求中的错误］明确程序细节、划分责任界限，第4.7款［放线］针对参照项做出了一致的安排。

2017版银皮书中，承包商被视为已在基准日期之前完成了对业主要求中所有数据和信息的审查和校核，除第5.1款［设计义务一般要求］中明确列出的由业主负责的数据和信息以外，业主不对其提供数据和信息的错误、不准确或遗漏承担任何责任。2017版银皮书中业主负责的数据和信息包括以下四类：

"1）在合同中规定的不可变的或由业主负责的部分、数据和资料；

2）对工程或其任何部分预期目的的说明；

3）竣工工程的试验和性能的标准；

4）除合同另有说明外，承包商不能核实的部分、数据和资料。"

2017版黄皮书和银皮书都为承包商设置了一定的责任豁免。2017版黄皮书可理解为程序上的豁免，即，对于承包商按照合同要求完成了一系列审查和校核义务后仍无法发现的数据错误和问题所导致的风险和后果在规定的期限内由业主承担。2017版银皮书可理解为范围上的豁免，即只要是符合银皮书提出的四类业主应负责任的情形，不论何时发现问题，由这四类情形产生的风险和后果都由业主承担。总体来说，2017版银皮书中，承包商对业主提供的数据和信息所应承担的审查和校核义务要比黄皮书大很多。

（3）承包商文件的提交和审核程序

2017版黄皮书和银皮书的第5.2款［承包商文件］详细规定了承包商文件的范围、文件准备的要求、工程师／业主的审核流程、文件付诸施工前的要求等内容。对承包商文件的审核是设计审查的主要内容，而设计审查对工程进度和承包商实现符合预期目的的义务有很大影响。

1）审核范围

2017版黄皮书和银皮书第5.2款［承包商文件］第一段定义了"承包商文件"的范围，即：

"a）在业主要求中写明的文件（如果有）；

b）承包商获取适用法律下要求其取得准证或许可等需要准备的文件；

c）第5.6款［竣工记录］和第5.7款［操作和运维手册］写明的文件。"

同时，在第5.2款［承包商文件］的专用条件编写指南中强调，在业主要求中清晰写明承包商文件的范围非常重要，但承包商文件没有必要包含所有的技术文件，并对详细程度作了举例说明。

并非所有承包商文件都需要提交审核，2017版黄皮书中约定，只有第5.2.2款［工程师的审核］中规定的承包商文件才是承包商必须要提交审核的文件。为此，第5.2.2款［工程师的审核］的专用条件编写指南中强调，业主要求中应清晰地列明要求提交审核的承包商文件清单，不在此范围的承包商文件原则上无需送审。实际操作中，业主有时会要求承包商补充资料、或扩大审查范围，这些不仅会延误审批进度和工程进度，也会增加承包商工作量。因此，在签订合同之前合同双方应就承包商文件的审查范围做出比较明确的界定。

2）送审通知

2017版黄皮书第5.2.2款［工程师的审查］规定，承包商除提交送审文件本身，还须随文件同时提交一份"通知"，且该通知须写明以下两个要件：

a）该承包商文件可供按照本款进行审核和使用；

b）该承包商文件符合业主要求和相关条款，或在哪些方面不符合。

审核期限是从工程师收到这份"通知"开始起算。也就是说，如果承包商仅提交了文件而没有同时提交符合条款要求的格式和内容的"通知"，审核期不会开始起算。因此，建议承包商在项目执行中，一般会编写一份标准封面作为"通知"，附在每一份将送审的文件前面。

3）审核程序和结果

2017版黄皮书第5.2.2款［工程师的审核］规定，如果业主要求中没有其他约定，则审核期限为21天，从工程师收到承包商文件和承包商通知之日开始起算。工程师应在审核期限内向承包商发出通知。根据情况不同，会产生以下三种结果：

a）工程师发出"不反对通知"。此时承包商可以根据承包商文件开展后续相应部分的工作；

b）工程师发出的通知写明承包商文件与业主要求或合同规定不符，并给出了理由。此时，承包商应修改相应的承包商文件、重新提交工程师审核，且无权因此获得工期延长。同时，如果业主方因此而产生额外的费用，业主有权向承包商索赔；

c）如果工程师没有在规定的审核期限内发出通知，此时将视同已经发出了"不反对通知"，承包商也可以开展下一步工作。

需注意的是，2017版黄皮书和银皮书中，工程师或业主对承包商文件是"审核"（review）而不是"批准"（approval）；并且，在对承包商文件没有修订意见的情况下，发出的通知是"不反对通知"，而不是"同意或批准"（consent or approval）。"审核"和"不反对通知"意味着，工程师或业主的审核和意见不解除承包商的任何义务或责任，如果工程有缺陷、或最终不能"符合预期目的"遭到业主索赔，承包商无法以承包商文件已经审核无异议作为抗辩理由。

2017版黄皮书和银皮书第5.8款［设计错误］对上述责任做了进一步针对性的阐述。即：如果在承包商的设计或承包商文件中发现有错误、遗漏、含糊、不一致、不适当或其他缺陷，这些缺陷和工程本身都应根据第7.5款［缺陷和拒收］进行改正。已针对有问题的承包商文件发出的"不反对通知"被自动视为"有异议"，且承包商应自担风险和费用进行改正和修复。

4）审核人

2017版黄皮书和银皮书中，承包商文件的审核人是工程师或业主，并没有工程师和业主同时参与审批流程的情况。如果实际项目操作中，某些合同中出现业主和工程师都有权审核，或"双签"制度，建议修改相应的审核流程。因为双签制度不仅使审核流程变得复杂，还会由于两个审核方意见不一致，导致承包商工作量和协调难度加大。

此外，有的国家法律会要求对某些设计内容进行强制审查，以确定这些设计在应用于工程之前是符合相关法律要求的。有权进行强制审查的机构一般是政府某个部门，或政府部门认定的独立第三方。这种情况下，有必要在合同中写清楚强制性审查的程序、审查文件的范围和深度、对业主或工程师审核意见的替代程度、责任分担等内容。由此，2017版黄皮书专用条件编写指南第5.2.2款［工程师的审核］提醒投标人对投标者须知中的有关内容引起重视，并强烈建议业主聘请在强制性审查方面有丰富经验的法律和工程专家们拟定或修改本款。

（4）设计原则和边界

2017版黄皮书和银皮书第5.3款［承包商的承诺］和第5.4款［技术标准和法规］规定了承包商的设计工作、承包商文件、工程实施过程和竣工的工程应遵循的原则和边界，包括：

1）应遵守工程所在国的相关法律；

2）应符合所有合同文件的要求，包括对这些文件的变更；

3）应符合工程所在国的技术标准、建筑、施工与环境方面的法律，适用于工程将生产的产品的法律，以及业主要求中提出的适用于工程或法律规定的其他标准。

这些法规和标准应是在基准日期时适用的（除非另有约定），并在工程接收时仍通行的。如果在基准日期之后，这些法规和标准有更新，承包商有义务向工程师或业主提交建议书，获批后对有关工作进行变更。有关流程应按第13条［变更和调整］处理。

一般来说，在上述原则和边界以内，只要工程最终能够符合预期目的，承担了设计工作的承包商应具有设计选择权。但在实际操作中，也会碰到工程师或业主在设计审核阶段对承包商的设计方案提出修改意见，如在生产设备选型、材料强度、品牌选用等方面提出要求，导致承包商的工期延误和成本增加，或者更进一步影响工程预期目的实现。这种设计审核意见会对承包商的设计选择权构成干扰，此时，如果承包商认为业主方的审核意见提出的方案将造成工期延误和/或成本增加，应尽量利用变更条款，获得相应工期和/或费用的补偿，且需尽量化解影响工程预期目的实现的风险。

（5）设计变更

2017版黄皮书和银皮书第13条［变更和调整］对与工程变更有关的事项作了详细的规定。设计变更是2017版黄皮书和银皮书中工程变更的重要内容之一。

不论是工程师还是业主指示承包商进行变更，还是承包商根据第13.2款［价值工程］自行论证的设计优化，又或是工程师或业主通过审核环节提出的"干扰"性质的修改要求，承包商都应对变更条款加以有效利用，因为变更不仅是承包商取得相应工期和费用调整的通行证，也与工程"符合预期目的"义务的实现息息相关。

第13.1款［变更权］规定，承包商应谨遵工程师或业主提出的每项变更并不拖延地开展进一步的工作，除非承包商立即向工程师或业主发出通知，写明（并附详细支持材料）：

"1）从业主要求中明确的工作范围和性质方面看，此项变更要求为不可预见的；

2）承包商难以获得此变更所需要的货物；

3）此变更将对承包商遵守第4.8款［健康和安全义务］和／或第4.18款［环境保护］造成严重不良影响；

4）此变更将对承包商达到性能保证表的目标产生不利影响；或

5）此变更可能对承包商完成工程以实现按照第4.1款［承包商的一般义务］规定的工程预期目的产生负面影响。"

因此，在项目执行过程中，如果承包商认为工程师或业主发出的变更指示（包括承包商文件的审核意见导致或构成的变更）不可预见、客观难以实现、影响安全和环境、影响工程性能或可能影响预期目的实现，承包商一定要按照合同要求立即发出异议通知、列明理由（上述五种理由之一）并附上详细的支持文件，尤其要列明如果执行了这一变更指示，将可能会有哪些风险或造成什么不利的后果。如果承包商发出了异议通知，但业主仍然坚持这一变更指示，那么后续在执行过程中一旦发生这些风险和后果，这份异议通知将是承包商的"护身符"。

设计管理工作是负责工程项目设计的总承包商开展国际工程业务的重要环节，设计职业责任是承包商不可忽视的关键合同义务。2017版黄皮书和银皮书中，承包商的设计工作不仅应符合预期目的，还要就符合预期目的义务向业主承担保障责任。符合预期目的无论在签署合同之前还是在合同执行过程中，都是合同双方关注的一个焦点和难点问题，期待各位同仁一起深入研究相关的问题。希望本节的分析，对业界有关人士理解承包商的设计职业责任、设计人员的配备、设计管控程序、设计风险分担和转移等方面有所帮助。

本节内容摘自《国际经济合作》期刊2018年第12期

作者：秦晋、陈勇强

FIDIC

第 **3** 章

现场、质量与进度

3.1 2017版系列合同条件中现场管理相关问题分析

　　为了保障工程项目顺利实施，确保安全、文明、有序施工，2017版系列合同条件对现场管理提出了更高的要求。本节主要归纳和分析承包商的人员、HSSE（Health、Safety、Security、Environment，健康、安全、治安和环境保护）、沟通、现场进入和作业、货物等与现场管理相关的规定。本节内容将以2017版黄皮书为主线展开，同时兼顾红皮书和银皮书。

3.1.1　2017版系列合同条件中的人员管理

2017版系列合同条件非常注重人员管理，对承包商代表的任命、资质和要求有更加严格的要求，将承包商代表的任命作为所有支付的前期条件，并增加了第6.12款［关键人员］。

（1）人员管理的一般规定

根据第6条［员工］的规定，承包商应自行安排其人员的雇佣、工资支付、餐饮、交通等，且不能雇佣或企图雇佣业主的人员。除非合同另有约定，承包商应为其人员提供住宿和福利设施，住宿和福利设施的地点应在合同约定的区域，否则承包商应自费移除。若合同另有要求，承包商还应为业主人员提供相关设施。

承包商应遵守与其人员相关的一切劳动法规，包括雇佣、健康、安全、福利、出入境方面的法律法规，让他们享有一切法定权利，并应要求其人员遵守相关法规。承包商支付其员工的工资水平和提供的工作条件应不低于同行业约定的标准，如果该行业没有可用的标准，应不低于类似行业的标准。除非合同另有规定，或工程师同意，或为了抢救生命财产，承包商不应在节假日或正常工作时间外安排加班。

承包商的人员应是各自岗位的称职人员，并具有相应的技能和经验。如果发现承包商的人员有以下情况，工程师可以要求承包商清退该人员：一贯行为不轨或粗心；不能胜任工作或渎职；不遵守合同；经常做出危害健康、安全、治安或环保的行为；有证据证明存在腐败、欺诈或贿赂等行为；或该人员为从业主人员中雇佣的人员。承包商应采取合理的防范措施避免其人员发生违法、骚乱或妨碍治安的行为，以保持项目的安定。

以上为2017版系列合同条件的通用合同条件中关于人员管理的一般要求，合同双方可根据当地的法律法规或实际情况在专用合同条件中增加或修改以上规定，如：规定承包商不能买卖酒精制品；也可以在业主要求中约定由业主为承包商的人员提供住宿等。

（2）承包商代表与关键人员

承包商代表（也就是承包商的项目经理）是项目顺利实施的关键。根据第4.3款［承包商代表］，承包商应在开工日期之前将承包商代表的姓名和详细资料提交工程师以获得其同意；工程师可以撤回或保留该同意，此时承包商应再提交替换人员的资料；未经工程师事先同意，不能替换承包商代表。承包商代表应是有资格、有经验的专业人士并熟练掌握合同规定的交流语言。如果对承包商代表还有其他要求，可在专用条件中约定。

承包商代表可向其他人员授权，此时应通知业主；但其他被授权人员不得发出或接收通知和其他通信、或接收工程师的指示。承包商代表应为专职且常驻现场，指导项目实施，如需临时离开现场，可在征得工程师同意后，指派临时代表。

根据第6.12款［关键人员］，与承包商代表一样，关键人员应事先获得工程师的同意，此类人员也应为专职且常驻现场或工程实施的其他地点，如果关键人员临时离开，在工程师事先同意的情况下，承包商应安排替换人员。所有的关键人员应熟练掌握合同规定的交流语言。

3.1.2　2017版系列合同条件中的HSSE管理

健康、安全、治安和环境保护（简称HSSE），是工程现场管理的重要内容。

（1）健康与安全管理

根据第4.8款［健康与安全义务］，承包商应履行以下7条健康与安全义务：①遵守所有适用的健康与安全的法律法规；②遵守合同中健康与安全的管理规定；③听从承包商健康与安全员的指导；④保障有权进入现场的所有人员的健康与安全；⑤保持现场和工程井井有条以避免不必要的障碍物对人员带来的危险；⑥为工程提供隔离、照明、安全通道、门卫和岗哨；⑦提供临时工程（包括车行道、人行道、守卫和围墙）以保护临近的土地和财产。

承包商应于开工日期后21天内和现场工作实施前，向工程师提交健康与安全手册，手册应列明所有的健康与安全要求，包括合同中的要求以及提供一个健康与安全的工作环境而必要的其他要求。承包商可以修改健康与安全手册，修改版本应及时提交工程师。承包商除每月在进度报告中向工程师提交安全事故统计外，还应在每次事故发生后尽快向工程师提交事故的详细情况，如果是重大伤亡，承包商应立即通知工程师。此外，承包商应根据合同或者工程师要求，进行健康和安全记录以及财产损害记录。

此外，根据第6.7款［人员健康与安全］，承包商应采取各种必要措施，保持承包商人员的健康与安全。承包商应与当地医疗机构合作，在现场和住宿地为承包商人员和业主人员提供医疗人员和医疗设施以及救护服务，包括急救设施、医务室、救护车等；同时应提供所有必要的卫生福利，并防止流行病的发生。承包商应在现场任命一名称职的健康与安全员，负责健康与安全保护和事故预防。

如果承包商与业主的其他承包商共用现场，合同中应明确划分业主、承包商和业主的其他承包商的健康与安全义务。

（2）治安管理

根据第4.21款［现场治安］，承包商应负责现场的治安，并负责将没有得到授权的人员拒之于现场以外，有权进入现场的人员仅限于承包商的人员、业主的人员以及业主或工程师已通知承包商的其他授权人员。

如果承包商与业主的其他承包商共用现场，应在业主要求或专用条件中明确业主、承包商和业主的其他承包商的现场治安义务。

（3）环境保护

根据第4.18款［环境保护］，承包商应采取所有必要的措施保护现场内外的环境，遵守环境影响报告，控制其施工作业或其他活动产生的污染、噪声等对人员和财产的损害。承包商应确保其施工活动产生的排放物、地面排污等不能超过业主要求中规定的指标，也不能超过相关法律中限定的指标。

如果根据当地的法律要求，承包商还需要编制环境管理计划，并需获得工程师和当局的批准，此时应在业主要求中说明以上计划，以及审核和批准流程。

3.1.3 2017版系列合同条件中的沟通管理

承包商与工程师或业主的沟通形式主要包括：通知、记录、会议、报告等。

（1）通知和其他通信

通知是合同双方沟通最重要的方式，合同中对需要发出通知的事项进行了约定，应注意通知发出的时间限制和其他要求，如索赔必须根据第20.2款［索赔款项和／或EOT］在意识到或应当意识到事件发生后28天内发出索赔通知。

根据第1.3款［通知和其他通信］，当合同中提到发出通知或以其他通信方式提供、发送、提交或传送等时，应采用书面形式，并应为承包商代表、工程师或业主授权的代表签字的纸质版原件；如果以电子版发送，应由唯一分配给各方授权代表的邮箱发送电子版原件。如果是通知，应写明是通知；如果是其他通信形式，应明确是根据合同哪个条款发出的。通知或其他通信在收件人于约定的收件地址收到后生效。所有的通知和其他通信，不应无理由的扣留或延误；通知或其他通信应按合同规定进行抄送。根据第1.4款［法律和语言］，通信语言应在专用合同条件中约定。

（2）记录

记录是承包商与业主进行有效沟通的基础。根据第4.8款［健康与安全义务］，承包商应根据合同或工程师的要求，进行健康和安全记录以及财产损害记录。根据第6.10款［承包商的记录］，承包商应对进度计划中的每一项工作、按照每一个工作地点和每一天记录以下内容：每班承包商人员的实际工作时间和占用时间、每台承包商的施工设备的型号和实际工作时间、使用的临时工程的类型、拟用于永久工程的生产设备的型号以及材料的数量和型号。以上记录应根据第4.20款［进度报告］随进度报告一同提交给工程师。

（3）会议

根据第3.8款［会议］，工程师或承包商代表可要求其他人员参加管理会议讨论下一阶段的安排或其他与工程实施相关的事宜。如果工程师或承包商代表要求，业主的其他承包商、公共当局、分包商等可以参加该会议。工程师应负责会议记录，并将记录副本发送参会人员和业主。会议中或记录中拟采取措施的责任方应与合同规定一致。

（4）报告

根据第4.20款［进度报告］，承包商应按业主要求中的格式编制月进度报告，并于当月结束后7天内向工程师提交。进度报告应包括一份纸质版原件、一份电子版和合同数据中约定的其他份数。第一次进度报告为开工日期当月；进度报告应一直提交至完工日期；如果接收证书中仍有扫尾工作，进度报告应继续编制直至扫尾工作完成。除非另有规定，进度报告应包括以下8项内容：

1）图表和详细的进度说明，内容应涉及设计、承包商文件、采购、制造、到货、施工、安装、试验、启动试验和试运行等每一个阶段；

2）显示生产设备制造进度和现场内外实施进度的照片或视频；

3）对于每一项重要的生产设备和材料，给出制造商的名称、制造地点、完成进度百分比，以及开始制造、承包商检查、试验、装运和抵达现场的实际与预期日期；

4）第6.10款［承包商的记录］中详细的人员和施工设备使用记录；

5）质量管理文件、检查报告、试验结果和合规验证性文件（包括证书）；

6）变更清单和根据第20.2.1款［索赔通知］发出的通知清单；

7）健康与安全统计数据，包含危险事件、与环境和公共关系相关的活动的详细资料；

8）实际进度与计划进度的对比，包含可能影响工程竣工的不利事件和拟计划采取的措施的详细资料。

进度报告应能反映第8.3款［进度计划］中的进度计划执行情况，当进度报告的实际进度与计划进度不一致时，承包商应按实际进度调整进度计划；进度报告不仅仅反映项目的实施进度，还应反映项目各个方面的进展情况。而且该进度报告构成承包商期中支付申请的支持资料，根据第14.3款［期中支付的申请］，承包商在提交期中报表时应附上同期的进度报告，作为工程师审核期中支付报表的参考。实践中进度报告可能以一份报告的形式提交，也可能拆分为多个报告；而进度报告中的内容并不构成合同中的通知。

除以上进度报告外，承包商还应根据第4.9款［质量管理体系与合规验证体系］，提交质量管理体系审计报告；如果出现安全事故，还应单独提交事故详细情况的报告。

3.1.4　2017版系列合同条件中的现场进入和作业管理

根据合同，业主负责为承包商提供现场的进入或占用权，承包商负责进入现场的道路、项目实施所需的其他道路和设施使用权以及公共服务设施；承包商还应负责现场的维护和清理，根据合同或指示与其他单位或人员进行合作，并避免其项目实施带来的干扰。

（1）现场进入权

根据第2.1款［现场进入权］，业主应按合同约定的时间为承包商提供现场进入和占用的权利，承包商的现场进入和占用权可能不是排他的，业主也可以允许其他承包商进入。如果合同中没有约定现场进入和占用的时间，业主应按照承包商的进度计划及时为承包商提供现场进入权和占用权，以使得承包商可以开展工作。直到履约证书颁发，业主才可以收回现场进入权。根据第11.7款［工程接收后的进入权］，在履约证书颁发后28天内，承包商仍有权进入现场查阅工程的运行、维护和性能记录。

如果由于业主未能按以上规定为承包商提供现场进入和占用的权利，导致承包商遭受延误或成本增加，承包商有权索赔工期和成本加利润。然而，如果业主未能按以上规定为承包商提供现场进入和占用是由于承包商的错误或延误导致的，包括延误提供承包商文件或提供的承包商文件有错误，承包商无权索赔。

（2）道路、设施和公共服务

根据第4.13款［道路和设施使用权］，承包商应自费获得工程实施所需的特别的或临时的道路使用权，包括进入现场的此类道路。承包商也应自费获得工程实施所需现场外的额外设施，并自担风险。

根据第4.15款［进场路线］，承包商应被视为在基准日期已了解并接受进入现场的路线的适宜性；业主不保证进场路线的适宜性，承包商应为其所需的进场路线的不适宜性带来的成本负责。承包商应采取所有必要的措施以避免承包商的车辆或人员对道路或桥梁造成损害，包括选择合适的路线和交通工具（遵守道路的载重和宽度限制），承包商应负责对进场道路的损害进行修理，并应负责其所需要的进场路线的维护工作，业主不应对承包商使用或其他事件引起的关于进场路线的第三方索赔负责。承包商应在征得当地主管部门许可后，为进场路线提供必要的指示牌。如果在基准日期后，由于业主或第三方对进场路线变更导致承包商的延误或成本增加，承包商有权索赔工期和成本加利润。

根据第4.19款［临时公共服务设施］，承包商应负责提供所有的临时公共服务设施，包括电力、燃气、通信、水和工程实施所需的其他服务。如果业主要求中规定，由业主负责提供公共服务设施，则承包商有权按照业主要求中的价格和要求使用这些服务，承包商应负责提供该服务计量所需的仪表和仪器。承包商对这些服务的费用支付周期应在合同数据中约定，并在相应报表中体现。

（3）现场维护和清理

根据第4.22款［承包商的现场作业］，承包商应将其作业限制在现场或工程师同意的其他区域内。承包商应采取必要的措施，使其人员和分包商保持在现场和此类其他区域内，并使他们远离相邻土地。承包商应保持现场没有不必要的障碍物，并根据合同储存和移走承包商的施工设备和剩余材料。承包商应及时清理现场垃圾、危险物和不需要的临时工程，并移出现场。颁发接收证书后，承包商应及时清理并移出所有的承包商的施工设备、剩余材料、垃圾、危险物和临时工程等，留下一个整洁安全的现场和工程。然而，在征得工程师同意后，承包商可以留下缺陷通知期工作实施所需的货物。

根据第11.11款［现场清理］，承包商应在履约证书颁发后及时移出承包商的施工设备、剩余材料、垃圾和临时工程，并将未被永久工程占用的现场恢复原样，留下一个整洁安全的现场。

如果承包商与业主的其他承包商共用现场，专用条件中应明确划分业主、承包商和业主的其他承包商的现场清理和维护义务。

（4）合作和避免干扰

根据第4.6款［合作］，如果有在现场或现场附近工作的其他人员，包括业主的人员、业主的其他承包商、公共当局和私有公共事业公司的人员，承包商应按业主要求或工程师的指示与其进行合作，并为他们的工作提供合适的机会，包括提供进入和使用承包商的施工设备、临时工程和承包商在现场的其他设施或服务。承包商应尽所有合理的努力，与业主的其他承包商共同协调工作。如果承包商由于根据本款遵守工程师的指示进行合作导致工期延误或成本增加，且该合作为承包商不可预见的，承包商有权索赔工期和成本加利润。

根据第4.14款［避免干扰］，承包商应避免项目实施对公共便利、道路正常使用（无论是公共道路还是业主的道路）带来不必要的或不恰当的干扰。承包商应保障业主免受以上干扰带来的损害、损失或费用开销（包括法律费用）。

此外，2017版系列合同条件还有四个子条款与现场管理密切相关。根据第4.7款［放线］、第4.10款［现场数据的使用］、第4.12款［不可预见的物质条件］和第4.23款［考古和地理发现］，业主应当为承包商提供现场数据，但承包商有义务核实数据的准确性，如果在规定的时间内承包商发现现场数据有错误，或出现了承包商不可预见的物质条件，或出现了化石等考古发现，承包商应通知工程师，此时将按变更或索赔进行处理，具体要求和规定参见本书第6章。

3.1.5　2017版系列合同条件中的货物管理

根据第1.1.44款［货物］的定义，货物是指承包商的施工设备、拟用于工程的材料、生产设备和临时工程（不包括业主提供的施工设备）。为便于阐述，本文将相关内容放在一起分析。

（1）货物管理的一般规定

除非合同另有规定，承包商应负责项目实施所需的所有货物的采购，承包商可自行选择材料供应商，无需征得工程师的同意。承包商应负责工程所需的所有货物的包装、装载、运输、接收、卸载、储存和保护；承包商应负责货物进口和运输等相关的清关、许可和费用，包括运至现场所有必要的其他义务。

承包商应保障业主免受货物进口、运输等所带来的损害、损失和费用，以及第三方索赔。根据第4.16款［货物运输］，承包商应至少提前21天将准备运至现场的生产设备或合同约定的其他主要货物通知工程师。

货物运至现场后，将根据第7条［生产设备、材料和工艺］对货物进行检查或试验，并由承包商按照第17.1款［工程照管职责］的规定负责对货物进行照管。有时，业主会要求承包商在征得工程师同意后，方可将某些货物运至现场，此时业主应提前在业主要求中规定。

（2）承包商的施工设备管理

根据第4.17款［承包商的施工设备］，承包商应对承包商的所有施工设备负责。当承包商的施工设备运至现场后，该设备被视为是为本项目实施所专用的。未经工程师同意，承包商不应将承包商的主要施工设备运出现场，但来回运输承包商人员和货物的交通车辆除外。除应根据第4.16款［货物运输］在货物到达之前通知工程师外，承包商还应在施工设备到达现场前7天内通知工程师设备到达现场的日期。该通知应说明该设备为承包商的施工设备，还是分包商的施工设备，或是租赁的施工设备。

（3）业主提供的材料和施工设备管理

根据第2.6款［业主提供的材料和施工设备］，如果合同约定业主提供材料或施工设备供承包商使用，业主应按合同约定的时间、安排和价格等提供。当承包商人员操作、驾驶或使用以上设备时，承包商应对该设备负责。

2017版系列合同条件中现场管理的相关规定与工程照管与保障、保险、进度和支付等合同条款密切相关。根据第17.1款［工程照管职责］，承包商应负责照管工程和货物等，如果合同约定由业主为承包商人员提供宿舍和施工设备，此时应提前明确双方的照管责任；上文中提到承包商应保障业主免受承包商使用进场路线、对公共等带来干扰和货物运输可能带来的损害，正是第17.4款［由承包商保障］的具体体现，根据该款，承包商应保障业主免受工程实施可能带来的第三方索赔和损害赔偿等。此外，承包商的人员管理除了应满足以上规定外，还应按照第19.2.5款［雇主责任险］为员工购买雇主责任险；承包商考虑到现场作业可能对第三者带来损害，应按照第19.2.4款［人员伤害和财产损害］的约定购买第三者责任险；承包商还可以根据第19.2.2款［货物］为货物购买相应的运输保险。承包商提交的进度报告，既是反映第8.3款［进度计划］中进度计划的执行情况，同时也是承包商按照第14.3款［期中支付申请］申请期中支付的重要支持资料。另外，与现场管理密切相关的还有现场质量管理和进度管理问题，相关分析详见本章3.2、3.3节。希望读者能将这些相互呼应、密切联系的条款联系起来阅读和理解。

本节作者：张帅军、陈勇强

3.2 2017版系列合同条件中质量管理相关问题分析

  2017版系列合同条件融入了更多项目管理理念，对质量管理也提出了更加详细的要求。本节对合同条件中质量管理问题进行了归纳和分析，首先介绍了合同条件中工程质量的总体要求、新增的QM和CV体系等相关规定，进而对生产设备及材料与工艺的检验、竣工试验与工程接收、竣工后缺陷修补、竣工后试验等问题进行了介绍和分析。本节将以2017版黄皮书为主线展开，同时兼顾红皮书和银皮书，对三本合同条件中的质量管理相关问题进行分析。

2017版系列合同条件中，与质量管理相关的条款主要包括：第4条［承包商］、第5条［设计］、第7条［生产设备、材料和工艺］、第9条［竣工试验］、第10条［业主的接收］、第11条［接收后的缺陷］、第12条［竣工后试验］等。2017版红皮书中主要由业主负责设计，所以没有第5条［设计］和第12条［竣工后试验］。

3.2.1 2017版系列合同条件中质量管理一般规定

（1）关于工程质量的总体要求

根据第4.1款［承包商的一般义务］和第5.4条［技术标准和规范］，承包商负责的设计、施工、承包商文件（包括设计图纸、竣工记录、运维手册等）应符合合同规定和项目所在国的法律要求、技术标准和规范及合同约定的其他技术标准，工程竣工后应符合预期使用目的（FFP）。承包商应选择有经验的人员或分包商，使用配备好的设施和无害的材料、以恰当的方式实施工程。

业主有权在工程实施期间对生产设备、材料和工艺进行检验、检查、测量和试验等，并要求承包商在工程移交前进行竣工试验，在工程移交后承包商仍要负责缺陷通知期（Defects Notification Period，DNP）内的缺陷修补工作。黄皮书和银皮书中还可以要求进行竣工后试验。

此外，业主有权在承包商文件编制的地点检查承包商文件。根据第5.2款［承包商文件］，承包商文件应提交工程师进行审核，工程师应在收到承包商文件21天内发出不反对通知（No-objection Notice）或通知承包商修改（若工程师未在规定时间内做出回应，视为已发出不反对通知）。除了竣工记录（As-Built Records）和操作与运维手册（Operation and Maintenance Manuals）外，承包商在收到工程师的不反对通知后方可实施相应的工作。如果承包商要修改设计或承包商文件，相关的工程实施应暂停，直至工程师对修改后的设计或承包商文件发了不反对通知。

（2）QM体系与CV体系

根据第4.9款［质量管理体系与合规验证体系］，承包商应在开工后28天内向工程师提交质量管理体系文件（Quality Management System，QM体系），包括：确保与工程、货物、工艺或试验相关的通信文件、承包商文件、竣工记录、运维手册、实时记录可以被追踪的程序；确保工程实施界面和不同分包商工作界面的协调和管理恰当的程序；承包商文件提交的程序。工程师应在收到QM体系21天内做出回应，发不反对通知或通知承包商修改。承包商应至少每6个月进行一次QM体系内部审计，并在审计结束后7天内将审计报告提交给工程师，审计报告应说明每次审计的结果，包括改进措施。如果承包商进行了关于质量保证的外部审计，承包商也应立即通知工程师说明外部审计中发现的问题。

此外，承包商还应建立合规验证体系（Compliance Verification System，CV体系），验证设计、生产设备、材料、工作或工艺符合合同要求，并应包括承包商实施的全部检验和试验结果的报告方式。如果任何一项检验或试验证明承包商不符合合同，则应根据第7.5款［缺陷及拒收］进行修补或拒收。

QM体系和CV体系为2017版系列合同条件中新增内容，其中QM体系侧重于承包商在项目实施过程中应采取措施保证工程质量和相关文件可被追踪；CV体系侧重于承包商在项目实施过程中和竣工后应采取措施验证设计、材料、工作等符合合同规定，CV体系应与合同规定的检验、检查、试验等结合使用，是各种检验、检查和试验汇总而成的体系性文件。但是遵守QM体系和CV体系不能免除承包商合同下的任何义务和责任。

3.2.2　2017版系列合同条件中生产设备、材料和工艺检验

根据合同，承包商应选择有经验的人员，使用配备好的设施和无害的材料，按照合同规定的方式、公认的良好惯例、以恰当的施工工艺和谨慎的态度实施工程以满足合同要求。工程实施过程中，应进行生产设备、材料和工艺的检验。

（1）样品审核与检查

根据第7.2款［样品］，承包商在使用材料之前，应按合同自费提交材料样品供工程师审核；如果工程师要求额外的样品，应按变更处理。

根据第7.3款［检查］，业主人员在正常工作时间和合理的次数范围内，有权进入现场和天然料场在设备生产、制造和施工期间对生产设备、材料和工艺进行检验、检查、测量和试验，并有权进行记录；承包商应给业主人员提供充分条件实施以上活动，包括提供安全进入、设施、进入许可和安全设备等。

当生产设备、材料或工作准备好检查时，或生产设备、材料或工作被覆盖、包装或运输前，承包商应通知工程师。业主人员应及时进行检查，或由工程师通知承包商无需进行检查。如果工程师未通知，业主人员也未按承包商通知中的时间参加，承包商可以进行覆盖、包装或运输。如果承包商未提前通知工程师，若工程师要求，承包商应自费拆除覆盖或包装以供检查。

（2）试验

除进行一般检查外，合同可约定应进行的试验，试验一般需要专门的仪器和装置来进行。第7.4款［由承包商试验］规定了试验的程序，该款规定适用于除竣工后试验外的所有试验。承包商应负责提供试验所需的人员、材料、燃料、水电、仪器仪表、文件资料等，所有的设备和仪器仪表应根据合同约定或适用法律规定的标准进行校准。

承包商应通知工程师试验的时间和地点，工程师可以根据第13条［变更和调整］变更试验的时间、地点或细节，或指示承包商实施额外的试验。如果变更试验或额外试验的结果显示生产设备、材料或工艺不符合合同，由此带来的成本或延误由承包商承担。如果工程师未按承包商通知中的时间和地点参加试验，除非工程师另有指示，承包商可自行试验，视为试验在工程师在场的情况下进行的。如果承包商由于遵守工程师的指示或业主的原因造成了工期延误或成本增加，承包商有权索赔工期和成本加利润。然而，如果由于承包商的原因导致了试验延误，该延误造成业主成本增加，业主也有权索赔费用。

承包商应及时将试验报告提交给工程师，如果试验通过，工程师应在承包商的试验报告上背书，或向承包商颁发试验证书。如果工程师未参加试验，应认为他已经接受了试验结果。

（3）缺陷修补与拒收

根据第7.5款［缺陷和拒收］，如果任何检验、检查、测量或试验发现生产设备、材料、设计或工艺存在缺陷或不符合合同，工程师应通知承包商。承包商应及时编制并提交修补方案供工程师审核。如果工程师在收到承包商的修补方案后14天内未向承包商发通知，视为工程师发出了不反对通知。如果承包商未能针对修补工作及时提交方案，或未能实施工程师已发不反对通知的方案，工程师可以：指示承包商修补或返工，或通知承包商拒收该设计、生产设备、材料或工艺，业主可自行（或雇佣他人）进行修补，并向承包商索赔修补费用。修补完成后，工程师可要求进行重新试验，承包商应自费再次试验。如果拒收和重新试验导致业主增加了额外的成本，业主有权索赔费用。

根据第7.6款［修补工作］，除进行上述检验、检查、测量或试验外，工程师在颁发接收证书前，可随时指示承包商：

1）修理、修补或移除和替换不符合合同的生产设备或材料；

2）修理、修补或移除和重新实施任何不符合合同的其他工作；

3）为了工程安全紧急实施的修补工作。

承包商应承担以上修补工作的费用，除非以上第3种情况是由于业主原因或例外事件造成的。如果修补工作是业主原因导致的，承包商有权索赔工期和成本加利润；如果是例外事件导致的，将按第18条［例外事件］的相关规定处理，承包商可索赔工期，但不一定可以索赔成本。如果承包商未能按工程师的指示进行修补工作，业主可自行（或雇佣他人）进行修补，业主有权索赔修补费用。

此外，如果生产设备或材料确有必要在现场外进行修理，承包商应提前通知工程师说明原因，征求工程师的同意，因为，生产设备和材料一旦运至现场或业主已支付，生产设备和材料的所有权即归业主。

3.2.3　2017版系列合同条件中竣工试验和工程接收

（1）竣工试验程序

竣工试验是业主接收工程前进行的试验，竣工试验应根据第9.1款［竣工试验］和第7.4款［由承包商试验］进行。承包商应在竣工试验开始前不少于42天向工程师提交详细的竣工试验计划，由工程师审核试验计划，发不反对通知或要求承包商修改（若工程师未能在收到竣工试验计划14天内发以上通知，视为已发不反对通知）。承包商在收到不反对通知前，不可开始进行竣工试验。除提交竣工试验计划外，承包商应在每个试验开始前不少于21天通知工程师"准备好竣工试验的日期"。竣工试验计划的提交为2017版系列合同条件新增内容，显示了FIDIC合同对进度计划的重视。

除非在业主要求中另有说明，竣工试验应分以下三个阶段按顺序进行，上一阶段完成之前不能进行下一阶段的试验：

1）启动前试验（pre-commissioning tests），包括合适的检查和功能性试验（"干的"或"冷的"），该试验一般主要为单机空转试验，旨在证明工程每一个部分可以安全的运转；

2）启动试验（commissioning tests），该试验为联合运转试验，旨在证明工程或区段在各种运行条件（负荷可从小到大依次进行）下可安全的运行；

3）试运行（trial operation），该试验为正常的运行条件下的试验，证明工程或区段在正常运行条件下可以可靠地运行。

在试运行过程中，当工程或区段稳定运行时可进行性能试验（performance

tests），性能试验旨在检查工程或区段是否满足合同约定的性能指标。试运行产生的产品或收入为业主所有。试运行（包括性能试验）不构成业主的接收。

若承包商认为工程或区段通过了以上竣工试验，承包商应向工程师提交试验报告，工程师审核试验报告，在14天内发不反对通知，或通知承包商不符合合同要求。审核竣工试验报告时，工程师应考虑到业主对工程使用带来的影响。

关于竣工试验三个阶段的规定，2017版黄皮书和银皮书基本一致，但红皮书的差异较大，主要是因为上述竣工试验三个阶段的规定主要适用于含生产设备较多的工程，而红皮书主要针对的是由业主负责设计的土木工程类施工项目，项目的试验或检验多在实施过程完成，因此红皮书并未将竣工试验分为以上三个阶段。

（2）竣工试验延误的处理

如果竣工试验由于承包商的原因造成了延误，工程师应通知承包商，要求承包商在收到通知后21天内进行试验。如果承包商未能在21天内实施：工程师再次通知后，业主人员可自行试验；承包商可参加和见证试验；在试验完成后28天内，工程师应将试验结果副本发送承包商；如果由此造成了业主额外的成本，业主有权索赔。无论承包商是否参加，以上试验都视为承包商在场的情况下进行的，并视承包商已接受试验结果。

如果承包商发了竣工试验通知，而试验由于业主的原因造成延误14天以上，承包商应通知工程师，此时工程应视为在竣工试验应完成之日已被业主接收，工程师应立即颁发接收证书；随后承包商应在缺陷通知期结束前尽快进行竣工试验，且承包商有权索赔工期和成本加利润。

（3）未通过竣工试验的处理

如果未能通过竣工试验，工程师可以要求承包商进行修补，此时第7.5款［缺陷和拒收］将适用。根据第9.4款［未能通过竣工试验］，工程师或承包商可要求对未通过的试验重复进行。如果重复试验后，仍未通过，工程师有权：

1）要求再次进行竣工试验；

2）如果缺陷影响了业主整个工程的收益，可拒收工程，此时业主可立即终止合同，并有权根据索赔条款要求承包商返还之前支付的所有工程款、融资费用、拆除恢复和清理现场的费用；

3）如果缺陷影响了某区段不能满足原有的目的，可拒收该区段；此时该区段将依据变更条款按工程删减处理；或

4）如果业主要求，可颁发接收证书，此时业主有权索赔性能赔偿费（Performance Damages）。

2017版黄皮书和银皮书中包括性能保证表（Schedule of Performance Guarantees），其中约定了工程或区段应达到的性能指标，包括保证值和最低值，并设置性能赔偿费，如果性能试验达到约定的保证值，即通过了性能试验；如果性能试验未达到保证值，但达到了最低值，业主应接收工程，但有权获得性能赔偿费；如果性能试验未达到最低值，业主可拒收工程。2017版红皮书中无性能试验，也未包括性能保证表。

（4）工程接收

根据第10.1款［工程和区段的接收］，正常情况下，承包商应在工程或区段完工且通过了竣工试验、并在满足其他工程移交条件前不少于14天向工程师发通知，申请接收证书。工程师应在收到承包商通知后28天内：颁发接收证书，并明确扫尾工作；或者发通知拒绝承包商的申请，且说明承包商仍需要完成的工作、工程仍需要修补的缺陷和需要提交的文件资料。

如果工程被划为若干个区段，则承包商可针对每一个区段申请接收证书。如果业主同意，也可以针对工程的某一部分颁发接收证书。在工程师颁发接收证书前，业主不应使用工程的任何部分；如果业主在工程师颁发接收证书前使用了工程的某一部分：承包商应通知工程师说明使用的部分，且该部分被视为已移交给业主，承包商不再对该部分负有照管责任，此时工程师应立即针对该部分颁发接收证书，并说明剩余的扫尾工作或仍需要修补的缺陷。如果承包商由于业主接收部分工程或使用部分工程造成成本增加，承包商有权索赔成本加利润。

从以上规定可以看出，合同可约定工程整体移交，也可分区段移交，还可临时做出决定，移交工程的某一部分。当合同约定可按区段接收时，需在合同数据中对区段进行定义，并对每一区段对应的保留金、竣工时间和误期损害赔偿费进行约定；而且，应注意和考虑该区段或部分工程移交对其他未移交部分可能造成的影响。

3.2.4 2017版系列合同条件中工程接收后缺陷处理

业主接收工程以后，承包商仍要负责修补之前的工程缺陷，如果由于承包商的原因导致工程、区段、部分工程或主要设备在接收后出现缺陷或损害，而不能用于原有的目的，该缺陷或损害仍应由承包商负责，且业主有权延长缺陷通知期。

（1）工程接收后的缺陷修补

业主接收工程后，承包商应于约定的时间内完成扫尾工作和缺陷通知期结束前通知的缺陷或损害修补工作。在缺陷通知期内，如果出现了缺陷或损害，业主应立即通知承包商，由承包商与业主人员联合检查缺陷或损害产生的原因，承包商应编制并提交修补方案；待修补工作完成后，工程师可以要求重复试验，重复试验应按照之前相同试验的要求执行，重新试验的费用由缺陷的责任方承担。

在缺陷通知期内，如果承包商认为有必要在现场外修复生产设备，承包商应通知业主请求同意，作为同意的条件，业主可以要求承包商提交与设备价值相当的担保。

（2）缺陷调查和修补缺陷的费用

工程师可以指示承包商调查缺陷产生的原因，如果缺陷是由以下原因之一导致的，调查缺陷和修补缺陷的费用应由承包商承担：非业主负责的设计；生产设备、材料或工艺不符合合同；承包商原因导致的不当操作或维护；承包商未遵守合同下的其他义务造成的。

如果承包商认为缺陷是由于其他原因导致的，承包应及时通知工程师，工程师将执行第3.7款［商定或决定］。如果缺陷是由其他原因导致的，承包商有权索赔调查成本加利润，此时缺陷修补工作视为工程师根据变更条款指示的变更。

如果承包商未根据指示进行调查，业主人员可自行调查，如果调查发现是承包商应承担修补费用的缺陷，业主有权索赔由此调查增加的费用。

（3）未能修补缺陷

如果承包商无故延误修补工作，工程师可以通知承包商并指定修补时间。如果承包商在通知要求的时间内仍未能修补缺陷，且该缺陷修补工作本应由承包商承担费用，业主可以：

1）自行（或雇佣他人）修补缺陷，并有权向承包商索赔修补费用；

2）接受有缺陷的工作，有权通过索赔获得性能赔偿费；如果合同中未约定性能赔偿费，可以减少合同金额，该金额应能覆盖由此缺陷而减少的工程价值；

3）根据变更条款对受缺陷影响的不能满足原有用途的部分工程进行删减；或

4）如果缺陷实质性地影响业主整个工程的收益，可立即终止合同；且业主有权根据索赔条款要求承包商返还之前支付的所有工程款、融资费用、拆除和清理现场的费用，并将生产设备和材料退还给承包商。

3.2.5 2017版系列合同条件中竣工后试验

（1）竣工后试验的程序

如果需要，可以在业主要求中约定竣工后试验。根据2017版黄皮书第12.1款［竣工后试验的程序］，竣工后试验由业主负责，业主应负责提供竣工后试验所需的人员、材料、燃料、水电、仪器仪表等，并应根据合同和运维手册，在承包商的指导下实施。根据2017版银皮书第12.1款［竣工后试验的程序］，竣工后试验由承包商负责，业主负责提供竣工后试验所需的水、电、污水处理、燃料、耗材、材料等，承包商应负责提供竣工后试验所需的其他仪器仪表、文档和其他信息、设备、人员等，并向业主提交竣工后试验计划供业主审核，按照业主审核同意的竣工后试验计划实施。在黄皮书下，双方也可在专用条件中约定由承包商负责竣工后试验，按类似银皮书的方式进行。

竣工后试验多用于含生产设备较多的工业项目或基础设施项目，此类项目，在工程移交以前可能无法满足竣工后试验的条件。竣工后试验一般包括与竣工试验类似的性能试验和可用性试验（availability tests），性能试验旨在测试工程可以达到合同中约定的指标，可用性试验旨在检验工程在缺陷通知期内的可用性。2017版黄皮书和银皮书中均包括竣工后试验的性能保证表，约定生产设备应达到的性能指标。竣工后试验要求在正常运行条件下测试，所以应考虑外部环境的影响。因2017版红皮书多用于由业主负责设计的土木工程施工，一般不需要竣工后试验，故无该条款。

（2）竣工后试验的延误

如果由于业主原因导致竣工后试验延误，造成承包商额外的成本，承包商有权索赔成本加利润。如果由于非承包商的原因导致竣工后试验未在缺陷通知期内完成，应被视为工程或区段已通过竣工后试验。

（3）未能通过竣工后试验

如果工程或区段未能通过竣工后试验，承包商应在缺陷通知期内修补缺陷，修补缺陷后再次试验；如果因承包商应负责的缺陷，使业主由于未能通过竣工后试验和重新试验导致了额外的成本，业主可索赔。如果合同中约定了性能赔偿费，业主有权要求承包商支付性能赔偿费，承包商在缺陷通知期内支付了性能赔偿费，则视为工程或区段通过了竣工后试验。

业主应为承包商修补缺陷提供现场进入权，如果承包商未在缺陷通知期内收到进入现场的通知，承包商应被视为不再有修补的义务，并视为工程或区段已通过竣工后试验。如果由于业主的原因导致承包商进入现场的修补工作发生延误，承包商有权索赔成本加利润。

质量是工程的生命，质量与进度、费用一起构成工程项目管理目标的铁三角。2017版系列合同条件中关于质量管理的规定更加全面和体系化，质量管理相关规定与现场管理、设计、保障、保险等相互补充和呼应，大家在学习和阅读合同条款时应该联系起来读，不能将这些条款割裂开。

本节作者：张帅军、陈勇强

3.3 2017版系列合同条件中进度管理相关问题分析

本节以2017版黄皮书为主线介绍和分析了系列合同条件中进度计划的编制和修订，对工期延误问题进行了梳理，讨论了共同延误问题；分析了与进度管理相关的其他问题；最后对三本合同条件关于进度计划规定的差异进行了总结和分析。

3.3.1 2017版系列合同条件中进度计划编制与修订

（1）进度计划的编制

投标者在投标阶段会向招标方提交一份初步的进度计划，这份进度计划一般不会成为未来合同文件的一部分。在双方签订合同之后，业主方还会指示承包商重新编制一份更详细具体的进度计划，该进度计划需经业主方批准，并成为合同双方实施项目的准绳，也是未来工期索赔的主要依据。

根据2017版黄皮书通用合同条件第8.3款［进度计划］，承包商应在收到开工通知后28天内向工程师提交一份用于工程实施的初始进度计划。进度计划应包含以下内容：

1）工程和各个区段（如果有）的开工日期及竣工时间；

2）承包商根据合同数据载明的时间获得现场的日期，或在合同数据中未明确的情况下承包商要求业主提供现场的日期；

3）承包商实施工程的步骤与顺序以及各阶段工作持续的时间，这些工作包括设计、承包商文件的编制与提交、采购、制造、检查、运抵现场、施工、安装、指定分包商的工作、试验、启动试验和试运行；

4）业主要求或合同条件中载明的承包商提交文件的审核期限；

5）检查和试验的顺序与时间；

6）对于修订版进度计划，应包括修复工程（如果需要）的顺序和时间；

7）所有活动的逻辑关联关系及其最早和最晚开始日期以及结束日期、时差和关键路线，所有这些活动的详细程度应满足业主要求中的规定；

8）当地法定休息日和节假日；

9）生产设备和材料的所有关键交付日期；

10）对于修订版进度计划和每个活动，应包括实际进度情况、延误程度和延误对其他活动的影响；

11）进度计划的支撑报告应包含：涉及所有主要阶段的工程实施情况描述；对承包商采用的工程实施方法的概述；详细展示承包商对于工程实施的各个阶段现场要求投入的各类人员和施工设备的估计；如果是修订版进度计划，则需标识出与前版进度计划的不同，以及承包商为克服进度延误的建议。

工程师收到承包商提交的进度计划之后应回复说明进度计划中哪些内容不符合合

同约定，或与承包商的义务不一致。如果工程师在收到承包商提交的进度计划21天后仍未发出上述通知，则视为接受了该进度计划。合同双方应依据该进度计划开展工作。

FIDIC在2017版系列合同条件的专用条件编写指南中建议，当业主希望工程实施过程中在某个特定的时间完成某特定部分的工程时，如果该部分工程完成后业主会接收该部分工程，则可以将该部分工程定义为区段；如果该部分工程完成后业主不希望接收该部分工程，则可以在业主要求中将该部分工程描述为特定的里程碑（如水利工程的截流），并在专用条件及合同数据中给出此类里程碑及里程碑证书的定义以及详细规定，承包商应在进度计划中包含各个此类里程碑的完工时间。

（2）进度计划的修订

根据第8.3款［进度计划］，当进度计划已经无法反映工程实际进展状态或出现与承包商义务不一致的情况时，承包商应修订进度计划以准确反映工程进展的实际进度。修订版进度计划的内容和提交要求与原进度计划一致。

工程师收到承包商提交的修订版进度计划之后应回复说明该进度计划中有哪些内容不符合合同约定或与承包商义务不一致。如果工程师在收到承包商提交的修订版进度计划14天后仍未发出上述通知，则视为其接受了该进度计划。当工程师认为进度计划与合同约定不符，或无法反映实际进度，或与承包商义务不一致而发出通知时，承包商应在接到该通知后14天内依据第8.3款［进度计划］进行修订，并再次提交修订版进度计划。

除此之外，第8.7款［工程进度］规定，在任何时候，如果工程实际进度过于缓慢而不能在竣工时间内完工；或进度已经（或者将要）滞后于现行进度计划，则工程师可指示承包商提交修订版进度计划说明其为了在竣工时间内完工加快进度的措施和方法。如果滞后是由于第8.5款［竣工时间的延长］中列举的非承包商负责的原因导致的，该赶工按变更处理。

根据第8.4款［提前预警］（Advance Warning），如果合同任何一方或工程师已知或认为可能的未来事件会严重影响承包商人员的工作、影响工程完工后的性能、增加合同价格，和/或造成工程或区段延误，均应告知另外两方。工程师可按照变更程序要求承包商提交一份建议书以避免和减缓该事件或情况造成的影响。

（3）进度计划编制软件工具

第8.3款［进度计划］规定进度计划应使用业主要求中指定的或工程师可接受的计算机软件进行编制，进度计划编制软件须能够充分反映各项进度计划应包含的数据或信息。Primavera P6软件是目前国际工程领域经常使用的进度计划编制软件，P6是在原来P3、P3ec及Expedition基础上发展起来的专业项目管理平台。P6可根据用户不同的工作岗位角色，采用不同的工作模块，由系统进行项目管理信息的计算、共享和集成。P6为用户提供全面的项目信息，从而实现工程企业对多项目的进度和成本的控制，有限的人工、设备、材料等资源的统筹使用，以及项目主要干系人之间的协作与沟通。

随着BIM技术的成熟和应用，基于BIM的进度管理软件逐渐被市场认可和接受。已经有多款基于BIM的项目管理或进度管理软件被越来越多的项目所采用。这些软件能够直接从BIM模型中获取项目信息和有关数据为编制进度计划提供依据，同时完成进度计划与3D模型的自动关联，实现在3D虚拟环境下的施工进度模拟。这种模拟实现了进度计划的可视化，帮助项目管理人员更加形象地理解进度计划中的组织安排和工作协同，提升了项目实施的组织协调效率。

3.3.2　2017版系列合同条件中工期延误问题

（1）根据合同延长工期

根据2017版黄皮书第8.5款［竣工时间的延长］的规定，由于一些特殊原因导致项目无法按期完工或将要出现工期延误时，承包商有权获得工期延长。这些原因包括：

1）变更；

2）根据合同约定有权获得延长的原因；

3）异常不利的气候条件；

4）疾病或政府引起的不可预见的人员和货物短缺；

5）业主、业主人员或在现场的业主其他承包商引起的延误、妨碍或阻碍。

由于变更造成的工期延误，按变更相关程序处理，不需经索赔处理程序。合同其他条款中规定承包商有权获得工期延长的情况按照相应条款规定以及第20.2款［索赔款项和／或EOT］的规定处理。

异常不利的气候条件是指工程所在地发生的根据业主可获得的或工程所在国发布的当地气象资料无法预见的不利气候条件。FIDIC在2017版系列合同条件的专用条件编写指南中对异常不利的气候条件做了进一步说明，建议在业主要求中明确"异常不利"的构成要件，或类比曾经在工程所在地附近发生过的类似不利气候条件及其发生频率。

当工程师根据合同约定决定是否给予承包商工期延长时，应审核之前的决定，可以增加但不应减少已经给予承包商的工期延长总时间。

除了2017版黄皮书第8.5款［竣工时间的延长］规定的内容，红皮书还另外约定，当承包商实际发生的工程量与原工程量清单中的预估工程量发生较大偏差时承包商有权获得工期延长。如果实测工程量的增加超过10%，且增加部分对竣工时间造成了影响，则承包商有权获得相应的工期延长。相反，如果承包商实测工程量与原工程量相比降低超过10%，工程师应当记录其对关键路径的影响，但不得因此缩短竣工时间。

（2）当局导致的延误

根据第8.6款［当局导致的延误］的规定，如果发生以下情况，这种延误或干扰可以按照第8.5款［竣工时间的延长］中的第2条延误原因进行处理：

1）承包商已经努力遵守工程所在地依法成立的有关公共当局或私营公用事业单位制定的程序；

2）这些公共当局或单位延误或干扰了承包商的工作；且

3）这些延误或干扰是无法预见的。

（3）共同延误

共同延误（concurrent delay）是工期延误中常见的情况。第8.5款［竣工时间的延长］规定，如果由于业主原因导致的延误与由于承包商原因导致的延误同期发生，则承包商获得的工期延长应根据专用条件中的有关规定原则和程序进行评估（如果没有规定，则按照相关情况进行处理）。

FIDIC在2017版系列合同条件的专用条件编写指南中指出，第8.5款［竣工时间的延长］的最后一段的表述方式是由于目前工程实践经验中并没有一个标准的原则和程序来处理共同延误问题，但可以参考英国工程法学会出版的《工期延误与干扰索赔分析准则》（第二版）中的内容。根据《工期延误与干扰索赔分析准则》，当共同延误确定发生时，承包商应有权因业主的延误而获得工期延长。承包商的延误不减少承包商因业主延误而获得工期延长。这一共同延误的处理原则，是受英国法"阻碍原则"的影响确立的。若业主自身阻碍了某一条件的实现，则其不能利用这一条件没有达到而获利。这种做法力图避免当业主延误与承包商延误同时发生时是否的确阻碍了承包商进度的争论。FIDIC提醒，在参考《工期延误与干扰索赔分析准则》起草专用条件时应充分考虑到不同地区管辖法的有关规定可能造成的影响。

（4）业主暂停工程

2017版黄皮书第8.9款［业主暂停工程］规定，工程师可随时指示承包商暂停工程某一部分或全部。暂停期间，承包商应保护、保管及保证该部分或全部工程免遭任何损蚀、损失或损害。出现这种情况，承包商可以向业主索赔工期和成本加利润，相应的生产设备和材料也可以得到支付。如果业主的暂停持续超过84天以上，承包商有权终止合同。

（5）误期损害赔偿费

如果承包商未能按照合同约定的竣工时间完工，业主有权向承包商索赔误期损害赔偿费。第8.8款［误期损害赔偿费］规定，合同数据中应约定承包商每延误一天应支付的误期损害赔偿费的金额，其累计赔偿额不应超过合同数据中约定的总额。除了按照合同约定在工程竣工前合同终止的情况外，误期损害赔偿费应该是承包商因此而承担的唯一赔偿费。但支付误期损害赔偿费不应解除承包商完成工程的义务或合同约定的其可能承担的其他责任、义务或职责。

若专用条件中增加了第4.24款［里程碑］，则承包商应当按照合同约定按期完成各个里程碑的工作。针对每个里程碑，可在合同数据中约定每延误一天的误期损害赔偿费率，以及针对所有里程碑误期损害赔偿费的总额。

FIDIC在2017版系列合同条件的专用条件编写指南中建议，为了加快竣工可以考虑在第13.2款［价值工程］中增加激励条款。例如：当工程或区段早于合同约定的竣工时间完成时，承包商可获得奖励，奖励的额度需在业主要求中约定。

3.3.3 2017版系列合同条件中进度计划其他相关问题

（1）业主方审核技术性文件对进度计划的影响

2017版黄皮书和银皮书中，承包商负责完成大部分或全部设计工作，业主通常在业主要求中列明需承包商提交审核的文件，如基本设计文件、计算书、技术规范、详细设计图纸、各种手册和技术类文件等。2017版红皮书中，由于设计工作主要由业主方负责，需提交业主审核的文件主要集中在项目施工阶段，审核节点相对较少。业主方对技术性文件审核时间的不确定性，是承包商制定进度计划的一个难点。

根据2017版黄皮书第5.2.2款［工程师的审核］的规定，工程师的审核承包商技术性文件的期限不超过21天，如果在审核期限内工程师没有向承包商发出任何通知说明需要其修改的内容，则视为其无反对意见。根据第5.2.3款［施工］规定，所有与项目设计和实施相关的承包商文件在未获得工程师审批通过之前不能开展相关下一步的工作。

尽管通用合同条件中对业主方的审核期限做出了规定，但并未提及审核次数，如果业主方反复提出新增的修改意见将对项目进度产生很大影响。因此，承包商在编制进度计划时需要对此类审核节点予以特别关注。例如，业主要求基本设计必须审核通过后才能开展详细设计，对于此类驻点审核，承包商通常希望缩短业主的审核期限，且限定审核不通过的次数（如三次）。基本设计是非常重要的承包商文件，特别是对于工业项目，涉及项目的工艺路线及实施方案，对项目的性能、建造成本、运行成本影响很大。因此，需要较长时间审核，现实中几乎不会一次性审核通过。合同双方可在合同中约定哪些内容业主方可以提出建议，哪些则必须审核通过才能开展下一步设计工作。对于必须审核通过的内容，第一次审核的期限通常为21天，但承包商修改后提交的文件，可适当缩短审核时间。与此同时，业主方审核文件的时间应嵌入进度计划，并在审核前后的两项工作中适当考虑修改文件所需的时间。这样有利于各方在执行之初即充分了解各项审核工作对项目整体进度的影响，当业主方审核延误时，承包商也可以清晰地从进度计划中找到工期索赔的依据。

（2）采购进度计划

2017版黄皮书和银皮书中，承包商的工作范围一般包含生产设备和材料的供货，其提交的进度计划中应包括主要生产设备及材料的询价、签署采购合同、出厂检验、装船发运、运抵现场等重要时间节点。如果业主要求参与出厂检验或关键设备的某项试验，该节点也应在进度计划中有所体现。此外，生产设备检验计划通常作为质量管理的一部分提交给业主，以保证关键生产设备的质量控制流程和检验结果满足合同各项要求。第4.20款［进度报告］要求承包商在进度报告中提交能证明生产设备制造进度的影像资料，同时还要求提供主要生产设备及材料的供应商名称、地址、制造完成的进度百分比以及制造开始、承包商检验、试验、发运及到场等方面存在的进度偏差。

（3）试验进度计划

2017版银皮书中，竣工试验和竣工后试验一般都属于承包商的工作范围，所以银皮书第9条［竣工试验］和第12条［竣工后试验］规定，承包商需在试验工作开始前不少于42天向业主提交试验计划，试验计划中应详细列明各项试验工作计划开始时间及所需资源。如业主认为该试验计划不满足合同要求，承包商应在收到不满意通知后14天内修改并再次提交试验计划。如果业主在收到试验计划后的14天内未发出通知，则视为其发出了不反对通知。承包商必须在收到或视为收到不反对通知后才能开始进行试验相关工作。在竣工试验或竣工后试验工作中的任何一项试验开始前21天，承包商应向业主发出通知。承包商应在通知中指明的日期14天或业主通知的其他期限内，根据试验计划开展相关试验工作。

2017版黄皮书和红皮书中，和银皮书一样也要求承包商在竣工试验前向业主方（工程师）提交竣工试验的详细进度计划。2017版黄皮书中，一般竣工后试验由业主实施，故承包商不必提交相应的竣工后试验计划，红皮书则不涉及竣工后试验的问题。

3.3.4　2017版三本合同条件关于进度计划的差异

基于工作范围以及业主对项目管理的深度不同，2017版三本合同条件所对应的进度计划编制和进度控制的要求和特点也不同。

（1）工作界面的复杂程度不同

从2017版红皮书、黄皮书到银皮书，承包商与业主或业主的其他承包商的工作界面接口依次减少，红皮书最多，银皮书最少。

2017版红皮书中，承包商的工作可能是项目所对应的全部施工和安装，也可能仅是其中的一部分，业主需提供施工图纸、其他承包商需提供工作面及已完成的成果；承包商还可能需要按照进度计划的要求为其他承包商提供工作成果或工作面等，相应的进度计划中各个时间节点与其他方有关联或交叉的更多。

2017版黄皮书对应的项目，承包商虽然也完成项目的部分设计工作，但其工作范围内的设计和施工工作常常也仅为项目全部工作的一部分或大部分，项目的基本设计、土建基础施工等工作可能由业主的其他承包商完成，因此承包商与业主或业主的其他承包商的工作接口较银皮书更多一些。

2017版银皮书对应的项目，承包商常常负责完成该项目所需的各项工作，工作范围及物理界区相对清晰，进度计划中所列的各项工作几乎都是承包商工作范围，仅在提供现场、图纸审核、关键生产设备或工序驻点检验、试车等环节须以业主或业主的其他承包商的工作完成为前提条件。

（2）进度计划的深度不同

从2017版红皮书、黄皮书到银皮书，业主对承包商管理的深度依次递减，承包商提交的进度计划的详细程度也依次递减。由于2017版红皮书仅针对部分施工工作，通常在签订施工合同时，项目的设计及部分生产设备采购工作已经完成，项目的内外部条件比较清晰也相对固定，承包商有条件也应该在合同签订前即向业主提交详细的施工进度计划以保证项目按期完工。施工项目执行过程中，业主通常要求承包商提交三周滚动计划、施工周报等文件以证明并保证项目进度满足合同要求。

2017版银皮书中，业主与承包商签约时项目的各项主要工作均未完全开展，承包商仅能根据项目总工期的要求提交项目的二级或三级进度计划，列明主要里程碑工作完成的时间节点、主要工序的搭接关系等。在项目执行过程中，业主通常要求承包商提交进度月报，并根据项目进展情况更新三级进度计划。2017版黄皮书中，项目进度计划的详细程度介于红皮书与银皮书之间。

（3）对工期索赔的影响不同

在2017版红皮书对应的项目执行过程中，各版进度计划对工期索赔的影响很大。由于承包商的各项施工工作与业主或业主的其他承包商的接口很多，因此承包商须将此类接口详细准确地编入进度计划，当业主或业主的其他承包商的工作发生延误时，承包商能通过进度计划向业主证明其工期所受的影响。与此同时，承包商还要考虑其工作范围内的工作对项目整体进度计划的影响，以便应对业主由于承包商工作延误而向其提出的工期反索赔。在2017版银皮书中，由于承包商的工作与业主或第三方的工作接口最少，承包商可以索赔工期的理由也最少，进度计划的详细和准确程度对承包商索赔工期的影响最小，黄皮书则介于红皮书与银皮书之间。

进度管理是工程项目管理的重要方面，FIDIC结合近年来国际工程管理的最佳实践，在2017版系列合同条件中对进度管理的有关内容进行了更加详细的约定，这种变化在进一步明确有关工作界面的同时，也对项目参与方的进度计划的编制与进度控制能力提出了更高的要求。

本节内容摘自《国际经济合作》期刊2018年第12期

作者：刘磐、陈勇强、赵珊珊

FIDIC

第 **4** 章

支付与保函

4.1 2017版系列合同条件中支付基本问题分析

　　支付是工程合同管理的核心问题。本节以2017版黄皮书为主线，介绍了有关支付的基本概念，重点分析了期中支付的申请、期中支付证书的颁发、延误支付问题的处理及竣工支付和最终支付的流程等主要问题，梳理和讨论了预付款的拨付与返还、拟用于工程的设备材料款的支付、保留金的扣减与返还等其他支付相关问题。三本合同条件中关于支付问题差异较大的地方将在本章4.2节做进一步的比较分析。

4.1.1 2017版系列合同条件中合同支付相关概念

图4-1是以2017版黄皮书为例,将合同中与支付相关的概念之间的先后关系进行了梳理。

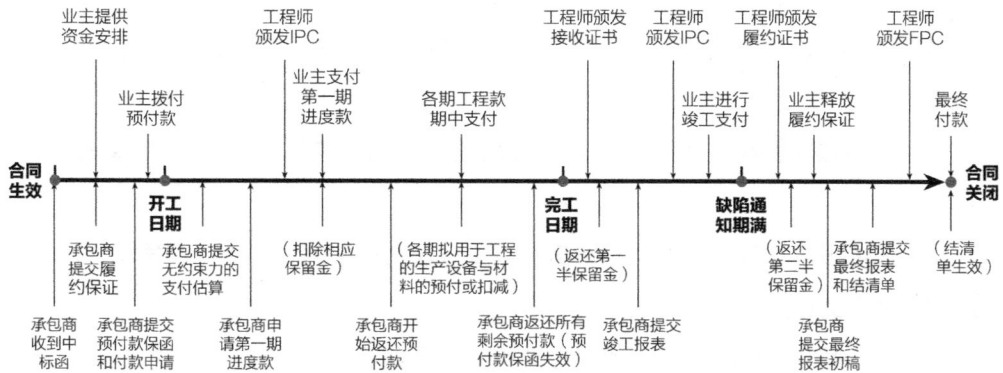

图4-1 2017版黄皮书中与支付相关的概念关系示意图

下面先简要介绍2017版系列合同条件中关于支付的基本概念。

1)中标合同金额是指中标函中双方认可的实施工程的金额。2017版红皮书和黄皮书使用中标合同金额的概念(2017版银皮书中无此概念)。

2)合同价格是指以单价和实际结算的工程量为基础计算的价格,并考虑相应的调整和增减。2017版黄皮书和银皮书的合同价格为合同协议书中的固定总价,考虑相应的调整和增减。如果2017版黄皮书中包括重新计量工作,该部分工作价值应包含在合同价格中。

3)接收证书是指工程师在工程竣工后向承包商颁发的证书,该证书表示工程已竣工,且承包商已将工程移交给业主。

4)履约证书是指工程师在缺陷通知期结束后颁发的证书,该证书表示承包商已完成所有与实施工程有关的合同义务。

5)预付款:合同中约定的业主借给承包商的一笔无息款项,用于承包商前期工程的启动。

6)预付款保函:承包商为获得预付款而自费开具并向业主提交的保函,该保函的金额可随着预付款的返还逐步减少。

7)履约保证:承包商自费开具并向业主提交的,用于确保承包商履约的保证。

8）保留金：业主在工程款支付时扣留的一部分金额，用于确保承包商严格按照合同中的质量要求实施工程。

9）期中报表：承包商在工程竣工前提交的用于申请期中支付的报表。

10）期中支付证书（Interim Payment Certificate，IPC）：工程师针对期中报表颁发的支付证书，该证书应列明承包商本期应获得的金额（银皮书中无此概念）。

11）竣工报表：承包商在工程竣工后84天内提交的用于申请竣工后工程款支付的报表。

12）最终报表初稿：承包商在收到履约证书后56天内提交的用于申请最终支付的报表。

13）最终报表：若工程师与承包商对最终报表初稿中的金额不存在争议，承包商应编制并提交的达成一致的报表。

14）部分同意的最终报表：如果在履约证书颁发后双方仍存在争议的金额，承包商应编制并提交的部分同意的报表。

15）最终支付证书（Final Payment Certificate，FPC）：工程师针对最终报表颁发的支付证书，该证书将列明承包商支付给业主或业主应支付给承包商的金额（银皮书中无此概念）。

16）结清单：承包商在提交最终报表时，承包商应提交的结清证明，该结清单可注明在承包商收到FPC中的金额和履约保证后生效。

4.1.2　2017版系列合同条件的预付款拨付与返还

合同中可能约定业主向承包商拨付一笔无息预付款，预付款的比例一般为中标合同金额的10%～20%。依据第14.2款［预付款］的规定，预付款的金额应在专用条件A部分合同数据中约定。

（1）预付款的申请与拨付

在业主拨付预付款前，承包商应先自费开具并向业主提交预付款保函，保函的金额应等于预付款的金额，随着预付款的返还逐步减少，保函的格式、开具机构和有效期应满足合同的要求。

在提交预付款保函的同时，承包商应向工程师提交预付款报表申请预付款，在工程师收到预付款报表且业主收到履约保证和预付款保函后的14天内，工程师应颁发预付款支付证书（Advance Payment Certificate），业主应在收到预付款支付证书后于合同约定的期限内将相应的预付款拨付给承包商。

（2）预付款的返还

预付款的返还有多种方式，第14.2.3款［预付款的返还］提供了一种预付款的返还方式：从承包商收到的进度款累计（不考虑预付款和保留金）超过了中标合同金额（减去暂定金额）的10%时的下一个月起开始返还预付款，返还金额应为每期IPC金额的25%，直至预付款全部返还。还有一种常用的方式是计算出分摊月数（以承包商累积收到进度款达中标合同金额的10%的下一个月为始，以完工日期前一个月为止），将预付款总金额除以该月数，每个月返还等额的预付款。

如果在接收证书颁发前，或因任何情况合同终止时，预付款仍未全部返还，承包商应立即将预付款所有剩余部分返还给业主。

4.1.3　2017版系列合同条件的期中支付

（1）期中支付申请

依据第14.3款［期中支付申请］，承包商应于合同约定的每一个支付周期的期末之后，向工程师提交期中报表，报表应采用工程师接受的格式；期中报表应按照合同中约定的支付币种依次列明以下金额，并附支持资料（含进度报告）以便工程师审核：

1）直至支付周期末承包商已完成的工程以及提供的文件的估价（包括变更工作，但不包括以下第2）至10）项），一般应列明前期累计金额、当期金额和截止目前累计金额；

2）因法律变化和成本（物价）变化而应进行的调整；

3）根据约定的比例应扣减的保留金，直至保留金到达限额；

4）应拨付和/或返还的预付款；

5）拟用于工程的生产设备和材料款的支付和/或返还；

6）根据合同应增加或扣减的其他金额，包括工程师依据第3.7款［商定或决定］的规定商定或决定的金额；

7）属于暂定金额而增加的金额；

8）应返还的保留金；

9）因承包商使用业主提供的临时设施而扣减的金额；

10）所有前期支付证书中被证明应扣减的金额。

（2）IPC的颁发与付款

工程师颁发IPC需要满足两个前提条件：承包商向业主提交履约保证和承包商按合同任命其代表。工程师应在收到承包商提交的期中报表和支持资料后28天内颁发IPC。IPC应列明工程师认为的应付金额，并附详细支持资料说明其确认金额与申请金额的差异和原因。如果IPC的金额（扣除保留金和其他扣款后）少于合同约定的最低支付限额，工程师可以扣留该IPC并及时通知承包商。

除以下情况外，IPC不应被扣留：

1）如果承包商实施的工作不符合合同规定，修复或替换该工作的费用可以被扣留，直至完成修复或替换；

2）如果承包商未能根据合同实施某项工作，该项工作对应的申请金额可被扣留，直至该项工作按合同完成；

3）如果工程师发现期中报表或支持资料存在任何明显的错误或矛盾，受以上错误或者矛盾影响的金额可被扣留，直至该错误或矛盾在后期的报表中纠正。

工程师应在IPC支持材料中详细说明每一笔被扣留金额的计算过程和被扣留的原因。对于上述第1）种和第3）种情况，工程师不需要立即通知承包商即可直接扣留对应金额。而对于第2）种情况比较严重，工程师应及时通知承包商并说明原因，且附详细支持资料，但合同中并没有明确说明是在IPC颁发之前通知承包商还是在IPC颁发之后，通知时间由工程师自行掌握。

任何IPC不应视为工程师对工程或承包商文件的接收、批复、同意或不反对。工程师可在本期IPC修正前期IPC的金额。如果承包商认为IPC中未包括其应得的金额，承包商应在下一期期中报表中包含该金额，工程师应在下一期IPC中进行修正。如果承包商不同意将该金额放在下一期IPC中，且该金额不涉及工程师根据第3.7款［商定或决定］商定或决定的事项，则承包商可以通知工程师，工程师将根据第3.7款商定或决定。

依据第14.7款［支付］，业主应在工程师收到期中报表和支持资料后于合同约定的期限内（一般为56天），按照IPC中工程师签认的金额向承包商支付。

（3）延误的支付

如果业主未能在合同约定的时间内向承包商支付，承包商有以下权利：

1）有权获得融资费用

依据第14.8款［延误的支付］的规定，如果依第14.7款［支付］承包商未能收到相应的款项，承包商有权获得延误支付期间未支付金额的融资费用，该融资费用按月复利计算，延误支付期间以合同规定的应支付截止日期开始计算，而不考虑IPC的颁发日期。除非合同另有规定，融资费用按以下利率加3%的年利率计算：

a）支付币种所在地的银行对优质借款人的短期借款利率的平均值；

b）如果所在地不存在以上利率，支付币种所在国的同等利率；或

c）如果不存在以上利率，支付币种所在国法律规定的合适的固定利率。

承包商有权请求业主支付融资费用，无需提供报表，无需发正式通知（包括第20.2款［索赔款项和／或EOT］中的索赔通知），也无需提供证明。

2）有权暂停工作或终止合同

除了获得延误支付的融资费用，承包商还可以采取其他合同救济方式——暂停工作或终止合同。

依据第16.1款［由承包商暂停工作］，如果：

a）工程师未根据合同颁发IPC；

b）业主未根据合同提供资金安排的证明；或

c）业主未按合同支付。承包商可提前21天发出通知，暂停工作或放慢工作速度，直到业主纠正以上违约行为。

依据第16.2款［由承包商终止］，如果发生以下情况，承包商可通知业主表明终止合同的意向：

a）因业主未提供资金安排的证明，承包商向业主发出暂停工作通知后42天内仍未收到业主关于资金安排的合理证据；

b）工程师未在收到报表56天内颁发IPC；或

c）承包商未在合同规定的支付期限届满42天内收到款项。若业主在收到该通知后14天内未纠正以上违约，承包商可通知业主终止合同。

暂停工作或终止合同不妨碍承包商获得延误支付款项的融资费用的权利，且若在暂停期间或业主收到终止通知后的14天期间承包商遭受延误和/或费用增加，承包商有权根据索赔条款索赔工期、费用和利润。

4.1.4　2017版系列合同条件的竣工与最终支付

（1）竣工支付

依据第14.10款［竣工报表］，承包商应在完工日期（Date of Completion）后84

天内提交竣工报表，并附支持资料。

竣工报表应列明：

1）截至完工日期，承包商根据合同完成的所有工作的价值；

2）承包商认为在完工日期应获得的其他金额；以及

3）承包商认为在其完工日期后根据合同应得的其他费用的估算（该费用应单列），包括：承包商依据合同已发通知的索赔金额、已提交DAAB解决事项的金额和针对DAAB决定已发不满意通知事项的金额。

工程师应在收到竣工报表后，依据第14.6款［IPC的颁发］颁发IPC，业主根据第14.7款［支付］进行竣工支付。竣工支付与期中支付的流程相同，只是报表的内容不同。

（2）最终支付

最终支付是指缺陷通知期结束、颁发履约证书后对承包商的支付。因双方可能会对最终支付的金额有争议，2017版系列合同条件关于最终支付的处理原则为：无论是否存在争议金额，最终报表初稿的提交不应因此而延误；若存在争议金额，应将争议金额与非争议金额分开列出；若双方未能就争议金额及时达成一致，应先针对双方同意的金额颁发支付证书并支付。

1）最终支付申请

依据第14.11款［最终报表］，承包商应在履约证书颁发56天内向工程师提交最终报表初稿，并附支持资料。最终报表初稿应列明：

a）承包商根据合同实施的所有工作的价值；

b）承包商认为在颁发履约证书时应获得的其他金额；

c）承包商认为在颁发履约证书后其根据合同应得的其他费用的估算（该费用应单列），包括：承包商根据合同已发通知的索赔金额；已提交DAAB解决事项的金额和针对DAAB决定已发不满意通知事项的金额。

除上述第3种情况外，如果工程师对其他金额存在疑问，工程师应及时通知承包商，承包商应按通知提交补充资料，并按照商定结果修改最终报表初稿。如果不存在第3种情况，承包商应向工程师提交已达成一致的最终报表。如果存在第3种情况，或工程师和承包商未对最终报表初稿中的其他金额达成一致，承包商应编制并提交部分同意的最终报表。

依据第14.12款［结清单］，当承包商向工程师提交最终报表时，应提交结清单。

该结清单在承包商收到FPC中的金额和履约保证后方可生效。

2）FPC的颁发与最终支付

工程师应在收到最终报表以及结清单后28天内颁发FPC。FPC应列明：工程师认为最终应支付的金额；在考虑前期双方应支付和已支付金额后，业主应支付给承包商或承包商应支付给业主的金额。如果承包商未能提交最终报表初稿，且在工程师要求提交后28天内仍未提交，工程师应根据自己认为的金额颁发FPC。业主应在收到FPC后于合同约定的期限内支付。

如果承包商提交了部分同意的最终报表，或提交的最终报表初稿被视为部分同意的最终报表，工程师应根据第14.6款［IPC的颁发］颁发IPC。业主应在收到IPC后于合同约定的期限内支付。

除非承包商在收到FPC后的56天内提出索赔，承包商应被视为已接受FPC中的金额，除向承包商支付FPC中的金额和返还履约保证外，业主不再对承包商负任何其他支付责任。

4.1.5　2017版系列合同条件的其他支付相关问题

（1）拟用于工程的设备材料款

2017版黄皮书第14.5款［拟用于工程的设备材料］规定，合同可以约定先行支付拟用于工程的设备材料款，并在设备材料形成永久工程后扣减该金额，设备材料的价值应由工程师依据第3.7款［商定或决定］。这笔款项具有预付款的性质。

如果合同约定设备材料装运后可获得支付，满足以下条件后工程师应依据第3.7款商定或决定设备材料的价值：设备材料已经装运并到达工程所在国，正在运往现场的路上；承包商已提交已装船清洁提单或其他货运证据、运费和保险支付证据、等额的银行保函、设备材料质量合格的证明及工程师合理要求的其他文件等资料；且承包商已提交设备材料装运发生的成本报表。

如果合同约定设备材料到场后可获得支付，满足以下条件后工程师应依据第3.7款商定或决定设备材料的价值：设备材料已运至现场并妥善存放；承包商已提交设备材料质量合格的证明；且承包商已提交设备材料运至现场的成本报表。

工程师应按照设备材料价值的80%在IPC中签认该笔款项。如果是依据合同约定装运后可获得支付的设备材料，在承包商向业主提交相应的银行保函前，工程师不应在IPC中签认该款项。

（2）保留金的扣减与返还

业主一般会在期中支付时按约定的比例扣减一定金额作为保留金（一般为当期IPC的10%），直至保留金扣减累积达到一定的限额（一般为中标合同金额的5%）。保留金计算基数仅应考虑影响合同价格的金额（实施的工程价值、根据合同进行的价格调整和其他金额增减），不影响合同价格的金额（预付款、拟用于工程的设备材料款等）不应考虑。

保留金的返还有多种方式，第14.9款［保留金的返还］默认的方式为：在颁发工程接收证书后，返还保留金总额的一半；在缺陷通知期届满后，返还另一半。如果合同约定某单位工程可单独验收和移交，该单位工程对应的保留金可以按以上方式先返还。实践中，也有工程接收后将保留金全部返还的情况；2017版系列合同条件专用条件编写指南第14.9款［保留金的返还］还提供了一种用保留金保函置换保留金的方式。

（3）其他支付问题

1）因成本（物价）变化而进行的调整：因成本变化进行合同价格调整需在合同中提前约定价格指数表和调整方法，若未提前约定，将不进行调整，视为合同价格中已包含该风险。因成本变化调整合同价格，无需依据索赔条款发起索赔。

2）对指定分包商的支付：如果工程师发现承包商无合理理由未向指定分包商支付，工程师可以自主决定直接向指定分包商支付，并在承包商的下一期IPC中扣减该金额，此时工程师应通知承包商。

3）变更款项的支付：如果合同中约定了暂定金额，变更的金额可从暂定金额中支付。变更工作的计价原则一般为：如果变更项在合同中有相同或相似的项，可以使用合同中相同项或相似项的单价做相应调整；如果合同中没有相同或相似工作的单价，可以采用成本加利润的方式计价；如果明确采用计日工的形式变更，应使用计日工表进行计价，除非合同另有规定，计日工表的价格应视为已包括了税费、管理费和利润。

4）索赔和争端款项的支付：如果索赔涉及付款，承包商可在期中报表中申请支付，工程师应将该金额包含在IPC中。若索赔升级为争端，并最终形成DAAB的决定，该决定涉及的款项应立即支付，而无需签认或通知。若争端最终形成仲裁裁决，该裁决涉及的款项也应立即支付，无需进一步签认或通知。

5）业主暂停工程后的支付：若业主暂停工程，承包商除有权获得由此造成的费用和利润索赔和（或）工期延长索赔，还有权获得满足合同规定但尚未运至现场的设备材料款。

6）合同终止时的支付：合同终止可分为因承包商违约而终止、因例外事件而终止、因法律要求而终止、业主自便终止、因业主违约而终止等五种情况。这5种情况，承包商的责任依次减少，业主的责任依次增加，应支付承包商内容依次减少，支付条件逐步宽松，具体支付条件和可支付内容详见合同条件具体规定。

本节对2017版系列合同条件支付基本概念和流程等支付问题进行了介绍和分析。2017版红皮书与黄皮书的支付流程基本一致，银皮书没有"工程师"和"支付证书"的概念，相关工作由"业主"或"业主代表"执行。与1999版相比，2017版系列合同条件并未改变合同价格类型，支付的概念、支付的流程等也无实质性变化。FIDIC结合国际工程合同管理最佳实践，对2017版系列合同条件支付相关规定的阐述更加详细、确定，使其相关执行更加明晰、更具操作性。

本节内容摘自《国际经济合作》期刊2018年第10期

作者：张帅军、陈勇强

4.2 2017版三本合同条件 支付问题比较分析

2017版红皮书属于单价合同，采用重新计量的方式进行计价和支付；黄皮书和银皮书属于总价合同，主要采用支付计划表的方式进行计价和支付。本节分别对以上两种计价和支付方式进行了介绍和分析，进而对比分析了2017版黄皮书和银皮书在支付方面的差异，并将2017版与1999版三本合同条件中支付相关规定做了对比分析。

4.2.1 工程合同价格类型与工程量清单

（1）工程合同价格类型

工程合同按照合同价格类型可以分为单价合同（Unit Price）、总价合同（Lump Sum）和成本加酬金合同（Cost Reimbursement plus Fee）三种。

单价合同属于重新计量合同，合同价格以工程量清单中的单价和实际结算的工程量为基础计算，工程量清单中的工程量仅作为投标报价和评标的依据，不作为实际结算工程量。在单价合同下，承包商承担单价变化的风险，业主承担工程量变化的风险。

总价合同也称为固定总价合同，若不考虑索赔、变更等因素引起的调整，业主向承包商支付的价款总额应为合同协议书中的合同价格，业主按照约定的支付计划表进行支付。在总价合同下，承包商承担单价变化和工程量变化的风险。

成本加酬金合同为实报实销型，业主向承包商支付的价款总额为承包商实际花费的成本加合理报酬。在这种合同价格类型下，业主承担了单价变化和工程量变化的风险，最终合同价格具有非常大的不确定性，业主的风险很大，工程实践中极少采用这类合同类型。

从合同价格类型上区分，2017版红皮书基本属于单价合同，然而在实践中，不排除使用红皮书时将个别项采用总价包干的方式计价和支付，也会存在将红皮书改为总价合同的情况，此时业主不再承担工程量变化的风险，对应风险分担条款也应修改。2017版黄皮书和银皮书属于总价合同，有时黄皮书的部分工作也可能采用重新计量的方式计价，一般银皮书的永久工程部分不会采用重新计量的方式。使用2017版黄皮书和银皮书时，索赔、变更等内容可能会采用重新计量或者成本加酬金的方式进行计价。

（2）工程量清单

工程量清单（Bill of Quantities，BOQ）是使用单价合同的工程项目投标报价的基础，是单价合同支付、索赔和变更计价的依据。工程行业存在多种工程量清单规则，国际上有英国皇家特许测量师学会认证的《英国建筑工程标准计量规则》等；在中国，住房和城乡建设部发布的《建设工程工程量清单计价规范》统一规范了房屋建筑与装饰工程工程量清单的编制与计量，此外各专业工程工程量清单计量规则（如公路工程、水利工程等）统一规范各专业工程工程量清单的编制与计量。不同的工程量清单规则下，计量的方式也可能存在差别。

BOQ为红皮书计价的基础，2017版红皮书明确包括并专门定义了BOQ。2017版黄皮书和银皮书中默认没有BOQ，但在实践中BOQ也可作为黄皮书和银皮书投标报价时投标文件的一部分，并可能包含在签订的合同文件中，作为以后索赔和变更计价的参考。

2017版红皮书中，BOQ中的工程量仅作为投标报价和评标的依据，并不是实际实施的工程量，也不作为期中支付的工程量；BOQ中的单价为红皮书计价的依据。若2017版黄皮书和银皮书中也包括BOQ或其他类似清单，其中的工程量和单价仅用于合同约定的用途，BOQ中的工程量不作为实际结算的工程量。

4.2.2 2017版红皮书下的计价与支付

2017版红皮书属于重新计量的单价合同，合同价格以BOQ中的单价和实际结算工程量为基础计算，实际结算工程量以批复的图纸工程量或实际完成工程量为基础计算，签订合同时的中标合同金额为暂定的名义合同价格。

（1）计量方式和程序

依据2017版红皮书通用合同条件第12条［测量与估价］，红皮书有两类计量的方式：第一类是在工程现场进行实地测量，应由承包商和工程师共同完成；第二类是根据规范依据记录进行计量。原则上，单价合同工程计量一般都应采用第一类方式；也有部分工作采用第二类方式，比如工程量清单中的一般项（临时工程、设计、HSSE工作等）、添加剂（需要依据配合比计算）、可依据批复的图纸确定结算工程量的工作（如土石方），这些工作无法或无需进行现场测量，可依据记录计量。

当工程师要求在现场计量时，工程师应至少提前7天向承包商发通知说明计量的内容、日期和地点。承包商代表应参加或者另派一个有资格的代表参加，协助工程师计量并尽力与工程师就计量结果达成一致，提供工程师要求的资料。如果承包商未能按通知的时间和地点参加或派代表参加，工程师实施的计量应视为承包商在场情况下完成的且结果被承包商所接受。

当依据记录进行计量时，一般情况下工程师应负责准备记录。工程师准备好记录后，应至少提前7天通知时间和地点，要求承包商代表检查和商定记录。如果承包商代表未能按通知的时间和地点参加或未另派代表参加，应视为承包商已接受记录结果。

如果承包商参加了现场计量或记录检查，但是承包商与工程师未对计量结果达成一致，承包商应通知工程师说明现场计量或记录不准确的理由。在收到承包商此类通知后，工程师应根据3.7款［商定或决定］来商定或决定，此时工程师应暂估一个工程量用于颁发期中支付证书（IPC）。如果承包商未参加现场计量或未在记录检查后14天内向工程师发出通知，应视为承包商已接受计量结果。

（2）计量方法

单价合同有多种对工程进行计量的计量规则和方法，不同的计量规则和方法下，计量的工程量也可能有差别，因此应在专用条件中约定合同适用的计量规则和方法。

如果专用条件中未约定计量规则和方法，应按照BOQ或其他适用的数据表适用的计量规则和方法进行计量。根据2017版红皮书第12.2款［计量方法］，除非合同中另有规定，对每一项工作都应以净实际工程量进行计量。

（3）工程估价

在完成工程计量后，就需要确定单价以进行工程估价。单价确定应遵循"相同—相似—相关—成本加利润"顺序和原则进行，即：

1）相同：对于每一项工作，单价应首先选择BOQ或其他数据表中约定的相同工作的单价；

2）相似：如果BOQ或其他数据表中没有相同的工作，应选用相似工作的单价；

3）相关：当BOQ或其他数据表中没有相同或相似的工作，需制定新的单价时，应参考BOQ或其他数据表中相关工作的单价，并做相应调整；

4）成本加利润：当BOQ或其他数据表中找不到相关工作的单价时，应根据实施该项工作的合理成本加一定比例利润（如果未约定，利润率为5%）确定单价。

依据2017版红皮书第12.3款［工程估价］，如果满足以下任何一种情况，应制定新的单价：

1）BOQ或其他数据表中不包括该项工作内容，没有该项工作的单价，并且合同中也没有相似工作的单价；

2）工程量的变化导致成本变化到足以需要调整单价时，此时该项工作工程量的变化应同时满足以下条件：

a）与BOQ或其他数据表中工程量相比相差10%以上；

b）工程量差额乘以BOQ或其他数据表中的单价超过了中标合同金额的0.01%；

c）工程量差额导致该项工作的成本变化超过了1%；并且

d）BOQ或其他数据表中未约定该项工作的单价为"固定单价"、"固定费用"或其他类似规定；

3）变更工作，并且以上第1）或第2）条适用。

如果某项工作包括在BOQ或其他数据表中，但承包商未填写单价，该工作的价值应被视为已分摊在其他工作的单价中。

如果工程师和承包商未能就某项工作的单价达成一致，承包商应通知工程师说明不同意的理由，工程师应在收到通知后根据第3.7款［商定或决定］单价。在单价被商定或决定之前，工程师应暂估一个单价用于颁发IPC。

工程量和单价确定以后，就可确定第14.3款［期中支付申请］中的当期完成工程价值，随后确定期中支付金额，进入期中支付证书颁发和支付流程。

4.2.3 2017版黄皮书和银皮书下的计价与支付

2017版黄皮书和银皮书均为总价合同，每期的支付并不完全以合同中单价和实际完成工程量为基础进行计算，双方会约定一个支付计划表（Schedule of Payments），以确定每期支付的对应当期完成工程及承包商文件价值的金额。2017版黄皮书和银皮书专用条件编写指南第14.4款［支付计划表］中提供了三种类型的支付计划表：

1）分期按约定金额或比例支付；

2）按约定里程碑支付；

3）按照约定的永久工程主要工程量清单（Bill of Principal Quantities of the Permanent Works，BPQPW）支付。

下文分别对这三种类型的支付计划表予以介绍和分析。

（1）分期按约定金额或比例计价与支付

将合同价格在合同工期内按期（每月或其他时间间隔）拆分成一定的金额或比例，各期金额累计应等于合同价格或比例累计应为100%。承包商每期按照该金额或比例提交期中支付申请报表，并附支持资料，申请对应金额的支付。这种方式简单明了，但是在执行过程中很可能出现实际工程进度与支付计划表所依据的进度计划不一致的情况。工程师（或业主代表）如果发现支付计划表所依据的进度计划与实际进度不一致，有权调整支付计划表，这样可能会导致支付计划表频繁变动，也会因此产生很多争端。这种方式比较适合非常简单的工程项目，现实中大型复杂工程项目使用较少。

（2）按里程碑计价与支付

在按里程碑计价与支付的方式下，承包商应在投标时提交里程碑支付计划表，列明完成每个里程碑应支付的金额或比例，在签订合同后开工前，双方可对里程碑支付计划表进行修正。工程实施期间承包商每完成一个里程碑（或每期），根据里程碑支付计划表提交期中支付申请报表，并附对应的支持材料（包含证明里程碑完成的资料），申请对应金额的支付。

这种方式适合容易清晰明确地确定支付里程碑的工程，若里程碑完成不易判断，双方容易对里程碑是否完成产生争端，有时虽然里程碑主体已经完成，仍有极少部分扫尾工作需要持续很长时间才能完成，由此承包商迟迟拿不到相应的进度款；工业项目因设备金额占比大，设备的下单、发货及安装比较清晰明了，适合设置支付里程碑，银皮书常常使用这种方式。支付里程碑应结合工程具体情况科学且合理地设置，不宜太粗，否则容易造成承包商完成了很多工作但无法申请期中支付，导致承包商现金流压力较大；也不宜太细，否则设计深化或设计变更造成工作内容变化，容易导致支付里程碑频繁修改。

（3）按BPQPW计价与支付

如果项目的永久工程可以拆分若干简单的分部分项工程，可采用BPQPW的方式进行计价。在开工之前，承包商将分部分项工程进行细化，并挑选主要的工作组成BPQPW中的项，然后测算这些项的预计完工工程量和单价，各项预计完工工程量乘以单价的合计金额应等于合同价格，每项单价应为综合考虑临时工程、设计以及其他未包含在BPQPW中但为完成该项工作而实施的其他工作的价值后的综合单价。承包商将该BPQPW提交给工程师（或业主代表），并附支持资料和计算过程，经工程师（或业主代表）审核同意后使用。在接收证书颁发之前，可能会由于设计变更导致BPQPW与实际不一致，此时承包商应重新提交修改后的BPQPW。在工程实施过程中，承包商应根据当期实际完成的工作和BPQPW计算期中支付金额，并编制期中支付申请报表，附支持资料，申请期中支付。

在1999版黄皮书专用条件编写指南中就推荐了BPQPW这种计价方式；但1999版银皮书专用条件编写指南中仅推荐了前两种计价方式，2017版银皮书纳入了BPQPW计价方式，可能考虑到前两种计价方式不足以满足所有使用银皮书的工程项目，特别是对于工期较长、分部分项工程容易拆分的项目（如公路或铁路项目使用银皮书），BPQPW方式更有利于计价。相比于按里程碑支付，BPQPW方式无需设置详细的支付里程碑，也避免了双方对里程碑完成难以达成一致的问题。

在工程合同管理实践中，BPQPW方式可能存在多种变形，比如将合同价格按照主要工作拆分后，得到每一项工作的金额，当期完成工程价值以每项工作当期完成百分比乘以该项工作的金额合计获得，每项工作当期完成百分比以当期该项工作实际完成工程量和预计完工工程量为基础计算；此外，还可以将临时工程、设计、专题报告或资料等工作在BPQPW中单列。

4.2.4　2017版黄皮书与银皮书支付规定的差异

2017版黄皮书与银皮书同为总价合同，计价方式也基本相同，然而在支付规定方面仍存在一些差异：

1）2017版黄皮书中设有"工程师"角色，而在银皮书中用"业主代表"替代"工程师"的部分工作；黄皮书中由"工程师"负责的支付相关工作，在银皮书中也相应由"业主代表"或"业主"代替。

2）2017版黄皮书中有支付证书，包括预付款支付证书、期中支付证书、最终支付证书，这些证书由工程师向业主和承包商颁发，而银皮书中没有工程师，也没有支付证书，银皮书中由业主审核报表后直接支付。

3）关于预付款和最终支付的支付期限，2017版黄皮书为业主收到对应的支付证书后在合同约定的期限内向承包商支付；而银皮书因没有支付证书，为业主收到对应的报表和支持资料后一定期限内向承包商支付。

4）2017版黄皮书合同价格虽默认为固定总价，但部分工作仍可以采用重新计量的方式进行计价，为此黄皮书通用条件中专门进行了说明，专用条件编写指南中也推荐了部分工作采用重新计量方式计价的相关条款，签订合同时的价格只是暂定合同价格，黄皮书中使用中标合同金额（Accepted Contract Amount）的概念，即中标函中的合同价格，预付款、履约保证等的比例以中标合同金额为基础进行计算；而银皮书则为比较纯粹的固定总价合同，除发生变更、索赔以及合同约定的价格调整外，合同价格不再变化，也不建议部分工作采用重新计量的方式计价，且合同中没有中标合同金额的概念。

4.2.5　2017版与1999版系列合同条件关于支付规定的主要差异

2017版系列合同条件中关于支付的规定与1999版大致相同，存在的主要差异如下：

1）系列合同条件中关于支付相关规定的篇幅大幅度增加。以第14条［合同价格与支付］为例，1999版红皮书为7页，2017版红皮书为12页。2017版系列合同条件关于支付的相关规定更加清晰、明确，考虑了更多的可能性。

2）第2.4款［业主的资金安排］增加了对变更价格的支付保证。如果单次变更价格超过了原合同价格的10%或累积变更价格超过原合同价格的30%，承包商可以要求业主提供相关的资金安排证明，以证明其有能力对该变更工作进行支付。

3）增加了与履约保证的联动性。第4.2款［履约保证］中规定，当依据第13条［变更和调整］的规定，变更或调整导致累计金额变化超过了中标合同金额的20%时，履约保证的金额应相应增加或减少。

4）期中报表内容更加准确全面。与1999版系列合同条件相比，期中支付申请时的期中报表由7项增加为10项，并修改1项。将原来的"依据合同进行的金额增减，包括依据第20条［索赔、争端和仲裁］确定的金额"修改为"依据合同进行的金额增减，包括依据第3.7款［商定或决定］确定的金额"，因为索赔款项将依据第3.7款商定或决定，而争端或仲裁的金额应立即支付，不用在期中报表中体现。此外，2017版系列合同条件期中报表增加了3项金额，分别为"暂定金额"、"保留金的返还"和"承包商使用业主提供的临时设施费用"。

5）细化了IPC颁发程序并且增加了颁发IPC的前提条件。1999版黄皮书和红皮书关于IPC颁发的规定不到半页，而2017版对应内容有1页半的篇幅，对IPC的颁发、扣留和修改进行了详细的规定，更具操作性；同时增加了"任命承包商代表"为IPC的前提条件。

6）增加了"部分同意的最终报表"。第14.11款［最终报表］中规定，如果在履约证书颁发后双方仍存在争端的金额，承包商应编制并提交部分同意的最终报表，暂用于最终支付；该改动具有现实意义，有利于逐步解决最终报表争端金额的问题。

7）进一步明确和简化了延误支付款项的利息支付。根据第14.8款［延误的支付］，如果发生延误支付，承包商有权获得延误款项的融资费，无需提供报表，无需发正式通知（包括第20.2款［索赔款项和／或EOT］中的索赔通知），也无需提供证明。相比于1999版，2017版系列合同条件明确无需根据索赔条款向业主发通知，进一步表明了承包商获得延误支付款项融资费是其正当而合理的权利，保障了承包商的基本权利。

　　本节对2017版三本合同条件的支付问题进行了比较分析，并将其与1999版进行了对比，得到结论：单价合同和总价合同是工程项目常用的两种合同价格类型，2017版红皮书主要使用单价合同的方式，2017版黄皮书和银皮书主要采用固定总价合同的方式，且银皮书的合同价格更加固定；2017版并未改变1999版系列合同条件的合同价格类型和计价方式，但首次将1999版黄皮书中的BPQPW计价方式引入银皮书，有助于拓展银皮书的使用范围；2017版黄皮书与银皮书的三种支付计划表的方式各有优缺点，在实践中可根据工程项目的特点和管理方式选择使用。与1999版相比，2017版系列合同条件关于支付的规定更加清晰与详细，更有利于操作，也更注重保护承包商的权利。

本节内容摘自《国际经济合作》期刊2018年第10期

作者：陈勇强、张帅军

4.3 2017版系列合同条件中保函相关问题分析

　　保函作为一种有效的担保工具，在国际工程项目中被广泛使用。2017版系列合同条件在通用条款中对保函的开立、提交、有效期等做了基本规定，同时在附录中提供了常用的保函格式。本节结合2017版系列合同条件的保函条款和保函格式以及保函的国际惯例URDG758，对保函的种类、用途、有效期等做了系统介绍和分析。本节将结合国际工程常用的保函惯例—国际商会2010年修订的《见索即付保函统一规则》（Uniform Rules for Demand Guarantees, 2010 Revision, ICC Publication No. 758，以下简称"URDG758"）着重介绍保函这一保证方式。2017版系列合同条件的保证条款基本相同，如无特殊说明，所述内容对2017版系列合同条件均适用。

2017版系列合同条件附录中列入了各类保证格式（Forms of Securities）：母公司保函格式（Form of Parent Company Guarantee）、投标保证格式（Form of Tender Security）、履约保证-见索即付保函格式（Form of Performance Security-Demand Guarantee）、履约保证-保证人担保格式（Form of Performance Security-Surety Bond）、预付款保函格式（Form of Advance Payment Guarantee）、保留金保函格式（Form of Retention Money Guarantee）以及业主支付保函格式（Form of Payment Guarantee by Employer）。

4.3.1 保函及其相关概念

（1）保函

保证（Security）是市场经济中非常常见的一种信用工具，是银行、保险公司或专业担保公司普遍开展的一项业务。保证包括保函（Guarantee）和担保（Bond）两类，国际工程使用保函较多，担保相对较少。2017版系列合同条件中对保证方式并无特别约定，合同双方可约定采用保函、母公司保函或其他担保方式。

一个保函至少涉及三方，包括申请人（被担保人）、担保人以及受益人，相关方关系及业务如图4-2所示（图的左边和右边分别对应保函直开和转开的关系和业务结构）。在工程实践中，根据保函的功能，申请人既可以是承包商也可以是业主，受益人则是合同的另一方。

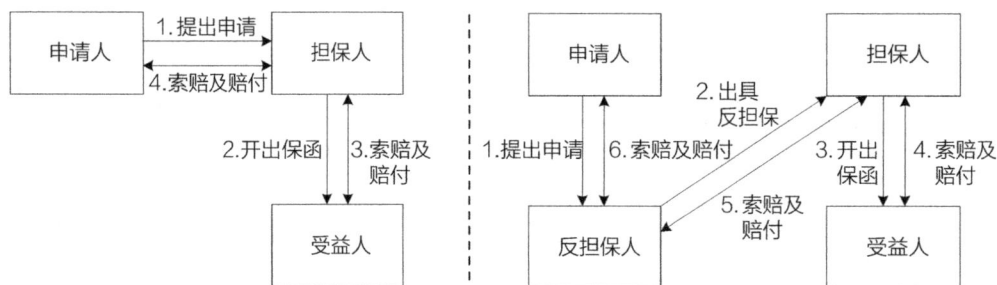

图4-2 保函关系业务示意图

（2）保函类型

根据不同的标准，保函可以划分为不同类型。根据担保人的不同，可以分为银行（银行保函）、担保公司（担保人担保或契约担保——美国是采用这种"美式担保"模式的主要国家）、保险公司、金融机构或商业团体（母公司保函）等提供的保函。

根据功能的不同，保函可以分为履约保函（为承包商正当履约提供担保）、业主支付保函（为业主向承包商付款提供担保）、预付款保函（为承包商偿还预付款提供担保）、保留金保函（为完工工程的质量提供担保）等。

根据索偿条件和转让条件的不同，保函可以分为无条件的见索即付保函和有条件的保函；可转让保函和不可转让保函。有条件的保函是指担保人的赔付需基于被担保人的违约责任，无条件的保函也即见索即付保函，是受益人在提出索赔时，担保人无需确认申请人是否违约，受益人只需按照保函上的索赔程序出示相关文件即可，担保人在完成对文件的审核后无条件的付款。

（3）见索即付保函及其特点

在2017版系列合同条件附录中提供的投标保函、预付款保函、履约保函、保留金保函以及业主支付保函的格式均为见索即付的保函格式，且格式中明确规定适用URDG758规则（如无特别说明，以下保函均指见索即付保函）。

根据URDG758的定义，见索即付保函系指任何已签署的、保证根据相符索偿要求提供付款的承诺，无论该承诺的名称或者描述如何（"any signed undertaking, however named or described, providing for payment on presentation of a complying demand"）。

根据URDG758规定，保函与基础关系是独立的，即保函与合同是相对独立的。即使保函中可能援引了合同，保函也仍是独立的，担保人无需关注合同关系或受合同约束。即担保人处理的是单据，而不是单据可能涉及的货物、服务或履约行为，仅承担单据（如索赔要求）审核职责，无需就合同下是否存在违约进行评估。因此，在该保函担保下，保函具有"先付款，后抗辩"的特点。即只要保函受益人提出的索赔要求满足形式要件，担保人就需无条件的"先付款"，而保函申请人无法要求担保人拒付（除非对方有欺诈行为），只能在担保人支付之后基于合同进行抗辩。

保函是不可撤销的，无论保函是否有此说明，保函从开立之日起即对担保人具有约束力，未经受益人同意不得撤销或修改。

（4）相关业务概念

1）保函开立和生效：根据URDG758规则，保函脱离担保人的控制即为开立。保函开立或保函规定的事件满足条件（较晚者为准）时即生效，受益人可以在保函生效之后提出索赔要求。保函的开立方式分为直开和转开，业务流程见图4-2。转开保函是指根据申请人委托，反担保人向受益人所在国的担保人开出反担保函，委托该担保人向受益人开出保函并递交给受益人。在国际工程中，由于承包商和业主来自不同的国家，而业主为了其便利，一般要求保函由其所在国开立，因而保函开立更多采用转开方式。

2）保函转让：是指在既有受益人（转让人）要求之下，担保人将保函转让给新的受益人（受让人）。根据URDG758规则，只有当一个保函注明其可以转让时该保函才可以转让。反担保函是不可以转让的。

3）保函索赔及赔付：保函索赔是指受益人根据保函上的索赔程序向担保人提供相关文件，要求担保人赔付。赔付则是保证人在完成对文件的审核（URDG758规定担保人应在5个工作日内完成单据审核）确定相关文件符合要求后将相应款项支付给受益人。

4）保函的有效期：保函归还给担保人，担保人的担保责任自然失效。此外，URDG758规定无论保函是否退还担保人，在下列情况下保函均应终止：(ⅰ)保函失效，即保函规定的失效时间或事件发生（如两者都做了规定，则以时间较早者为准）；(ⅱ)保函项下已没有可付金额，即担保人支付了保函中所规定的最高金额的担保金额；(ⅲ)担保人收到受益人签署的解除保函责任的书面通知。

5）保函展期/延期：是指保函有效期即将期满时，由于各种原因，需延长保函有效期。

4.3.2 2017版系列合同条件中的保函种类及总体要求

在2017版系列合同条件中主要涉及履约保函、预付款保函和保留金保函，但在附录中还提供了投标保函和业主支付保函的格式。这些保函的主要信息见表4-1。

（1）开立机构

2017版系列合同条件要求承包商提供的保函均应由业主认可的国家（或其他司法管辖区）内的实体（"an entity and from within a country（or other jurisdiction）to which the Employer gives consent"）开立。实践中，一般为业主所在国的实体机构开出。

（2）保函格式及管辖法律

2017版系列合同条件附录中提供了投标保函、履约保函、预付款保函、保留金保函和业主支付保函格式，且格式中规定保函受管辖法律管辖并适用URDG758规则（如无特别约定，根据URDG758规定管辖法律为保函开立机构所在地的法律）。因此保函的开立、生效、修改、展期、减额、索赔等都按约定的国家法律和国际惯例

表格标题：2017版系列合同条件中的主要保函种类　　　　表4-1

类型	提交时间	生效时间	有效期	备注
投标保函	随投标书一同递交	开立即生效	投标函有效期后35天	
履约保函	收到中标通知书28天（2017版银皮书为签订合同协议书28天内）	开立即生效	履约证书签发并完成现场清理（格式中建议为预计的缺陷通知期后70天）	在项目竣工签发接收证书后，额度可以适当减少
预付款保函	申请预付款前	收到预付款后生效	预付款偿还完（格式中建议为预计的竣工时间后70天）	保函额度随预付款偿还而递减
保留金保函	扣留的保留金累积已达保留金上限的60%	开立即生效	履约证书签发并完成现场清理（格式中建议为预计的缺陷通知期后70天）	建议保留金保函在收到保留金后生效
业主支付保函	FIDIC未作规定，但考虑保函的功能，应在开工日前提供	开立即生效	业主完成其支付义务（格式中建议为预计的缺陷通知期后6个月）	应可随业主支付而减少额度

URDG758进行解释。

（3）保函索赔条件

2017版系列合同条件附录中的保函格式都属于见索即付的保函，如受益人进行索赔，需将索赔的书面要求以及相关情况（可索赔的情形）的书面说明在保函失效前提交给担保人。索赔书面要求应包含受益人银行或公证人确认的签字。虽然担保人无需对这些情况进行核实，只要受益人提出的索赔满足保函的形式要件就无条件的进行赔付，但根据保函"先支付、后抗辩"的特点，申请人可以基于合同向受益人进行追诉。

4.3.3　投标保函

投标保函是投标人在投标时随其投标文件一起提交给业主的保函。由于投标保函是在合同签订前，因此2017版系列合同条件中并未涉及，但在附录中提供了投标保函的格式。

投标保函的用途是保证投标人：

1）在投标有效期内不撤标，不修改标价，并接受对其标书中错误的更正；

2）在接到中标通知后在招标文件规定的时间内，与业主签订合同并提供符合招标文件要求的履约保函。

如投标人违背前述任何一项，业主可以没收其保函。投标保函的有效期一般为投标有效期再加上28天（FIDIC提供的保函格式中为投标函有效期再加35天），其额度一般约为投标总额的1%～3%。目前，在很多项目中使用一个固定的金额数表示投标保函金额，以避免泄露投标人的报价。

4.3.4　履约保函

履约保函是承包商向业主提交的用以保证其正当履行合同的保函。第4.2款［履约保证］下的第4.2.1款［承包商的义务］规定承包商应在收到中标通知书28天内向业主提交履约保函（银皮书为签订合同协议书28天内）。承包商应确保履约保函在履约证书签发并且承包商完成第11.11款［现场清理］规定的清理义务之前一直有效。在履约证书签发并且承包商完成了第11.11款［现场清理］规定的清理义务之后，业主应在21天内将履约保函退还给承包商，以便其办理保函终止。如合同根据第15.5款［因业主便利终止］、第16.2款［由承包商终止］、第18.5款［自主选择终止］或第18.6［根据法律解除履约］提前终止，业主应立即将履约保函退还给承包商。

按要求提交履约保函并保持其有效是承包商的重要义务之一，如承包商未能按要求提供履约保函，则视为承包商重大违约，业主有权终止合同。此外，根据第14.2款［预付款］规定，提交履约保函也是业主支付预付款的前提条件。

履约保函的额度一般为合同价的10%。合同双方也可根据情况约定，当接收证书签发后，也可适当减少保函额度（如减少50%）。2017版系列合同条件中将履约保函额度与合同价格变更/调整进行了关联。第4.2.1款［承包商的义务］中规定当变更或调整导致合同价格累计增加/减少超过中标合同金额（银皮书为合同价格）的20%时，如业主要求/同意，承包商应/可相应上调/减少履约保函额度。此外，根据合同第11.5款［场外修补有缺陷的工程］规定，如果承包商需要将有缺陷的设备移出现场时，承包商也需相应提高履约保函的额度（增加额度为该缺陷设备的重置费用）。实践中承包商也可就该缺陷设备单独提供一个保函。

虽然履约保函是见索即付的保函，但是第4.2.2款［履约保证下的索赔］对业主索赔保函的情形进行了限定说明，并规定业主应保障承包商免受因业主超出其索赔权限对履约保函提出索赔而引起的所有损害赔偿费、损失和开支（包括法律费用和开支）的影响。第4.2.2款［履约保证下的索赔］规定如下：

"除出现以下情况业主按照合同规定有权获得的金额外，业主不应就履约保函提出索赔：

　　a）承包商未能按上段所述延长履约保函的有效期，此时业主可以索赔履约保函的全部金额（如果有先前扣减，则业主可以索赔保函全部剩余金额）；

　　b）承包商未在第3.7款［商定或决定］或者第21条［争端和仲裁］下达成的商定、决定或者仲裁裁决（视情况而定）做出后42天内支付应付款项；

　　c）承包商未在根据第15.1款［改正通知］的规定发出通知后的42天内或者通知规定的其他时间内纠正违约行为；

　　d）其他根据第15.2款［因承包商违约终止］规定业主有权终止合同的情形，无需业主发出终止通知；

　　e）如果根据第11.5款［场外修补有缺陷的工程］规定，承包商将有缺陷的或者有损坏的设备移除现场，但未能在承包商通知中规定的相关期限（或者业主同意的其他期限）届满前修好该设备、将其送回现场并重新安装和重新调试。"

　　业主在向担保人提出保函索赔时，需说明承包商违反了合同规定的义务以及违反了哪些方面的义务。担保人无需对违约情况进行核实，只要业主提出的索赔满足保函的形式要件即无条件地支付业主，但承包商可以基于合同向业主进行追诉。

4.3.5　预付款保函

　　2017版系列合同条件第14.2款［预付款］规定，业主应提前预支一笔无息借款作为预付款用于承包商开展启动和设计工作，但业主支付预付款的前提条件是承包商提交了预付款保函和履约保函。预付款保函的目的是保证承包商按合同要求按时按量返还预付款，防止承包商携款潜逃或宣布破产。

　　FIDIC虽然对何时提交预付款保函未作明文规定，但作为预付款支付的前提条件，承包商一般会尽快办理提交以便尽早获得预付款。在实践中，预付款保函一般与履约保函一并办理并提交，但在预付款保函中会约定保函在承包商收到预付款后立即生效，承包商应保持其在所有预付款偿还完毕之前一直有效。

　　预付款保函的初始额度为业主支付的预付款额，一般为合同总价的10%～15%，特殊情况（如生产设备采购量巨大）时达到20%，甚至更高。由于预付款是分期分批返还的，预付款保函的额度也因此随预付款的返还相应递减。

　　业主在向担保人提出保函索赔时，需说明承包商未能按合同条件返还预付款以及相应的额度。

4.3.6　保留金保函

保留金保函是针对保留金而做出的担保。为确保承包商能够如期保质地完成工程以及在缺陷通知期内履行修补义务，业主会在每次的期中付款中扣留一定比例的款额作为保留金，直到其累计额达到合同数据表中规定的限额（一般为合同总价的5%～10%）为止。合同第14.9款［保留金的退还］规定当工程（或单位工程）的接收证书签发后，保留金的一半（或相应单位工程的保留金相关百分比部分）将支付给承包商，而另一半（或相应单位工程的保留金相关百分比部分）将在工程缺陷通知期届满后退还给承包商。

保留金的性质实际上是一种现金担保。在专用合同条件编写指南中，FIDIC提出了用保留金保函替代保留金的替代方案。当扣留的保留金达到保留金上限的60%时，承包商可以提交保留金保函以提前获得业主支付的保留金现金。该保留金保函的额度为保留金上限的一半，业主在收到该保函时，相应退还同等额度的保留金给承包商，同时在接收证书签发后，退还另一半给承包商。保留金保函的有效期与履约保函有效期一致，承包商应确保保留金保函在履约证书签发并且承包商完成第11.11款［现场清理］规定的清理义务之前一直有效。

上述替代方案在不增加业主风险的前提下缓解了承包商的现金流，因而被业界广泛采用。

国际工程实践中，也存在与保留金保函性质相同的其他保函，如质量保证担保（Warranty Bond）和维修担保（Maintenance Bond）。

需要注意的是，FIDIC提供的保留金保函格式默认保函开立即生效，实际操作中，承包商可以参照预付款保函的保函条件，注明保函在收到保留金后生效。

业主在向担保人提出保函索赔时，需说明承包商未能修复根据合同应由其负责修复的缺陷，并列明这些缺陷。

4.3.7　支付保函

支付保函是业主提供给承包商的保函，用以保证业主将按照合同约定向承包商支付工程价款。承包商在向担保人提出保函索赔时，需说明业主按照合同应付合同款但业主在合同规定付款期限过后14天内仍未能全额支付以及未支付的金额。

在生产设备采购量较大的工程项目中，也常常引入信用证作为业主的支付手段和工具。这与支付保函的作用有类似之处，都是引用第三方信用为业主的支付义务作保。但不同的是，信用证是第一付款手段，而支付保函作为担保，只有当业主未能履行其支付义务时，承包商才能索赔保函，从保函中获得相应支付。

4.3.8　其他保函及担保

除上述几种主要保函外，2017版系列合同条件第14.15款［拟用于工程的生产设备和材料］规定：对于在合同数据表列明发运后可申请预支款项的设备和材料，如已经发运，承包商在提交了与预支款项等额的银行保函并满足了该条款下的其他条件后可申请相应付款。该保函采用与预付款保函格式相似的格式，保函有效期至相关设备和材料已到达现场并合理储存和保管。

此外，在项目实施过程中，可能还会涉及一些特殊目的和用途的保函，如临时进口物资税收保函。这是承包商为其施工设备在工程所在国办理临时进口所提供的一种保函，用于保证承包商免税临时进口的施工设备，在项目完工后按规定运出工程所在国或照章纳税后在当地出售或转让。

虽然保函是目前国际承包市场上最为常见和通用的保证手段，但FIDIC并不排斥其他的保证方式，相反它在附录中还提供了其他的保证格式，如母公司保函（Parent Company Guarantee）、担保人担保（Surety Bond），供读者借鉴参考。

本节以2017版系列合同条件的保函条款和附录中的保函格式为基础，对保函的基本概念以及各类保函的合同要求（开立机构、提交时间、有效期等）等分别进行了介绍和分析。2017版系列合同条件中的保函格式均为见索即付保函，具有"先付款、后抗辩"的特点，如受益人超越合同权限对保函进行索赔，申请人可基于合同关系向受益人进行追诉。

本节内容摘自《国际经济合作》期刊2019年第1期
作者：吕文学、张玲、金梦夏

第 **5** 章

风险与保险

5.1 2017版银皮书与黄皮书 风险分担比较分析

本节从业主文件的准确性、不利的现场条件、性能保证责任等方面，详细比较分析了2017版银皮书与黄皮书中业主和承包商风险分担的不同。总体而言，与2017版黄皮书相比，银皮书中的承包商承担了更多风险，而承包商可以在报价中增加相应的风险费，一旦按照银皮书签订合同，承包商索赔的空间变小，合同的工期和价格相对更加固定。

5.1.1 2017版银皮书和黄皮书各自的适用范围

2017版银皮书和黄皮书仍然沿用了1999版银皮书和黄皮书各自的适用范围。2017版银皮书模式下，承包商承担项目的设计、设备及材料供货、施工和安装及试运行等工作，业主在项目实施过程中参与度较低，与黄皮书相比，由于将更多的风险分配给了承包商承担，对业主而言，合同工期和价格的确定性更强。FIDIC在2017版银皮书的说明中给出了三种不适用于银皮书的情况：

1）投标人没有足够的时间或充足的信息及资料以仔细审查和核查（scrutinise and check）业主要求，或开展设计、风险评估以及费用估算工作；

2）工程施工涉及相当数量的地下工程，或投标人无法对未来工程所在区域开展调查，除非在特殊条款中对不可预见的各类条件予以说明；

3）业主想要密切监督或控制承包商的工作，或审核（review）大部分施工图纸。

FIDIC建议，在上述三种情况下，可以使用2017版黄皮书。2017版黄皮书模式下，承包商根据业主要求，负责项目大部分设计和施工工作。2017版银皮书和黄皮书均适用于大型基础设施项目以及生产设备比较多的项目，如能源、供水、污水处理、工业厂房等。需要指出的是，2017版银皮书的诞生主要源自私人业主以及融资银行的需求。私人业主往往比政府组织在融资或者资金链等方面有更加严格的要求，因此要求合同价格和工期更加固定。采用建设－运营－移交（BOT）、公私合营合作伙伴关系（PPP）模式的项目在建设实施阶段较多使用银皮书作为合同框架。

5.1.2 2017版银皮书和黄皮书中关于业主文件的准确性

基于承包商承担的检查和校核义务，可将业主提供的各类文件和信息分为三种：

1）业主要求中标明的（或工程师以通知形式发出的）参照项（items of reference）；

2）除参照项以外的业主要求；

3）除业主要求以外，业主提供的与项目相关的现场数据。

2017版银皮书的风险分担框架下，除合同第5.1款［一般设计义务］中明确列出的由业主负责的信息及数据以外，业主不对其提供文件的错误、不准确或遗漏承担任何责任。在2017版黄皮书中，承包商对上述三种文件所应承担的检查和校核义务均考虑了检查和校核的时间、成本、可行性以及承包商的经验。

（1）参照项

2017版银皮书和黄皮书第2.5款［现场数据和参照项］规定，参照项包括用于参考的原始勘测控制点、基线及参考标高。

2017版银皮书第2.5款［现场数据和参照项］规定，参照项应在业主要求中做出规定。第4.7款［放线］规定，承包商在将此类参照项用于工程之前应负责验证其准确性，更正参照项、位置、标高、尺寸或定线等方面存在的错误，并负责工程所有部分的准确定位。

2017版黄皮书第2.5款［现场数据和参照项］规定，参照项应在业主要求中作出规定，也可以由工程师以通知的形式签发给承包商。第4.7款［放线］规定，承包商对参照项的准确性承担的验证（verify）责任与2017版银皮书一致，不同的是，承包商应将其对参照项的验证结果提交给工程师。如果承包商发现参照项中存在任何错误，则应在规定的时间内向工程师发出通知，当错误的参照项是在业主要求中规定的时，则承包商应在自开工日期起的合同数据表中规定的时间内（默认为开工日期后28天）向工程师发出通知；若参照项是工程师根据第2.5款［现场数据和参照项］签发的，则承包商应收到资料后在尽可能在可行的时间内向工程师发出通知。工程师在收到承包商发出的此类通知后，应就以下事项进行商定或决定（agree or determine）：

1）参照项是否存在错误；

2）错误是否为一个有经验的承包商虽然尽了应有的谨慎（due care）（考虑成本和时间），但在投标前检验（examine）了现场以及业主要求，或在前述应发出通知的期限内根据5.1款［一般设计义务］仔细审查了业主要求中的相关数据和规定仍无法发现的；

3）要求承包商予以更正所采取的措施。

如果根据第2）项一个有经验的承包商无法发现此项错误，则工程师可视其为变更，指示承包商采取措施更正，且承包商有权索赔工期、费用及利润。

通过以上分析可以看出，按照2017版银皮书的相关规定，关于参照项准确性的风险全部由承包商承担。而按照2017版黄皮书的规定，承包商承担的义务是在考虑可行的成本和时间的前提下，在投标阶段检查业主要求中提供的参照项数据及现场的实际情况，在收到开工通知后合同约定的时间内再次仔细审查参照项。如果承包商在履行了此类义务后仍没能发现参照项中存在的错误，则该风险由业主承担。

（2）业主要求（不含参照项）

2017版银皮书第5.1款［一般设计义务］规定，承包商应被视为在基准日期之前已经仔细审查了业主要求（包括设计标准和计算说明），并对其准确性负责。业主仅对业主要求中涉及或其提供的以下四类信息及数据的准确性承担责任：

1）在合同中规定的不可变的或由业主负责的部分、数据和资料；

2）对工程或其任何部分预期目的的说明；

3）竣工工程的试验和性能的标准；

4）除合同另有说明外，承包商不能核实的部分、数据和资料。

除此以外，业主不应对原包括在合同内的业主要求中的任何错误、不准确、或遗漏负责，且不应被视为对任何数据或资料给出了任何准确性或完整性的表示。承包商从业主或其他方面收到任何数据或资料，不应解除承包商对设计和施工承担的责任。2017版银皮书专用条件指南中提示，如果业主要求或业主提供的数据及信息的某一部分是不可变的或应由业主承担责任的，则应在合同中列明，可以由业主将其列在业主要求中，或者由承包商将其列在随投标文件一同提交的文件中。

2017版黄皮书第5.1款［一般设计义务］的规定则不同，仅要求承包商在收到开工通知后仔细审查业主要求（含设计标准及计算），如果承包商发现业主要求中存在任何错误、瑕疵或缺陷（不含参照项），则适用第1.9款［业主要求中的错误］（银皮书中没有该二级子条款，意味着银皮书下的此类风险全部由承包商承担）。

2017版黄皮书第1.9款［业主要求中的错误］规定，如果承包商发现业主要求中存在错误、瑕疵或缺陷，应在自开工日期算起合同数据表中规定的时间内（默认为开工日期后42天）向工程师发出通知。如果承包商错过了该通知期限，也应向工程师发出通知。工程师在收到承包商发出的此类通知后，应就以下事项进行商定或决定：

1）业主要求中是否存在错误、瑕疵或缺陷；

2）错误、瑕疵或缺陷是否为一个有经验的承包商虽然尽了应有的谨慎（考虑成本和时间），但在投标前检查了现场以及业主要求，或在前述应发出通知的期限内根据第5.1款［一般设计义务］仔细审查业主要求仍无法发现的；

3）要求承包商予以更正所采取的措施。

如果根据第2）项，一个有经验的承包商无法发现此项错误、瑕疵或缺陷，则工程师可视其为变更，指示承包商采取措施更正，且承包商有权索赔工期、费用及利润。

此外，业主要求中可能包含概念设计（outline design），概念设计通常是项目可行性的基础。2017版银皮书和黄皮书专用条件编制指南中均提示，如果业主要求中包含概念设计，应告知投标人此概念设计是要求性的文件还是建议性的，从而明确业主和承包商对此概念设计文件所应承担的相应责任。

通过以上分析可以看出，2017版银皮书中，除了涉及项目预期使用目的、性能标准、不可变的以及承包商无法核实的数据等，对于业主要求准确性的风险全部由承包商承担，合同规定承包商在基准日期之前就应仔细审查核实业主要求中的相关数据。2017版黄皮书中承包商对业主要求（不含参照项）与参照项承担的责任和风险类似，在合同签订之前承包商承担的义务仅是检验，收到开工通知后才是仔细审查。

（3）现场数据

2017版银皮书和黄皮书第2.5款［现场数据和参照项］规定，业主应在基准日期前，将其拥有的现场地形方面和现场地下、水文、气候及环境条件等的所有有关资料提供给承包商。业主在基准日期后得到的所有此类资料，也应立刻提供给承包商。

2017版银皮书第4.10款［现场数据的使用］的规定非常简单和明确，承包商应负责验证和解释（verify and interpret）其根据第2.5款［现场数据和参照项］获得的全部现场数据。

2017版黄皮书第4.10款［现场数据的使用］规定承包商仅负责解释（interpret）此类数据，在实际可行的范围内（考虑成本和时间），承包商应被视为已经获得可能对投标文件或工程产生影响或作用的所有关于风险、意外事件以及其他情况的必要资料，并且视为已经检查和检验（inspect and examine）了现场、进场道路、周边环境、上述数据以及其他可用信息，并且在提交投标文件前对所有实施工程相关的事项已感到满意，包括：

1）现场的状况和特性（包括地下条件）；

2）水文条件以及气候条件对现场的影响；

3）为实施工程所必需的工作及货物的范围及其特性；

4）法律、程序及工程所在国的劳务惯例；

5）承包商进入现场、食宿、相关设施、人员、电力、交通、水及其他公用设施或服务所需的必备条件。

由此可见，2017版银皮书中，业主对其提供的所有现场数据不承担任何责任，承包商的责任是验证和解释，并对其准确性承担全部风险。在2017版黄皮书中，虽然承包商的义务仅限于解释，但在考虑可行的成本和时间的前提下，承包商应对现场的状况、项目特性、相关法律法规以及项目实施的周边环境获取充足的信息，并承担相应的风险。

5.1.3　2017版银皮书和黄皮书中关于不利的现场条件

对项目产生不利影响的现场条件分为不可预见的困难（2017版黄皮书为不可预见的物质条件）（不含气候条件）和异常不利的气候条件。

（1）不可预见的困难（或物质条件）

根据2017版银皮书第4.12款［不可预见的困难］（Unforeseeable Difficulties），承包商应被视为已经获得所有关于风险、意外事件以及其他情况的必要资料，合同价格不能因任何不可预见的困难进行调整（除非专用条件另有规定）。2017版银皮书专用条件编写指南中提示，如果工程包含如隧道或其他大量地下工程施工，对承包商而言，此类风险不可能或很难事先预估，通常更倾向于将不可预见的地质风险分配给业主，因此建议此类工程采用黄皮书。

2017版黄皮书第4.12款［不可预见的物质条件］（Unforeseeable Physical Conditions），将物质条件定义为承包商在现场遭遇的自然物质条件以及物质障碍（自然的或人为的）和污染物，包括地下及水文条件，但不包括气候条件。如果承包商遭遇的此类物质条件构成了不可预见，即一个有经验的承包商在基准日期之前无法合理预见，且该事件将会对工期和费用带来不利影响，则承包商应尽快向工程师发出通知，以便工程师可以立刻检查和调查（inspect and investigate）该物质条件。通知中应描述其遭遇的物质条件，说明其不可预见的原因，描述该物质条件以怎样的方式对工期和费用产生了不利影响。工程师应在收到通知后7天内或承包商同意的更长时间开展检查和调查工作，承包商应采用合适及合理的方式继续实施工程。工程师也可就该物质条件发出指示，如果工程师的指示构成变更，则按变更的相关条款处理。如果承包商因此类物质条件的影响导致工期延长或费用增加，可根据第20.2款［索赔款项和／或EOT］的规定提出索赔（但不应含利润）。工程师在对该项索赔做出决定时，应考虑此类物质条件不可预见的程度，还应考虑工程相似部分是否遇到了优于基准日期前可以合理预见的物质条件。如果遇到优于基准日期前可以合理预见的物质条件，应考虑对可索赔的费用予以扣减，但无论如何不应因此造成合同额的净减少。

2017版黄皮书专用条件编写指南建议，如果一个项目涉及大量地下工程，业主可考虑与承包商共同分担不可预见的地下条件风险，业主可在专用条件中约定合同双方各自承担的费用比例。

（2）异常不利的气候条件

2017版黄皮书第8.5款［竣工时间的延长］（c）项规定，如承包商遇到异常不利的气候条件（根据业主提供的气候数据以及项目所在国发布的现场地理位置周边的气候数据，依然是不可预见的不利的气候条件），承包商有权申请工期延长。

2017版银皮书第8.5款［竣工时间的延长］专用条件编写指南中则特别强调，该条款不能用于承包商因异常不利的气候条件申请工期延长，除非异常不利的气候条件达到了例外事件中规定的自然灾害的程度。如果合同双方倾向于承包商有权就此提出工期延长，则应将2017版黄皮书第8.5款（c）项的内容添加到专用条件中，同时还应在业主要求中说明什么情况构成异常不利的气候条件。例如，可根据获取的气象统计数据及间隔期来描述，或者将遭遇的不利的气候条件与现场或附近之前已经发生类似不利事件的频率作比较。

通过以上分析可以看出，2017版银皮书中，除非构成例外事件，否则默认由承包商承担不利的现场条件导致的全部风险。在2017版黄皮书中，当遭遇不可预见的物质条件时，工期和费用的风险由业主承担，利润的风险由承包商承担；当遭遇异常不利的气候条件时，工期的风险由业主承担，费用及利润的风险由承包商承担。

5.1.4　2017版银皮书和黄皮书中关于性能保证责任

2017版银皮书适用的项目环境下，如果是工业项目，通常强调承包商对工厂整体性能承担责任，例如产能、排放指标、产品的浓度、纯度、工厂运行的能耗等。业主要求承包商通过竣工检验来证明工厂整体的可靠性及性能，只有成功通过竣工检验，业主才会接收工程。因此，2017版银皮书第10.2款［部分工程的接收］规定，除非业主要求中列明或双方一致同意，否则业主不应提前占用或接收工程的某一部分，但区段（Section）除外。以此来避免业主部分接收导致承包商的整体性责任无法履行。2017版黄皮书第10.2款［部分工程的接收］则规定，工程师可以就工程的任何部分颁发工程接收证书，或者业主提前占用的工程的任何部分可视为自占用之日起该部分工程已被接收，并开始计算缺陷通知期。

业主有时考虑在接收工程后进行竣工后试验，以便在正常的操作条件下，验证承包商担保的工程性能是否满足要求。竣工后试验通常包括两类：一类是性能（performance）测试，用以证明工程的性能是否达到合同中规定的性能标准，通常在业主接收工程后很短的时间内进行，具体时间应在业主要求或操作维修手册中做出规定；另一类是可用性（availability）测试，用以检验工程在一段期间内的利用率，通常是在缺陷通知期开始后尽快进行。

2017版银皮书第12条［竣工后试验］是基于由承包商负责实施竣工后试验，业主在人员、电力、燃料、材料以及设备等方面提供协助，具体细节在业主要求中做出规定。而黄皮书则是基于竣工后试验由业主及其操作人员负责实施，承包商人员提供指导和协助。虽然FIDIC指出，竣工后试验由业主负责或由承包商负责只是两种不同的操作方式，仅是给用户提供两种备选方案，而非某一种方式只适用于其对应的合同条件，但在实践中，2017版银皮书适用的项目环境会更多采用承包商为主进行竣工后试验的方式，以验证承包商对项目承担的整体保证责任是否满足，特别是在考虑项目正常运转的工况下，是否满足达产达标的要求。

5.1.5 2017版银皮书与黄皮书在其他方面的主要差异

（1）合同价格的充分性

2017版银皮书第4.11款［合同价格的充分性］与黄皮书第4.11款［中标合同金额的充分性］均规定，承包商应对合同价格的正确性和充分性感到满意，但黄皮书相应条款中增加了一段，承包商应被认为中标合同金额是建立在对第4.10款［现场数据的使用］规定的所有有关事项以及承包商设计相关的任何进一步资料的数据、解释、必要信息、检查和检验（inspection and examination）感到满意基础上的。关于现场数据的准确性导致的风险，已在上文中提及。关于设计工作，由于2017版银皮书中承包商的设计工作范围相对完整，业主几乎不承担任何设计工作或承担的设计工作很少，因此合同价格中默认为包含了承包商承担的所有义务和责任所产生的费用。2017版黄皮书中承包商承担的设计工作在项目的整个设计周期中相对靠后，因此业主最初的设计设想与承包商开展详细工作后的设计设想可能存在偏差，由此造成合同价格变动的风险在合同中并未明确，留给承包商相应的议价空间。

（2）承包商提出终止的情形

由于2017版银皮书的支付程序不包含签发期中支付证书的规定，因此根据第16.1款［承包商的暂停］和第16.2款［承包商的终止］，承包商仅在业主未根据第

14.7款［支付］的相关规定履行付款义务时有权暂停，在业主未履行付款义务满42天后才有权提出终止。根据2017版黄皮书的支付程序，承包商应向工程师提交付款申请，工程师在收到申请后的28天内签发期中支付证书，业主在工程师收到申请后的56天（或合同数据表约定的期限）内根据期中支付证书进行支付。因此，根据2017版黄皮书第16.1款和第16.2款的相关规定，承包商暂停和终止的事由各增加了一条，如工程师未能根据第14.6款［签发期中支付证书］的规定签发支付证书，承包商有权暂停工作；如工程师在收到申请支付的报告及支持文件后56天内未签发相关支付证书，承包商有权终止合同。

由此可见，由于支付程序的不同，在2017版黄皮书中，承包商由于不能及时得到支付而采取预防性自我保护行为的时间节点要早于银皮书。

2017版银皮书和黄皮书各自适用于不同的情境，合同双方风险分担也不尽相同。总体上看，与黄皮书相比，为了使合同工期与价格更加固定，银皮书中承包商承担了更多的风险，而承包商可以在报价中增加相应的风险费，业主也愿意为此支付更多的费用，一旦签订合同，承包商索赔的空间也会很小，而在合同实施过程中银皮书的业主对承包商的管理相对比较宽松。希望通过本节的对比分析，对业界相关人士更好的学习和理解2017版银皮书与黄皮书的风险分担差异有所帮助，进而为用户在选择合适的合同版本时提供参考。

本节内容摘自《国际经济合作》期刊2018年第7期

作者：赵珊珊、陈勇强、朱星宇

5.2 2017版系列合同条件中工程照管、保障及例外事件分析

工程照管与保障是工程合同的重点问题，例外事件与之密切相关。本节将分析和讨论2017版系列合同条件中有关工程照管的职责与责任、合同双方保障等问题，介绍和分析例外事件的概念、种类、处理流程等，简要对比2017版与1999版的相关规定，并梳理和总结风险、职责、责任、保障、保险等一系列的概念和问题。本节内容将以2017版黄皮书为主线展开，红皮书和银皮书与黄皮书的不同之处会特别说明。

5.2.1　2017版系列合同条件中工程照管职责与责任

根据合同，承包商和业主应分别在不同的阶段负责照管工程、货物和承包商文件，使其免受损害；一旦发生损害，将根据双方的照管职责和损害来源不同进行责任划分和承担。

（1）对工程、货物和承包商文件的照管职责

根据2017版黄皮书通用合同条件第17.1款［工程照管职责］（Responsibility for Care of the Works），自工程开工日起至工程竣工，承包商应负责照管工程、货物和承包商文件；工程竣工后，对工程的照管职责移交给业主。如果工程师（或业主）针对工程某一部分颁发了接收证书，那么该部分工程的照管职责将相应移交给业主。在工程照管职责移交给业主后，承包商仍应负责照管工程竣工时未完成的扫尾工作，直至该扫尾工作完成。如果合同执行过程中发生合同终止，自合同终止日起，承包商不再负责照管工程。

（2）工程、货物、承包商文件发生损害后的修复责任

在承包商照管期间，如果工程、货物或承包商文件出现了任何损失或损害，除以下6类除外责任外，皆由承包商负责修复使工程、货物或者承包商文件符合合同要求，并承担修复的风险和费用。此外，根据第17.2款［工程照管责任］（Liability for Care of the Works），对接收证书颁发后由承包商原因引起的，或接收证书颁发前由承包商应负责原因造成的发生在接收证书颁发后的，任何工程、货物或承包商文件的损失或损害，也应由承包商负责。

根据第17.2款［工程照管责任］，对于以下6类事件引发的工程、货物或承包商文件的损失或损害，承包商不应承担责任（除非在以下事件发生前工程、货物或承包商文件已被工程师根据合同拒收）：

1）按照合同实施工程对道路通行权、光、空气、水或者其他通行权不可避免的干扰（由承包商施工方法导致的除外）；

2）业主对永久工程任何部分的使用，除非合同中另有规定；

3）业主负责的设计或者业主要求中任何错误、缺陷或遗漏（一个有经验的承包商在投标前考察现场和检查业主要求时尽到了应有的注意后仍未能发现），根据合同规定承包商负责设计的部分除外；

4）任何不可预见的或一个有经验的承包商不能合理预见到并采取足够预防措施

的自然力的作用（合同数据表中分配给承包商的风险除外）；

5）第18.1款［例外事件］中列明的事件或情形；

6）业主人员或业主其他承包商的任何行为或违约。

以上第1）类事件是项目实施不可避免的，第2）、3）和第6）类事件属于业主方行为造成的，第4）和第5）类事件属于客观原因造成的。上述6类事件属于业主方应该承担的风险。

若以上6类事件导致工程、货物或承包商文件损害，承包商应该立即通知工程师，此后承包商应该按照工程师的指示修复损失或损害。该指示应被视为是工程师根据第13.3.1款［指示变更］做出的，将按变更程序处理。例外事件造成的承包商的损失将按照第18.4款［例外事件的后果］的规定处理。

如果工程、货物或承包商文件的损失或损害是由于以上6类事件和承包商负有责任的原因共同造成的，且承包商因修复损失或损害遭受了延误和（或）招致了额外的费用，承包商有权根据第20.2款［索赔款项和／或EOT］的规定获得相应比例的、因以上6类事件造成的工期的延长和（或）成本及利润的补偿。

关于第3）类事件，2017版系列合同条件是有差异的，其中2017版红皮书没有"业主要求"这个文件，取而代之的是技术规范和图纸；2017版银皮书业主要求中的错误、缺陷或遗漏的风险在签订合同后均由承包商承担，银皮书的第3）类事件仅指业主负责的设计工作中错误、缺陷或遗漏。

5.2.2 2017版系列合同条件下合同双方的相互保障

承包商和业主除应根据合同照管工程、货物和承包商文件外，还应保障对方的利益免受因为己方行为或违约造成的来自第三方索赔的影响，同时，承包商应对自己负责设计部分的失误造成的业主的损失予以保障。

（1）承包商对业主的保障

根据第17.4款［承包商的保障］（Indemnities by Contractor），承包商应保障业主、业主人员以及他们各自的代理人免受以下原因导致的来自第三方的索赔、损害赔偿、损失和开支（包括法律费用和开支）：

1）由承包商实施工程引起的任何人员的人身伤害、患病、疾病或死亡，业主、业主人员或他们各自的任何代理人的过失、故意行为或违约行为造成的除外；

2）由下列情况造成的对任何财产、不动产或动产（工程除外）的损害或损失：

a）承包商实施工程引起的；

b）由于承包商、承包商人员、他们各自的任何代理人或他们中任何人直接或间接聘用的任何人的过失、故意行为或违约行为造成的。

根据第17.4款［承包商的保障］，承包商还应保障业主免受因承包商履行设计义务的行为、错误或遗漏而导致的已完工工程（包括生产设备）不符合预期目的（FFP）带来的损失或损害。由于涉及承包商设计方面内容，在使用黄皮书或银皮书的项目中，这项规定对维护业主的相关利益提供了重要保障，虽然红皮书中也保留了同样的内容，但在使用红皮书的项目中这种情况应该很少出现。

（2）业主对承包商的保障

根据第17.5款［业主的保障］（Indemnities by Employer），业主应保障承包商、承包商人员以及他们各自的代理人免受以下原因导致的来自第三方的索赔、损害赔偿、损失和开支（包括法律费用和开支）：

1）由于业主、业主人员或他们各自的任何代理人的过失、故意行为或违约行为造成的人身伤害、患病、疾病或死亡，或对除工程外的任何财产造成的损失或损害；

2）第17.2款［工程照管责任］下的6类除外事件造成的对任何财产、不动产或动产（工程除外）的损失或损害。

（3）知识产权与工业产权侵权保障

业主和承包商还应保障双方免受知识产权与工业产权（专利权、商标权、版权等）侵权引起的第三方索赔带来的损失或损害。根据第17.3款［知识产权与工业产权］（Intellectual and Industrial Property Rights），承包商应保障业主免受承包商实施工程或承包商使用施工设备引起任何侵权索赔带来的损失或损害（包括法律费用及开支）。业主应保障承包商免受因以下情况引起的任何侵权索赔带来的损失或损害（包括法律费用及开支）：

1）承包商遵守业主要求和（或）任何变更而造成的不可避免的结果；或

2）业主对工程的使用造成的结果：

a）该使用是为了合同以外的目的（明示或暗示）；或

b）该使用连同非承包商提供的任何物品一起使用，除非合同中另有规定或承包商在基准日前知悉。

当合同一方收到第三方索赔时，应立即向另一方发通知，如果一方未能在收到第三方索赔28天内发出该通知，该方应被认为已放弃本条款规定的任何受保障的权利。

如果一方有权根据本款受到保障，保障方可（自费）承担第三方索赔谈判以及可能由其引起的任何诉讼或仲裁。在保障方请求并承担费用的情况下，另一方应协助处理该索赔。除非保障方未能及时参与第三方索赔谈判，另一方（及其人员）不应做出可能有损保障方的任何承诺。

知识产权与工业产权侵权保障是非常重要的问题，且该侵权问题不能通过保险转移风险，也没有赔偿的最高责任限额，可能正因为其特殊性，知识产权与工业产权侵权保障与第17.4款［承包商的保障］及第17.5款［业主的保障］分开单列成一个子条款。

（4）共同保障

根据第17.6款［共同保障］（Shared Indemnities），如果合同双方均对导致损失或损害的事件负有责任，承包商对业主的保障，应考虑第17.2款［工程照管责任］下的6类除外情况对该损失或损害的影响程度，由此按比例减少承包商的责任。

类似地，业主对承包商的保障，也应考虑第17.1款［工程照管职责］下承包商承担责任的任何事件对该损害、损失或伤害的影响的程度，按比例减少业主的责任。

5.2.3 2017版系列合同条件中例外事件相关问题

例外事件是项目实施过程中所面临的一类特殊的风险，是与工程照管和保障相关的一个重要问题。

（1）例外事件的定义和常见类型

根据第18.1款［例外事件］，例外事件是指满足以下条件的某种事件或情况：

1）一方无法控制的；

2）该方在签订合同前，不能对之进行合理预防的；

3）发生后，该方不能合理避免或克服的；且

4）不能实质性归因于另一方的。

例外事件可能包括但不限于满足上述四项条件的下列事件或情况：

1）战争、敌对行动（不论宣战与否）、入侵、外敌行为；

2）叛乱、恐怖主义、革命、暴动、军事政变或篡夺政权、或内战；

3）承包商人员和承包商及其分包商其他雇员以外的人员造成的骚动、喧闹或混乱；

4）非仅涉及承包商人员和承包商及其分包商其他雇员的罢工或停工；

5）战争军火、爆炸物质、电离辐射或放射性污染，但可能因承包商使用此类军火、炸药、辐射或放射性引起的除外；

6）自然灾害，如地震、海啸、火山活动、飓风或台风。

上述六类情况的前五项是"人祸"，最后一项是"天灾"。

（2）例外事件的一般处理

根据第18.2款［例外事件的通知］，如果一方因例外事件使其履行合同规定的任何义务已经或将受到阻碍（称为"受影响一方"），受影响一方应通知另一方，并明确说明已经或将受到阻碍的各项义务（称为"受阻碍的义务"）。

此通知应在受影响一方察觉或应已察觉到例外事件发生后的14天内发出。发出此通知后，受影响一方应在例外事件阻碍其履行义务之日起免于履行受阻碍的义务。如果另一方未在上述14天内收到此通知，受影响一方仅应在另一方收到此通知日起免于履行受阻碍的义务。除受阻碍的义务外，受影响一方应继续履行合同下的其他义务。而且例外事件不应免除任何一方根据合同规定对另一方的支付义务。

如果例外事件具有持续性的影响，受影响一方应在第一次通知后，每28天发出进一步通知并描述其影响。当受影响一方不再受例外事件影响时，应立即向另一方发出通知；如果受影响一方未按照要求发出通知，另一方可以通知受影响一方，说明其认为受影响一方合同义务的履行不再受例外事件阻碍，并说明原因。

例外事件发生之后，合同双方应尽快进行处理，尽所有合理的努力，使例外事件对合同履行造成的延误和损失降到最低程度。

如果承包商为受影响一方，例外事件使其遭受工期延误和（或）费用增加，且承包商已根据以上规定通知业主该例外事件，承包商应有权根据第20.2款［索赔款项和／或EOT］的规定，提出工期延长；如果是第18.1款［例外事件］中第1）至5）项所述的事件或情况，且第2）至5）项所述事件或情况发生在工程所在国，承包商还有权进行费用索赔。

第18.1款［例外事件］中所列出的六类例外事件发生时，承包商均有权获得工期延长，但并非所有情况均能获得费用补偿。由此可见，虽然例外事件的风险主要由业主承担，但在不同情况下，承包商可以获得的索赔不同，要注意甄别。

（3）因例外事件导致合同终止

根据第18.6款［自主选择终止合同］的规定，如果已根据第18.2款［例外事件的通知］规定发出通知的例外事件，导致整个工程实施受到阻碍持续84天，或累计阻碍达到140天，任一方可以向另一方发出终止合同的通知。在此情况下，终止应在另一方收到该通知7天后生效。终止后承包商应该尽快按照工程师的合理要求提交详细支持资料，证明其已完成的工作价值并申请获款，款项具体包括以下内容：

1）根据合同规定已实施工作的可支付价值；

2）为工程订购的、已交付给承包商或承包商有责任接受交付的生产设备和材料的费用；当业主支付上述费用后，此项生产设备和材料应成为业主的财产（风险也由其承担），承包商应将其交由业主处理；

3）承包商为准备项目完工而产生的其他成本；

4）将临时工程和承包商设备撤离现场、并运回承包商国家工作地点的费用（或运往任何其他目的地，但其费用不得超过运回承包商本国工作地点的费用）；

5）在终止日期时专门为本工程所雇佣的承包商员工的遣返费用。

工程师应按照第3.7款［商定或决定］商定或决定承包商已完成工作的价值，工程师应根据第14.6款［期中支付证书的颁发］规定，颁发关于商定或决定金额的支付证书，无需承包商提交相关报表。

第18.5款［自主选择终止合同］是一个标准化的程序性条款，除了在发生例外事件的情况下会引用第18.5款之外，该款在合同条件中还有三种情况下会被引用：第16.4款［承包商终止合同后的支付］、第15.7款［业主自愿终止合同后的支付］和第18.6款［根据法律解除履约］。

（4）根据法律解除履约

根据第18.6款［根据法律解除履约］（Release from Performance under the Law），如果发生各方均不能控制的任何事件或情况（包括担不限于例外事件），使：

1）任何一方或双方履行合同义务成为不可能或非法；或

2）根据合同适用的法律，合同双方均有权解除履约。

此时，如果双方不能就继续履行合同而签订补充协议达成一致意见，则在任一方向另一方就此事件发出通知之后：

1）双方将解除进一步履行合同的义务，但并不影响任一方对于先前违约享有的权利；

2）业主应根据第18.5款［自主选择终止合同］的规定支付给承包商相应款项。

根据法律解除履约这种情况安排在第18条［例外事件］中，可以将这种情况视为与合同中定义的例外事件同等的特殊事件，并按照同样的原则进行处置。

5.2.4　2017版与1999版系列合同条件相比在相关规定方面的差异

2017版系列合同条件关于工程照管、保障及例外事件的规定与1999版的原则和理念基本一致，但在条款安排上差异较大，具体如下：

1）将原1999版系列合同条件第17条［风险与职责］标题改为"工程照管与保障"，第17条在结构上做了较大改动：将保障条款后置，且将业主和承包商之间的互相保障拆分了两个对等的条款。

2）删除了原1999版系列合同条件第17.3款［业主的风险］和第17.4款［业主风险的后果］，增加了第17.2款［工程照管的责任］，通过第17.2款明确了业主对于工程损害应承担责任的6类风险事件，不再使用"业主的风险"概念，避免了之前对"业主的风险"这一概念的误解（误以为该"业主的风险"指业主在合同下的所有风险），更加准确和清晰；此外，与1999版相比，2017版系列合同条件中增加了第1）和第6）类事件，尤其是第6）类事件，明确将业主相关人员的行为或违约造成的风险由业主方承担，更加全面。

3）新增第17.6款［共同保障］，明确了由双方共同负责的原因而导致的事件下的保障，便于分清双方责任，有利于处理双方的责任纠纷。

4）将原1999版系列合同条件第17.6款［责任限度］移到第1.15款［责任限度］，因责任限度所指的"责任"不只是第17条中规定的有关保障和赔偿的事后责任，还包括其他合同责任，如误期损害赔偿费，该条款的编排更为合理。

5）将1999版系列合同条件第19条［不可抗力］改为第18条［例外事件］，事件类型基本相同，只是在列举自然灾害的内容中增加了"海啸"（Tsunami）。将"不可抗力"改为"例外事件"的主要目的是增加2017版系列合同条件法律适用的广泛性，避免不必要的误解（"不可抗力"在有些国家的法律中为专用术语，有特殊规定）。

5.2.5　相关概念和问题梳理与总结

2017版系列合同条件关于工程照管职责与责任、保障、保险等与风险的相关规定有一个内在的逻辑关系和顺序：风险（Risk）－职责（Responsibility）－责任（Liability）－保障（Indemnity）－保险（Insurance）－责任限度（Limitation of Liability），这也是合同双方风险分担、责任和义务划分的一个基本框架和思路，在阅读理解合同条件时这些问题应该一起考虑。首先是识别项目实施过程中可能发生的风险事件，然后分配合同双方事前的职责和事后的责任，进而规定合同双方之间对因为己方行为或违约造成的来自第三方的索赔的相互保障义务，责任限度则是合同双方各自承担责任的最高上限及哪些情况在本合同中是没有责任上限的。2017版系列合同条件的第17.4款［承包商的保障］和第17.5款［业主的保障］所提到的保障，是比较狭义意义上的保障，仅指来自本合同之外的第三方索赔的保障问题，而合同本身就是合同双方权益的一种总的、广义的保障机制，此外，保险、变更、索赔等规定都可以看作是合同的具体保障机制。

关于责任限度（参考2017版黄皮书通用合同条件第1.15款），2017版系列合同条件专用条件的编写指南给出了一种责任限度与各类保险相对应的选择性规定。有关保险、变更、索赔、责任限度等相关问题在本书其他章节中会做专题分析和讨论。

通过对第17条［工程照管与保障］内容分析可以看出，各工程照管职责与责任及保障条款对应着不同的保险种类：第17.1款［工程照管职责］和第17.2款［工程照管责任］对应"工程一切险"和"承包商的施工机具险"，第17.4款［承包商的保障］、第17.5款［业主的保障］和第17.6款［共同保障］主要对应的是"第三者责任险"和"雇主责任险"，第17.2款［工程照管责任］中承包商的设计责任和第17.4款［承包商的保障］原文第二段的规定对应"职业责任险"，而第17.3款［知识产权与工业产权］是不可保险的。

例外事件是项目实施过程中可能面临的一类特殊的、极端的风险，是导致工程损害的一个来源，例外事件发生的概率可能很小，但一旦发生对项目的影响可能是毁灭性的。例外事件的防范与处理一直都是合同双方非常关注的一个焦点，一般可通过商业保险规避此类风险，但实践中仍需具体考虑例外事件所列举的各种情况利用商业保险避险的可行性问题。

本节内容摘自《国际经济合作》期刊2018年第11期

作者：陈勇强、金梦夏、张帅军

5.3 2017版系列合同条件中保险问题分析

　　工程保险是工程风险管理的重要手段。本节针对2017版系列合同条件中的保险条款，识别保险范围、解读投保要求并结合国际工程投保实践对工程一切险、货物运输险、承包商施工机具险、职业责任险、第三者责任险和雇主责任险等保险在投保及管理过程中的常见问题进行归纳和分析，并给出了一些工程投保的参考建议。

2017版系列合同条件的通用合同条件第19条［保险］中对工程保险的总体要求、保险类型、投保责任方、保险标的、覆盖范围、保险金额、保险期限等做了基本规定。这三本合同条件的保险条款基本相同，如无特殊说明，本节所述内容对这三本合同条件均适用。2017版系列合同条件第19.2款［需要承包商提供的保险］是按照需要承包商投保的保险范围和险种编写的，本节也将按此顺序进行介绍和分析，并对2017版系列合同条件保险条款的规定予以逐条解析。

5.3.1　工程保险承保范围及险种

工程项目中涉及的保险险种一般主要包括：工程一切险、货物运输险、承包商的施工机具险、职业责任险、第三者责任险、雇主责任险，以及工程所在国当地法律或习惯要求的一些特定保险。工程保险对在保险期间内发生的风险事故（自然灾害或意外事故）造成的工程和货物等物质损失、工程参与方的雇员伤害及第三方人身伤亡和财产损失、因设计原因未能达到工程预期目的造成的损失等提供保障。图5-1为2017版系列合同条件要求涵盖的承保范围及保险公司对应开展的保险险种示意图。

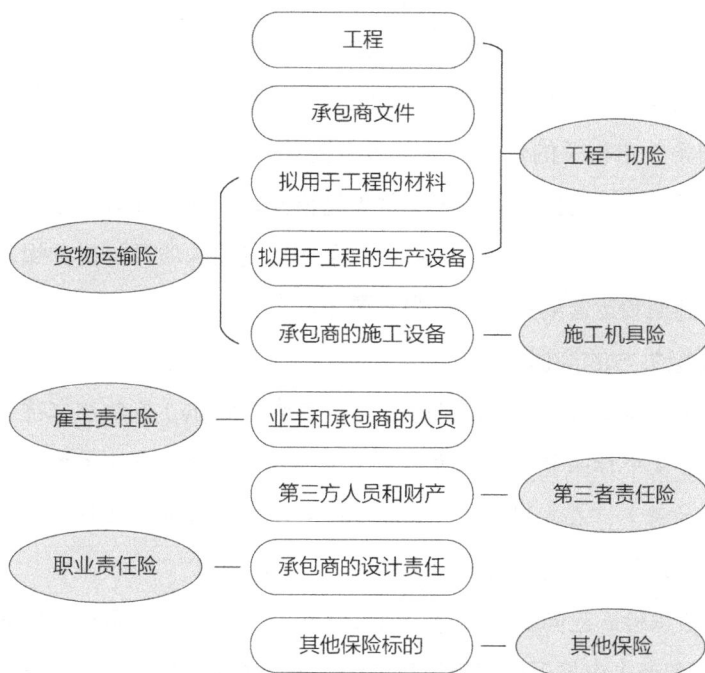

图5-1　工程保险承保范围及对应险种示意图

5.3.2 工程保险的总体要求

（1）工程保险的一般规定

第19.1款［总体要求］给出了关于工程保险的一般规定，而且指出关于工程保险的问题承包商是直接对业主负责的，工程师（或2017版银皮书的业主代表）有知情权。保险人（保险公司）和保险单的相关条款规定，承包商和业主要在中标函发出或合同签署前商定好。通用合同条件中关于工程保险的规定仅仅是业主对于工程保险的最低要求，承包商可自费增加其认为有必要的其他保险。

"第19.1款［总体要求］规定，承包商应投保相应保险并保持保险有效。第19.2款列明承包商应投保的范围包括工程、货物、职业责任（承包商负责的设计）、人身伤害和财产损害、雇员伤害以及法律法规要求的其他保险内容。"

2017版系列合同条件的通用合同条件中仅仅规定了应由承包商投保的内容，由承包商为工程实施期间发生的风险事故投保是较合理的，因承包商较业主对工程实施情况更为了解，保险人与承包商沟通能使出险理赔更及时和高效。

工程项目中，业主也可根据工程具体情况选择由业主投保部分保险，如工程一切险、第三者责任险、雇主责任险（业主人员）等。由业主投保工程实施期的工程保险，可以增强业主对整个项目风险管控的主动性，同时业主统一打包投保也有助于降低保费。如果有些险种由业主投保，则业主应在起草招标文件时征求专业人士的建议，修改合同条件中相关的规定，并应详细列明业主投保的条件、赔偿限额、免赔额、除外责任等，最好能提供业主投保保单的格式，以便投标者决定哪些保险要由自己投保，进而估算相应的保费。实践中，对于使用贷款的项目，贷款银行和金融机构往往对项目实施期和运营期的保险有强制要求。

（2）保险相关方的沟通

"第19.1款［总体要求］规定，保险公司和保单（Policy）条款应征得业主的同意，保险条款应与签发中标函前合同双方商定的投保条件一致。当业主要求时，承包商应提供合同规定的保单；在支付保费（Premium）后，承包商应立即向业主提交付款凭证或保险公司确认保费已支付的证明文件。"

投保时，被保险人应向保险人充分告知保险有关的重要事实；投保后，被保险人（本合同中为承包商）应将工程实施过程中关于工程性质、程度和进度等的实质性变化通知保险人；如果保单风险出现了实质性的变化，或者发生了引起或可能引起保单下的索赔事故，被保险人应通知保险人并做出及时止损的预防措施；在本合同条件中，对于由承包商投保的保险，以上被保险人责任则由承包商负责。只有在保险人同意改变保单风险范围（且有可能修改保费金额）的情况下，保险人才会为工程新增加的风险买单。

（3）免赔额

"第19.1款［总体要求］规定，保单中规定的免赔额度（Deductible Limits）不应超过合同数据中规定的金额（如果合同数据表没有规定，以业主同意的金额为准）。"

免赔额是针对每次风险事故的损失保险人免于赔偿的金额。保单中会针对不同的损失项目设有单个或一组免赔额，免赔额和赔偿限额（Limit of Liability）共同界定了保险人的赔付范围。通常情况下，免赔额越低、保费费率越高。考虑工程不同阶段的风险不同，免赔额也应做相应区分和调整。

（4）对本合同与保单条款的遵守

"如果承包商没有按照第19.2款［承包商提供的保险］的规定投保并保持保险的有效，业主可以投保该保险并保持其有效，为此支付的保费从承包商处获得补偿，补偿的获取可以通过扣减应支付给承包商的任何款项，也可以另向承包商追偿。如果承包商或业主未遵守根据合同规定投保的保险条款的规定，违反保险条款的一方应补偿另一方因此产生的所有直接损失（包括法律费用）。"

同时该款规定，第20条［业主和承包商的索赔］条款不适用于该情境，即如果出现有一方不遵守本合同和保单相关条款规定，受损一方可以直接向另一方索赔，而无需经过通用合同条件规定的索赔程序。

（5）共担责任

"第19.1款［总体要求］规定，如果合同规定了共担责任（Shared Liability），则针对保险人不予赔偿的损失（Non-Recovery），只要该部分损失不能归责于承包商或业主的违约行为，合同双方应按共担责任的比例承担该损失；如果该部分损失是由某一方的违约行为造成的，则违约方应承担该损失。"

合同中也可对某些例外事件造成的、保险不予赔偿的损失做出共担责任的约定。同时说明，办理保险不会减轻合同双方应承担的合同义务和责任。

5.3.3 工程一切险

（1）工程一切险的投保要求

工程一切险对应的是第19.2.1款［工程］。"第19.2.1款［工程］要求承包商以业主和承包商共同的名义按照全部重置价值对工程、承包商文件、拟用于工程的材料和生产设备投保。"

该条款是对工程一切险的投保要求，包含以下四层含义：

1）根据项目中建筑工程和安装工程占比的不同，工程一切险对应建筑工程一切险（CAR：Construction All Risks）、安装工程一切险（EAR：Erection All Risks）或者建筑安装工程一切险（CEAR：Construction and Erection All Risks）。

2）基于可保利益以及避免追偿的考虑，工程一切险的被保险人应包括业主、承包商和分包商（包括一般分包商、设计方、顾问、供货商、其他与被保险工程相关的提供商品或服务的有关方及其各级分包商）。此外，为项目提供融资的贷款银行和金融机构，也会被要求列入被保险人名单。

3）本条款要求保险的保障范围为工程、承包商文件以及拟用于工程的材料和生产设备。工程一切险的主保单保障范围包括工程、拟用于工程的材料和生产设备，承包商文件通常是在扩展条款"Plan and Documents Clause"中予以保障，该扩展条款只赔偿风险事故造成承包商文件的损失而产生的重新绘制、重新制作的费用，并不赔偿重新设计的费用。

4）工程一切险的保险金额应为工程（含拟用于工程的材料和生产设备）的重置价值，通常以工程合同总价作为保险金额。当项目有业主提供拟用于工程的材料和生产设备时，保险金额还应包含业主提供的这些材料和生产设备的价值。

此外，"保险金额中应包括一笔额外金额，用于伴随修复损失而发生的任何额外费用，包括专业费、清除残骸的费用，额度为工程、承包商文件、拟用于工程的材料和生产设备重置价值的15%（或合同数据中规定的其他金额数）。"

如果工程整体灭失、需要重建工程，在重建之前通常需要对工程现场和残骸进行清理，也需要对受损的工程部分进行检验和评估，这些费用并未包括在新建项目成本中。因此，2017版系列合同条件要求在工程一切险中考虑伴随修复损失而发生的额外费用。

（2）工程一切险的保险期限

工程一切险的主保险期限为自开工日期至工程接收证书签发之日，但会延展至缺陷通知期。

自开工日期开始计算保险期限，这要求承包商在中标之前便要开展保险询价（有些大型工程项目保险公司还需要在保险市场上进行分保询价）。另外，因为2017版黄皮书和银皮书条件下承包商要负责大部分的设计工作，合同开工日期后的一段时间内主要是展开设计，一段时间后现场才真正开始施工，工程一切险的起始时间要视实际情况而定。

工程移交时间及条件的不确定性可能带来保险期限的变化，保单中的保险期限截止日期是承包商根据合同规定的完工日期推算出来的"工程接收证书签发之日"。如果工程实际移交的日期晚于该日期，承包商应提前通知保险公司，在保险公司同意并适当增加保费的情况下，延长主保险期限。

保险期限应延展至缺陷通知期，但在缺陷通知期内保障范围仅限于由于设计错误、原材料缺陷以及工艺不善引起的工程损失（但直接影响的工程部分属于除外责任）。这一要求可通过工程一切险附加"Guarantee Period Clause"得到满足。同时可在工程一切险项下附加"Extended Maintenance Clause"，保障承包商因履行工程合同进行维修保养而造成工程的损失以及由在接收证书签发前建造期内的施工原因引起的、在缺陷通知期内发生的工程的损失。

（3）工程一切险的除外责任

承包商投保的工程一切险的除外责任可包括：

"1）修复任何有缺陷的或者其他不符合合同的工程部分（包括有缺陷的材料和工艺）的费用，但不排除由于此类缺陷或不符导致的任何其他工程部分的损失的修复费用；

2）间接损失，包括因拖期引起的合同价格的减少；

3）自然磨损、短缺和偷盗；

4）例外事件导致的风险，除非合同数据中另有规定。"

工程一切险的除外责任通常包括上述4条以及其他一些除外责任。其中，第1）条应给予特别关注：工程一切险可赔偿因工程设计错误、原材料缺陷或工艺不善引起意外事故并导致工程其他部分损失而发生的上述工程其他部分的重置、修理及矫正费用，但不赔偿受设计错误、原材料缺陷或工艺不善直接影响的工程部分本身的损失。例外事件是否可保因保险市场和项目类型而异，因此需要在合同数据中专门约定。

5.3.4 货物运输险

"第19.2.2款［货物］要求承包商以业主和承包商的名义按照合同数据表中规定的金额或者全部重置价值对运抵现场的货物及其他物品投保，保险期限自货物运抵现场直至其不再为工程所需。"

根据第1.1款［定义］，货物（Goods）包括承包商施工设备、材料、生产设备和临时工程。现场的拟用于工程的材料、生产设备和临时工程已在工程一切险中得到保障，承包商的施工设备需另外购买施工机具险。

为承包商施工设备购买保险有两种途径：一是在工程一切险项下扩展"Construction/Erection Machinery Clause"，二是单独为承包商施工设备购买财产险。不管哪一种途径，保险公司都不负责赔偿施工设备由于内在的机械及电气故障引起的损失，以及领有公共运输行驶执照的车、船及飞机的损失。这两种途径的保费都是在工程一切险保费以外额外收取的，按照年费率计算保费，按年度或者承包商施工设备进入现场的期间计算保险期限。如果单独为承包商施工设备购买财产险，可以根据单个项目来投保，也可以不分项目将所有的施工设备整体打包按年购买保险，但可能无法满足项目业主对施工设备险的具体要求。

2017版系列合同条件关于工程一切险和货物运输险的编排值得商榷，这两类险种的投保要求和相关规定存在着重叠。建议在合同设计中单独列明承包商施工设备保险，此外，可适当在通用合同条件或专用条件中增加货物运输险的一般性规定。

承包商通常会为其负责的货物办理货物运输险。如果货物（承包商施工设备、材料和生产设备）仅涉及内陆运输，则可在工程一切险中附加内陆运输扩展条款，为货物在运输过程中由于风险事故遭到的损失或灭失提供保障；如果货物运输还涉及水运或空运等多种运输方式，则应单独投保货物运输险。在投保工程一切险和货物运输险的情况下，通常会在这两个保险项下附加"50/50分摊条款"，即货物运到现场后外包装良好，在现场内存放一段时间后开箱发现损坏，由于不能判定损坏发生的确切时间，此时该损失的赔偿由工程一切险与货物运输险各分摊50%。

2017版系列合同条件中没有提及业主提供的货物运输和施工机具的保险问题，但显而易见，业主应为其提供的货物运输和施工机具投保所有相关的保险。

工程项目中项目参与方通常会为己方领有公共运输行驶执照的机动车辆、船舶等办理运输工具险，为运输工具由于风险事故所造成的其自身的损失和第三者责任投保。

5.3.5　职业责任险

"第19.2.3款［职业责任］要求承包商对其负责的设计投保职业责任险（也称为职

业赔偿保险），保障承包商在履行其设计义务过程中因任何行为、错误或遗漏引起的责任。"

"如果合同数据中有规定，该职业责任险还应保障承包商在履行其设计责任过程中因任何行为、错误或遗漏引起已完工工程（或区段、部分、主要生产设备）不符合预期目的（FFP）的责任。保险期限在合同数据中规定。"

承包商职业责任险的责任范围是由于设计的疏忽或过失而引发的意外事故造成的工程自身的物质损失以及第三者的人身伤亡或财产损失。在由于设计缺陷引起的意外事故中，此责任范围远远大于工程一切险附加的"设计师风险扩展条款"中的范围，后者仅赔偿有设计缺陷的工程部分在发生意外事故后造成其他没有缺陷的工程部分受损、修复该部分受损工程的损失，而不赔偿有设计缺陷的工程部分，且不承担第三者责任。

业主可能还会决定是否将职业责任险的保险范围扩展到符合预期目的（FFP）的标准，并在合同数据中做出相应约定。

由于2017版系列合同条件中承包商的设计责任范围不同，不同合同条件投保职业责任险的情况也是不同的，红皮书中一般不涉及这一险种。一般来说，职业责任险需要保险公司的承保能力很强，赔付限额一般不高且大致定为设计费用，同时也会有免赔额的约定。职业责任险主要针对的是负责设计的承包商的投机行为，一旦出险，承包商未来投保该险种的保费将会非常高。2017版系列合同条件专门增加对职业责任险的要求，说明国际工程市场上将会有越来越多的业主要求投保该险种。

5.3.6　第三者责任险

第三者责任险对应第19.2.4款［人身伤害和财产损害］的要求："承包商应以业主和承包商的名义对因履行合同引起的、在履约证书签发前发生的任何人员的人身伤亡或任何财产（工程除外）的损失或损害投保，例外事件导致的损失除外。"

第三者责任险保障的是在现场内的或者邻近现场的不参与工程实施的第三方（即业主、承包商和分包商之外的相关方），因发生工程风险事故而引起的人身伤亡或财产损失。

在各国的法律中，第三者责任险多是强制要求办理的，主要是保障由于工程实施影响到的公众权益。一般情况，第三者责任险规定每次发生此类风险事件的最高赔偿限额，但不限次数。同时，通常情况下，业主针对第三者责任险会对承包商提出最低采购要求，即最低保险限额。

第三者责任险通常附加在工程一切险中，作为工程一切险的扩展条款。业主除工程本身以外的其他财产可包含在第三者责任险的扩展条款中，但更推荐将业主的其他财产包含在工程一切险的扩展条款中。第三者责任是基于侵权而产生的，鉴于被侵权的第三方既可以直接向承包商索赔，也可以向业主或者分包商索赔，为避免项目相关各方受损，被保险人应包括业主、承包商及其分包商。此外，因侵权而导致的诉讼费、调查取证费等，也可以在第三者责任险项下得到赔偿。

保单应包括交叉责任条款（Cross Liability Clause）。"交叉责任条款"是第三者责任险项下最常见的扩展条款，指保单第三者责任险项下的保障范围将适用于保单中列明的所有被保险人，就如同每一个被保险人均持有一份独立的保险单。该条款明确了风险事故中多个被保险人之间产生相互责任的情况下，保险公司不能对负有责任的被保险人进行追偿。

"该保险应在承包商开展现场工作前办理，并在履约证书签发前持续有效，保险金额不应低于合同数据中规定的金额或者业主同意的金额。"

第三者责任险的保险期限与其场地责任性相对应。如果现场没有开展工作，自然不会发生风险事故导致现场内及邻近区域的第三者人身或财产受损。由于第19.2.1款［工程］中对工程一切险保险期限的规定与第三者责任险的保险期限是不一致的，如果第三者责任险是附加在工程一切险中一起投保的，第三者责任险将存在一个保险期限问题。此处要求第三者责任险的保险期限涵盖缺陷通知期直至履约证书签发，仅是针对缺陷通知期中承包商为了完成扫尾工作和消除缺陷而在现场开展工作对现场内及邻近区域的第三者造成伤害或损失而需要承担的责任。

5.3.7　雇主责任险

"第19.2.5款［雇员的伤害］要求承包商对因实施工程引起的承包商任何人员的伤害、患病、疾病或死亡导致的索赔、损失和费用（包括法律费用）投保。业主和工程师也应在该保单下得到保障，但因业主或其人员的行为或疏忽引起的损失和索赔除外。该保险应在承包商人员参与实施工程的整个期间保持有效。分包商的人员，可由分包商投保，但承包商应对分包商遵守本款的规定负责。"

本条款可以视为是承包商人员的保险，要求承包商及其分包商为其人员在从事工程工作期间因工作意外导致疾病或伤亡所产生的雇主责任投保。由于业主和工程师也是工程的参与方，应将业主和工程师也作为雇主责任险的被保险人，以保障使其免受来自第三方的此类索赔。

5.3.8　其他保险

"第19.1款［总体要求］指出，合同中要求承包商投保的范围仅仅是业主的最低要求，承包商可以在认为必要的情况下自费投保其他保险。此外，第19.2.6款［按照当地法律和习惯需要的保险］也要求承包商根据工程所在国的法律和当地习惯自费投保相应的保险。"

第19.2.6款［按照当地法律和习惯需要的保险］规定，如果按照工程所在国当地的法律或习惯需要承包商投保其他特殊的保险，业主一般会在合同数据中详细列明需要投保的险种和要求。承包商应该对工程所在国的此类特殊要求有所了解，并且由其自己判断是否需要适当投保业主未要求的险种。

国际工程保险市场日益完善和成熟，为业主和承包商提供了更多的投保选择，许多过去不可保的风险正逐步成为可保风险。工程保险条款的拟定应以"为特定项目的特定风险提供定制化的保单"为目标，通过通用合同条件和保单条款的合理描述和一系列有针对性的扩展性特别条款，为工程项目提供尽可能全面而合理的风险防范，如对于地处地震多发区域的工程项目，可以在工程一切险项下扩展"地震地区建筑物特别条款"，分部移交的项目可以扩展"工程完工部分扩展条款"等。鉴于工程保险的专业性较强，被保险人应该征求保险专业人士的意见，还可聘请有经验、有信誉的保险经纪为工程提供全过程的保险咨询服务。保险经纪不仅可以作为中介实现被保险人与保险人的有效沟通，还可以借助其广泛的服务网络和合作伙伴、对工程所在国保险有关法律法规的了解掌握及其专业的理赔能力，为被保险人提供优质的服务。

本节内容摘自《国际经济合作》期刊2018年第11期

作者：高原、金梦夏、陈勇强

FIDIC

第 **6** 章

变更、索赔与争端

6.1 2017版系列合同 条件中变更问题分析

　　变更是国际工程合同管理的重点和难点。本节基于2017版系列合同条件，以黄皮书为主线对变更的基本概念及其工作程序做了详细说明和分析，针对变更相关条款对2017版系列合同条件之间、2017版系列合同条件与1999版之间关于变更规定的差异进行了对比分析，并对2017版系列合同条件中与变更相关的条款进行了归纳汇总。最后，阐述了变更与索赔的区别与联系，对使用2017版系列合同条件进行变更管理应注意的一些问题给出了建议。

6.1.1 变更的基本概念

2017版系列合同条件中将变更（Variation）的定义统一为"对工程所做的任何更改，且该更改是根据第13条［变更和调整］规定指示为变更"。从该定义可以看出，该变更为通常所说的工程变更，这与合同变更或修改有实质性的区别。工程变更属于合同范围内工作的自然延续或改变，或与完成合同下的工程紧密相关，表现为工程量、工作性质（质量、功能、功效或技术指标等）、工作范围、施工程序或顺序等方面的变化。本节所述变更均指工程变更。

2017版红皮书中将工程变更划分为以下六种类型：

1）合同中任何工作的工程量的改变（但此类工程量的变化不一定构成变更）；

2）任何工作的质量或其他特性的改变；

3）工程任何部位的标高、位置和（或）尺寸的变化；

4）任何工作的删减，但删减未经双方同意由他人实施的除外；

5）永久工程所需的任何附加工作、生产设备、材料或服务，包括任何有关的竣工试验、钻孔、其他试验或勘测工作；

6）实施工程的顺序或时间安排的变动。

AIA（美国建筑师学会，The American Institute of Architects）对变更（Changes in the Work）的定义与FIDIC有着异曲同工之处，即在合同签订之后以双方签署变更令（Change Order）或以业主签发施工变更令（Construction Change Directive）的方式发起的对工程的变更，该变更不影响合同的效力，由承包商根据已签署的合同执行。其中变更令由合同双方对工程的变更以及相关的费用和工期调整达成一致意见后签署。而施工变更令则由业主单方面签发，不以承包商的同意为前提条件。此外，对于一些不影响合同工期或价格且不违背合同初衷的小的变化（minor changes in the Work），业主可直接签发书面指令变更。

JCT（联合合同委员会，Joint Contracts Tribunal）合同中对变更的定义也与FIDIC基本相同，即：

1）对业主需求的变更，该变更引起工程设计、质量、数量等变动，包括工作的增加、删减或替换，对材料或货物的种类或标准的变动，对已完工作或现场的材料进行移除（对不符合合同的已完工作、材料或货物进行移除的除外）；

2）对设备材料的品种或标准提出一些要求或限制，以及对业主要求里提到的关于场地或特定区域的进入、工作时间、工作区域、施工顺序等增加、修改或减少限制等。

6.1.2 2017版系列合同条件下的变更规定分析

（1）变更程序

2017版系列合同条件中，根据变更发起人的不同将变更分为由业主方（包括业主和工程师，红皮书和黄皮书中为工程师，银皮书中为业主）发起的变更和由承包商发起的变更。变更流程如图6-1所示（以2017版黄皮书为例）。（注：如果实际变更处理过程中，出现业主发出变更建议书邀请，承包商提出反对的理由后，业主修改原变更建议书邀请的内容，承包商再次提出反对理由，会出现反复循环的情况，考虑到图的简洁性，图6-1没有将这种循环状态表示出来。）

业主方发起的变更又可分为业主方直接签发变更指示发起变更（"指示变更"）和业主方要求承包商提交变更建议书发起变更（"征求建议书变更"）。

承包商发起的变更由承包商从价值工程的角度自发提交变更建议书，由业主方确认是否变更，其流程与业主方征求建议书变更基本相同，不同的是：

1）出发点不同，业主方征求建议书变更是承包商按业主方要求提交变更建议书供其审阅并确定是否变更，而承包商发起的变更是承包商从价值工程的角度（包括可加快完工，降低业主实施、维护或运营工程的成本，能为业主提高工程的效率或价值以及为业主带来其他效益）自发提交变更建议书；

2）编制建议书的费用承担方不同。由承包商发起的变更，编制建议书的相关费用由承包商自行承担。而由业主方发起的变更，如果业主方最终决定不变更，则承包商编制建议书的费用由业主承担；

3）对于承包商发起的变更，业主方在确认签发变更令时，应在其中说明合同双方对价值工程产生的效益、费用和（或）延误的分享和分担机制。

（2）变更的权利

无论是由业主方还是承包商发起变更，在确认变更后业主方都应签发变更指示，即变更的决定权在业主方，由业主方决定是否变更、如何变更。但对于业主方发起的变更，承包商可以合理理由拒绝接受变更或拒绝提交变更建议书。这些理由为：

1）从工程的范围和性质考虑，该变更工作是不可预见的；

2）承包商不能获得实施变更所需的物资；

3）该变更会严重影响承包商履行第4.8款［健康和安全义务］以及第4.18款［保护环境］下的义务；

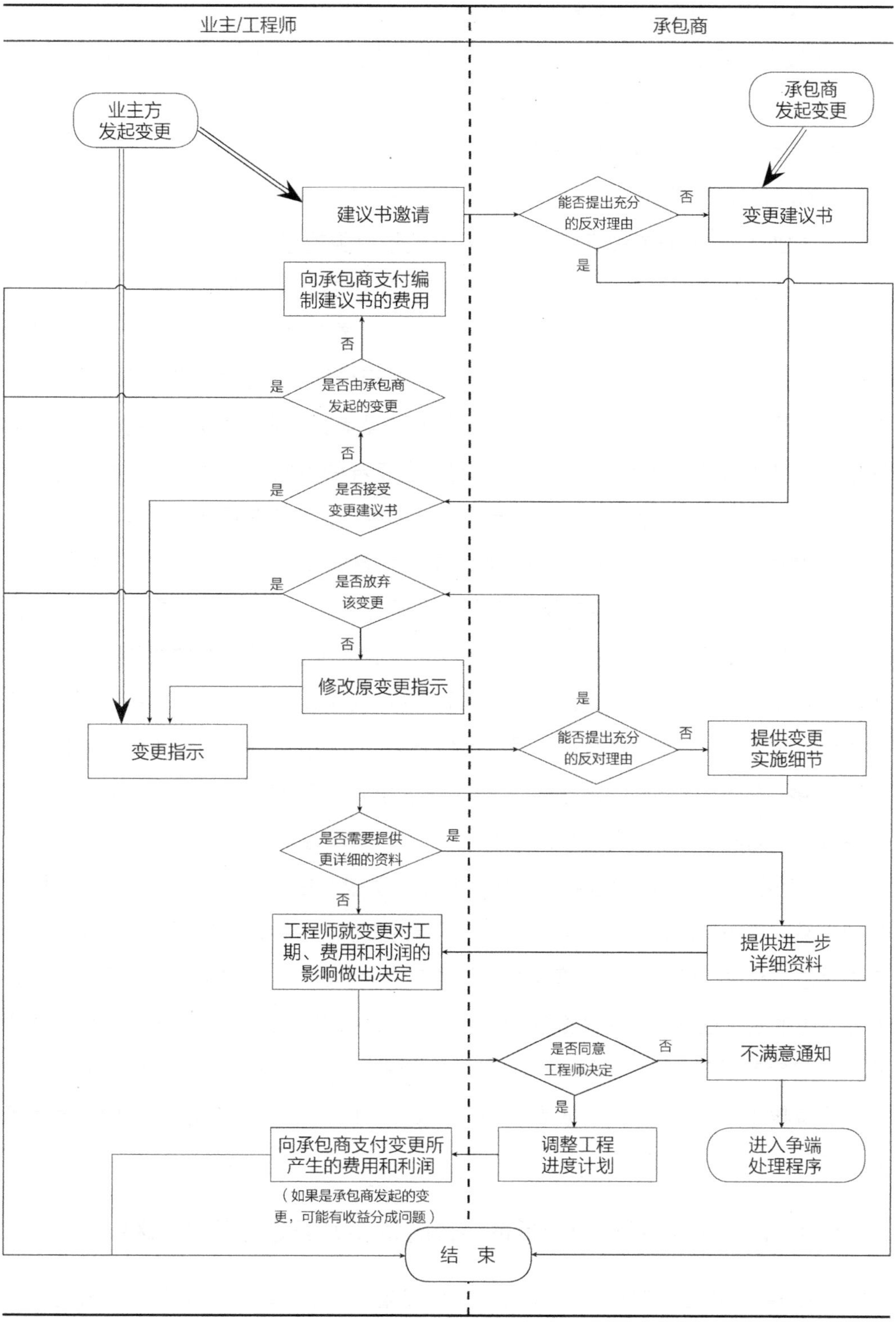

業主/工程師 | 承包商

图6-1 2017版黄皮书变更处理流程示意图

4）该变更会严重影响性能保证值的实现；

5）该变更可能会对承包商完成工程的义务产生不利的影响，导致工程无法符合第4.1款［承包商的一般义务］所述的符合工程预期目的（FFP）。

2017版红皮书没有第4）和第5）条。

收到承包商的拒绝通知后，业主方可以取消、确认或修改变更指示。

（3）2017版黄皮书和红皮书、银皮书关于变更规定的区别

2017版系列合同条件中关于变更的规定，银皮书由业主直接负责，其他内容均与黄皮书一致。而2017版红皮书与黄皮书相比，主要有以下不同：

1）在2017版红皮书中，承包商拒绝变更或拒绝提交建议书的理由删除了两个：变更将严重影响工程的性能保证值、可能影响工程完工后满足预期目的的目标。原因在于2017版黄皮书中承包商负责设计，需保证工程的性能和满足工程预期目的，而红皮书中承包商主要作为工程的施工单位，按图施工，不存在该类义务。

2）2017版红皮书对变更进行了分类罗列，而黄皮书对此并没有详细描述。

3）2017版红皮书中规定在承包商发起变更的情况下，如果业主方批准了承包商的建议书并签发了变更，则除非双方另有约定，由承包商负责变更的相关设计。黄皮书中对此并无特别说明，变更的设计工作如无特别说明，都由承包商承担，而在红皮书中承包商一般只负责按图施工，设计由他方完成，但由于该变更由承包商根据价值工程发起，并且承包商已对该变更编制了建议书，因而能够更好的理解和实施变更（包括设计和施工），这也符合FIDIC对风险的一般分配原则。

4）变更的估价：2017版红皮书按第12条［测量与估价］对变更进行定价，即以工程量乘以适用单价，同时在第12.3款［工程的估价］对适用单价进行了说明，但黄皮书为总价合同，红皮书中的第12条［测量与估价］在黄皮书中修改为竣工后试验，对于变更的定价根据合同中是否包含价格费率表分别进行处理。如合同中包含价格费率表，定价参照2017版红皮书第12.3款［工程的估价］的内容进行处理（相关内容摘录在黄皮书中）。否则，根据第3.7款［商定或决定］由双方商定或业主/工程师确定价格。

6.1.3　2017版与1999版系列合同条件关于变更规定的区别

与1999版相比2017版系列合同条件对第13条［变更和调整］做了如下修订：

1）按变更的进展逐步展开说明，使之更为清晰，从而易于操作。

2）明确变更条件下，承包商自然享有延期和调价的权利，而无需按第20.2款［索赔款项和／或EOT］发出索赔通知。该内容虽然在1999版系列合同条件中可视为"隐性规定"或惯例，但由于并未明确做出书面规定，导致实践中业主和承包商对此存在争端。

3）对业主方征求建议书变更情况下承包商编制变更建议书的费用，明确规定如业主方决定不变更，则承包商可以索赔。1999版系列合同条件虽未规定承包商不能索赔，即如果承包商认为自己为此遭受了额外的费用，可按第20.1款［承包商的索赔］发起索赔。但由于相关内容并无明确的规定，给承包商索赔造成困难。

4）对于承包商可拒绝变更或拒绝提交变更建议书的情形，增加了（i）变更会严重影响承包商履行健康、安全和环境保护的义务；和（ii）变更工作就原工作的范围和性质而言，是不可预见的。同时，2017版黄皮书和银皮书将1999版"降低工程的安全性和适用性"修改为"可能会影响工程满足预期目的的目标"。

5）针对变更对合同工期、价格和支付进度表进行调整，2017版系列合同条件根据第3.7款［商定或决定］（1999版为第3.5款［决定］）由双方协商确定或业主/工程师决定。由于2017版系列合同条件对"商定或决定"做了细化和修改，从而对于依据该条款对变更做出的商定或决定也产生了以下影响：

a）对商定或决定的时间做了限制，即针对变更对合同工期、价格和支付进度表的调整需在一定的时间内由双方达成共识或业主方做出决定；

b）对于业主方做出的决定，如承包商存在异议并在规定时间内发出不满意通知后，则进入DAAB或仲裁程序。在1999版系列合同条件中只说明不满意通知发出后，第20条［索赔、争端和仲裁］适用，通常业界认为先启动第20.1款［承包商的索赔］向业主进行索赔，当索赔形成争端后，再进入后续争端解决或仲裁程序。

6）在变更的价格确定方面，2017版黄皮书和银皮书，借鉴了1999版红皮书的相关内容，即如果合同中包含价格费率表，则采用价格费率表中相同或相近项目的价格，或根据相关价格由业主方制定新的临时价格；如合同中不含价格费率表，则采用成本加酬金的方式定价。

2017版系列合同条件除对第13条［变更和调整］条款做了改动外，一些相关条款也做了调整：

1）在第2.4款［业主的资金安排］增加了对变更费用的支付保证。如果单次变更价格超过了中标合同金额的10%或累积变更价格超过中标合同金额的30%，承包商可要求业主提供相关的资金安排证明，以证明其有能力对该变更费用进行支付。

2）将履约保证与变更进行了关联。第4.2款［履约保证］中规定当变更导致合同价格累计增加或减少超过中标合同金额的20%时，如业主要求，要对履约保证额度进行相应的调整。

3）对应用变更的具体条款做了部分调整（具体见下文），需特别注意在第8.7款［工程进度］中，明确规定对于承包商根据业主方要求采取的弥补第8.4款［竣工时间的延长］下工期损失的措施（包括赶工措施），第13.3.1［指示变更］适用，即赶工属于变更。

6.1.4 2017版系列合同条件中关于变更的相关条款

2017版系列合同条件第3.5款［工程师的指示］（银皮书为第3.4款［指示］）明确业主方在合同实施过程中可签发指示，如指示构成变更，则第13.3.1款［指示变更］适用。

除此之外，合同中明确了一些具体情形可适用变更条款，详见表6-1（以2017版黄皮书为例）。其中2017版银皮书和黄皮书的主要区别在于谁对业主要求和参照项（items of reference，指原始测量控制基准点、基准线和基准标高（original survey control points，lines and levels of reference）的准确性负责、谁承担不可预见的物质条件（银皮书中为不可预见的困难）的风险，具体体现在第1.9款［业主要求中的错误］、第4.7款［放线］和第4.12款［不可预见的物质条件］中：

1）2017版黄皮书第1.9款［业主要求中的错误］规定，如果承包商根据第5.1款［设计义务一般要求］在规定的时间内对业主要求进行认真详查时或者承包商在此之后发现了错误、失误或其他缺陷，承包商应通知工程师。同样，2017版黄皮书第4.7款［放线］规定承包商应根据第2.5款［现场数据和参照项］对工程放线，如果承包商发现参照项有误，则承包商应在合同规定的时间内向工程师发出通知。在上述两种情况下，工程师接到承包商的通知后根据第3.7款［商定或决定］认为一个有经验的承包商（考虑时间和费用）

a）在提交投标书前考察现场和审查业主要求时；或

b）在根据第5.1款［设计义务一般要求］的规定对业主要求进行认真详查时，已经尽职但仍不能发现该错误、失误或其他缺陷的，则就承包商采取的措施（如需）第13.3.1款［指示变更］适用。

2017版黄皮书中适用变更的条款 表6-1

条款号及主体内容	是否同时有索赔规定	备 注
1.9[业主要求中的错误]	是	1999版系列合同条件在第5.1款[设计义务一般要求]中有相关规定，而根据第1.9款[业主要求中的错误]，承包商有索赔权利 2017版银皮书中无该条款
3.5[工程师的指示]	否	2017版银皮书为第3.4款[指示]
4.2[履约保证]	否	1999版系列合同条件无相关规定
4.7[放线]	是	1999版系列合同条件无相关规定，但相关内容在第5.1款[设计义务一般要求]中，且对应处理方式为索赔 2017版银皮书中没有相关规定，承包商对放线全权负责
4.12[不可预见的物质条件]	是	2017版银皮书中没有相关规定，承包商承担相应风险
5.4[技术标准和规范]	否	
7.2[样品]	否	
7.4[试验]	是	
8.4[提前预警]	否	1999版系列合同条件无该条款，相关内容在第8.3款[进度计划]中
8.7[工程进度]	否	1999版系列合同条件无相关规定
8.12[拖长的暂停]	是	
11.2[修补缺陷的费用]	否	
11.4[未能修补缺陷]	否	1999版系列合同条件无相关规定
13.4[暂列金额]	否	1999版系列合同条件为第13.5款[暂列金额]
13.5[计日工作]	否	1999版系列合同条件为第13.6款[计日工作]
13.6[因法律改变的调整]	否	1999版系列合同条件为第13.7款[因法律改变的调整]，处理方式为索赔
17.2[工程照管的责任]	是	1999版系列合同条件对应条款为第17.4款[业主风险的后果]，且对应处理方式为索赔

如果由于该错误、失误或缺陷使承包商遭受延误和（或）增加费用，则承包商有权根据第20.2款[索赔款项和/或EOT]要求工期延长和（或）费用及利润。从这两个条款可看出，在2017版黄皮书中，业主需对业主要求和参照项的准确性负责，如果在这类文件中存在错误、失误或其他缺陷，承包商可通过变更或索赔方式获得赔偿（时间和费用），而银皮书没有相关规定，即在银皮书中，业主仅提供数据供承包商参考，承包商除负责核实该数据外，还对其准确性承担相应的责任。

2）2017版黄皮书第4.12款[不可预见的物质条件]规定，当承包商遭受了不可预见的物质条件，并且该物质条件对工程的工期和（或）费用产生不利影响，承包商应及时通知工程师，工程师应在7天内对此进行检查和调查。在此过程中，承包商应采取合适的措施继续施工，并应遵守工程师可能给出的任何指示。如指示构成变更，则第13.3.1款［指示变更］适用。如果承包商遵守了上述条款，且因这些物质条件遭受延误和（或）增加费用，则承包商有权根据第20.2款［索赔款项和／或EOT］要求工期延长和（或）增加费用。可见，在黄皮书中，业主承担了不可预见的物质条件的风险，如发生相关情况，承包商可通过变更或索赔获得赔偿（时间和费用）。而银皮书则没有相关规定，即在银皮书中，此类风险由承包商承担。

除表6-1所列项外，1999版系列合同条件第4.5款［指定分包商］和第4.6款［合作］都可适用变更，而2017版系列合同条件取消了通过变更方式指定"指定分包商"的相关规定（除非该工作属于暂列金额范畴），对于合作则规定由承包商通过索赔获取补偿。

6.1.5　变更与索赔的关系

2017版系列合同条件将变更和索赔处理程序明确分开，在程序上没有重叠，如果索赔或变更事项合同双方不能达成一致，均直接进入争端处理程序。但在工程项目合同管理实践中经常因为将变更与索赔二者混淆，而导致处理不当。表6-1中1.9、4.7、4.12、7.4、8.12、17.2六个子条款中同时有变更和索赔的规定，实际处理起来不容易将两者界定清楚（其中7.4和8.12款比较容易划分清楚），因此在确定是走变更程序还是索赔程序之前，首先要识别和确定究竟是变更还是索赔。变更和索赔二者的区别见表6-2。

是变更还是索赔，要考虑两个方面：

1）是否对工程造成了变更；

2）承包商是否按第20条［业主和承包商的索赔］发出通知或业主方是否已经发布变更指示。

6.1.6　变更管理需注意的问题

在使用2017版系列合同条件处理变更时，应注意识别和确认变更，按合同程序接受并实施变更，同时在变更实施过程中做好记录。

变更与索赔的主要区别　　　　　　　　　　　　　　　　表6-2

变　更		索　赔
起　因	先有指示再有变更实施，是事前主动行为	一般是在事件或合同风险发生后，合同方意识到会对合同产生影响，因而向对方发出通知主张其权利或救济的一种手段，是一种事后行为
结　果	是对工程的变更，因而一般改变的是工程本身	对工程本身并没有影响，但工程的实施方式有所变化，如施工方案、施工的时间和工序、施工所使用的设备、临时工程的改变
合同程序	适用第13条［变更和调整］，由合同方遵照该条发起并确认变更。在变更的情况下承包商自然享有延期和调价的权利，而无需按第20.2款［索赔款项和/或EOT］发出索赔通知	适用第20条［业主和承包商的索赔］，当索赔事件发生时，业主或承包商应按第20.2款［索赔款项和/或EOT］在合同规定的时间内向对方发出索赔通知，否则将可能丧失索赔权利
补偿机制	根据第13.3款［变更程序］的规定确定价格，且该价格中包含利润	业主方基于承包商的同期记录确定成本，特定情况下可加上利润

（1）变更的识别和确认

根据第13条［变更和调整］，无论变更以何种方式发起，最终都应由业主方签发指示。第3.5款［工程师的指示］（2017版银皮书为第3.4款［指示］）明确说明承包商应从有"权限"的工程师、工程师代表或授权助理（银皮书为业主）那里接受指示，如该指示已指明为变更，则第13.3.1款［指示变更］适用。但是如果未指明为变更，而承包商认为该指示是变更，则承包商应在开展相关工作前与业主/工程师进行确认。如果业主/工程师对此予以确认，则按指示进行，否则视为该指示被撤销。

对于业主方签发的指示，承包商应有一定的敏感性，对于未指明为变更的指示，应与业主方及时进行确认。如业主方在审批图纸时提出的一些"审批意见"可能会构成变更，这时要求承包商适时要求业主方确认变更，不可贸然答应修改。此外，承包商在接受指示时，应明确业主方相关人员有相关权限，否则可以不予接受或在接受前向有权限的人员进行确认。

（2）接受变更

在实践中，合同双方对变更的价格和工期可能会存在分歧。因此在处理变更时，承包商应尽可能争取按"建议方案–>商谈变更价格和工期–>实施变更"的程序推进。但是，根据2017版系列合同条件的规定，针对变更对合同价格、工期等调整是在签发变更令之后，原则上业主方签发变更令后，如无合同规定的例外情况，承包商应接受该变更并按其指示实施变更。但承包商需注意在业主方确定变更的影响时，积极与业主进行谈判，争取合理的时间和费用。如双方不能达成一致意见，则需在合同的规定时间内发出不满意通知，将该事宜提交DAAB处理。

（3）变更实施过程中保持完整的同期记录

业主方签发的变更令，除包含对该变更的描述外，还应对费用记录提出要求。由于在总价合同（2017版黄皮书或银皮书）中往往不含价格费率表，变更的价格由业主方根据成本加酬金的方式确定。因此，承包商应按业主方的要求，对实施变更所投入的资源、成本做好记录，从而便于变更估价。

通过上述分析可以看出2017版系列合同条件对变更的流程做出了更明确、清晰和详细的说明，从而便于操作、尽量减少分歧和争端，同时对于变更相关的其他条款做了一些修改，包括增加了变更费用的支付保证、将履约保证与变更进行关联以及对适用变更的一些条款做了调整。在使用2017版系列合同条件执行项目时注意根据合同规定识别和确认变更，并按业主方的指示实施变更。在有些情况下，识别某些事件或损失究竟属于变更还是索赔可能存在困难，业主和承包商在合同管理中应根据实际情况注意区分，尽量减少因此引发的争端。

本节内容摘自《国际经济合作》期刊2018年第6期
作者：张玲、朱星宇、陈勇强

6.2 2017版系列合同条件中索赔程序及相关问题分析

　　2017版系列合同条件在索赔及其处理机制方面较1999版有了较大的改动，对索赔进行了定义和重新分类；增加了对索赔报告中索赔依据提交的时效要求，引入了"无效索赔通知"的概念；关于索赔处理程序的规定更加细致，红皮书和黄皮书中的工程师在处理索赔问题上有了更大的自由裁量权。本节对索赔的概念、分类、索赔流程、时效等做了介绍和分析，并与1999版系列合同条件进行对比分析。本节内容将以2017版黄皮书为主线进行分析，同时兼顾红皮书和银皮书，并对红皮书和银皮书与黄皮书有明显不同之处进行特别说明。

6.2.1　2017版系列合同条件下索赔的定义和分类

《牛津高阶英汉双解词典》中关于索赔（claim）的定义是："demand or request（sth）because it is or one believes it is one's right or one's property"（指一方基于享有的权利，要求或者请求自己应得到的财产或者利益的行为）。

2017版系列合同条件第1.1.5款［索赔］对索赔的定义是："a request or assertion by one Party to the other Party for an entitlement or relief under any Clause of these Conditions or otherwise in connection with, or arising out of, the Contract or the execution of the Works"（指一方向另一方要求或主张其在合同条件中的任何条款下，或与合同、工程实施相关或因其产生的权利或救济）。

从上述定义可看出索赔是基于法律和合同的，是正常且合理的行为。索赔具备的特性有：合法性，它的确定必须以合同文件和相关法律法规为依据；补偿性，而非惩罚性，它是为了补偿无过错方的损失而设定的；无过错性，它是非自身原因导致的，提起索赔一方的当事人没有过错；客观性，当实际的经济或权益确实受到损失时，受损方才能向对方提起索赔请求。

2017版系列合同条件第20条［业主和承包商的索赔］中将索赔分为三类：

第一类：业主关于额外费用增加（或合同价格扣减）和（或）缺陷通知期（Defects Notification Period，DNP）延长的索赔；

第二类：承包商关于额外费用增加和／或工期延长（Extension of Time，EOT）的索赔；

第三类：合同一方向另一方要求或主张其他任何方面的权利或救济，包括对工程师（业主）给出的任何证书、决定、指示、通知、意见或估价等相关事宜的索赔，但不包含与上述第一和第二类索赔有关的权利。

2017版系列合同条件在其专用合同条件编写指南中指出，第三类索赔可以包括：1）对合同某一条款的解释；2）对已发现合同文件中模糊或矛盾地方的修改；3）索赔方提出的申诉；4）现场或工程实施所在地的进入；5）其他任何合同项下或与合同有关的权利，但不包括一方对另一方的支付和／或EOT，或DNP的延长。

第三类索赔起点并非为某一事件或情况的发生时点，而是业主和承包商对某一事项（matter）产生分歧（disagreement），索赔方应在产生分歧一定合理的时间内，将索赔通知提交至工程师，该索赔通知应包含索赔事项以及分歧的内容，与前两种不同的是，工程师仅依据该索赔通知，无需提交正式索赔报告即可根据第3.7款［商定或决定］。

本节重点讨论的是第一类"业主的索赔"和第二类"承包商的索赔"。

6.2.2　2017版系列合同条件下的索赔程序

2017版系列合同条件将业主的索赔和承包商的索赔纳入了统一的索赔处理程序。下文将提出索赔的一方称为"索赔方"（the claiming Party），被索赔的一方称为"被索赔方"（the other Party）。图6-2是依据2017版黄皮书通用合同条件第20条做出的索赔处理流程示意图。

对于第三类"其他权利或救济索赔"，如任何一方认为自己有权获得除额外费用补偿和工期（或DNP）延长以外的其他权利或救济，而另一方或工程师不同意时，索赔方应尽快将该索赔提交工程师，请工程师按第3.7款［商定或决定］的规定处理。此类情况不应视为构成争端，但如果合同双方最终仍未能在约定的时限内就这些问题达成一致，同样需要进入争端解决处理程序。通用合同条件中没有对第三类索赔索赔方发出索赔通知提出明确的时效限制要求，但在专用合同条件的编写指南中建议对此作出限定。

2017版黄皮书第20.2款［索赔款项和／或EOT］是针对第一和第二类索赔的。由图6-2可以看出，索赔事件发生后，索赔方应在合同规定的时间内向工程师发出索赔通知，并对索赔事件的处理做好同期记录。工程师有权在不承认业主有任何责任的前提下，随时检查承包商保存的同期记录。索赔方要向工程师提交完整详细的索赔报告，工程师要对索赔方提交的索赔报告给出回复意见。如索赔事件有持续性的影响，索赔方不能在短期内估计出事件对索赔方的全部影响，索赔方所提交的索赔报告被视为是期中索赔报告，索赔方还需每月按期提交新的期中索赔报告，将索赔事件新产生的影响写入新的期中索赔报告中。索赔方于索赔事件影响结束后的规定时间内提交最终完整详细的索赔报告。工程师在收到索赔方的最终索赔报告后，应根据第3.7款［商定或决定］对最终索赔报告进行审核处理，并可要求索赔方提交关于该索赔事件进一步的补充资料。

在对索赔报告进行审核处理时，工程师应尽力使索赔方与被索赔方就索赔事件的影响后果协商达成一致。如果双方能够达成一致，则支付或扣减相应的索赔款额和（或）给予工期延长，或DNP的延长。如果在工程师的协调下，双方仍不能达成

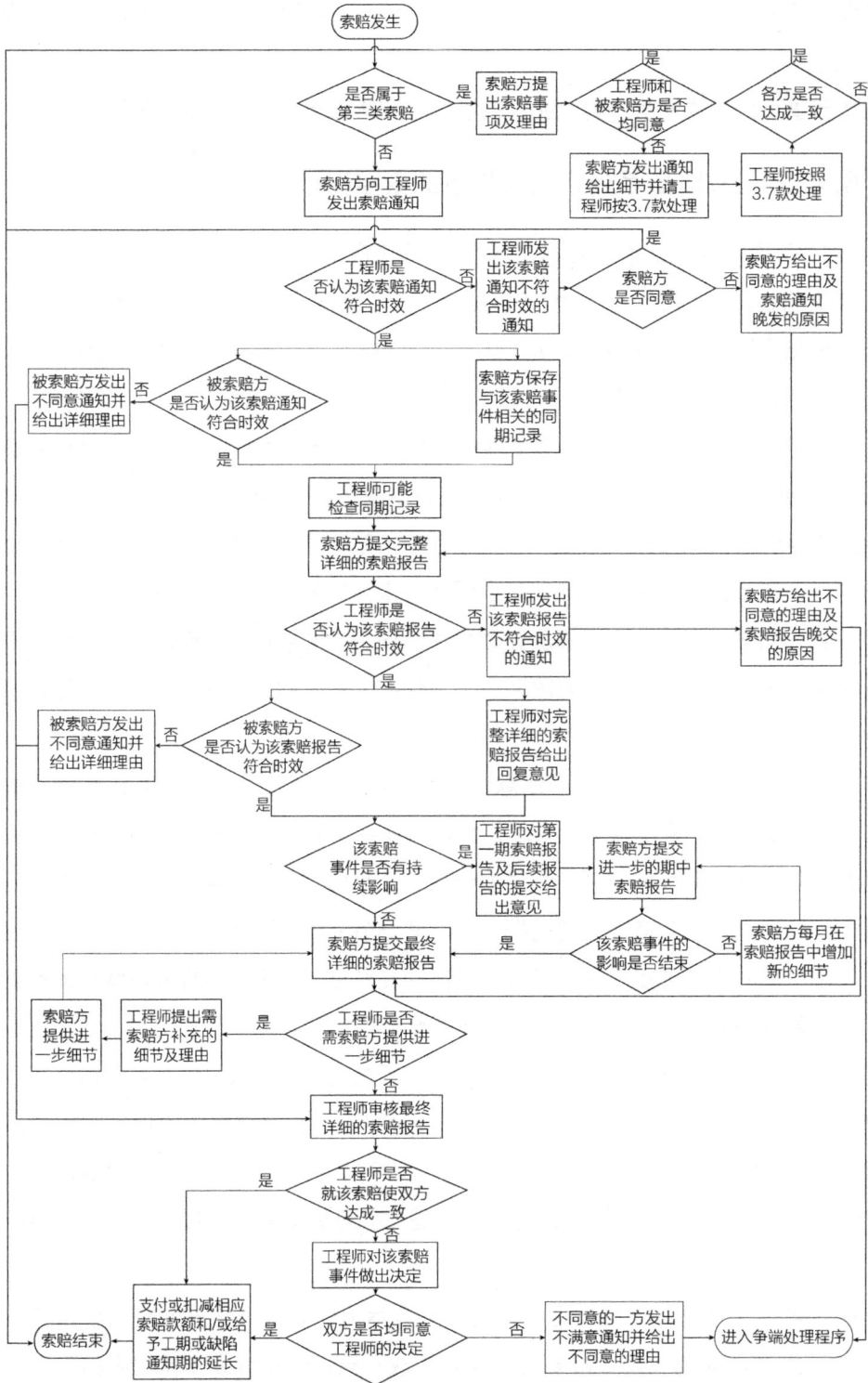

图6-2 2017版黄皮书索赔处理流程示意图

一致，则工程师可自行做出独立的决定。若任何一方不同意工程师的决定，则该方发出不满意的通知，索赔升级为争端，进入争端解决处理程序。关于2017版系列合同条件中的争端解决问题，参见本章6.5节。

6.2.3 2017版系列合同条件下的索赔通知及时效

（1）索赔通知

2017版黄皮书第20.2.1款［索赔通知］规定，索赔方应在其察觉或本应已察觉索赔事件或情况发生后尽快并在28天内向工程师发出"索赔通知"，对引起成本损失、工期延误或DNP延期的事件或情况进行初步描述，并明确标明其为索赔通知。如果索赔方未能在上述28天期限内发出该索赔通知，则索赔方无权获得费用和利润补偿或时间延长，而被索赔方则被免除与索赔事件或引起索赔的情况相关的全部责任。

（2）无效的和默认有效的索赔通知

2017版黄皮书第20.2.2款［工程师的初步回复］规定，如果工程师认为索赔通知未在规定的时间内发出，则工程师可在收到索赔通知后的14天内说明索赔方的索赔通知不符合时效并给出理由，该索赔通知被视为"无效的索赔通知"。如果工程师未在收到索赔通知后的14天内发出该通知，则索赔通知被视为"默认有效的索赔通知"。

2017版黄皮书第20.2.4款［完整详细的索赔报告］进一步规定，索赔方需在其察觉或本应已察觉索赔事件或情况后的84天或其他约定的时间（该时间需由索赔方提议并征得工程师同意）内提交完整详细的索赔报告（其中包括索赔的合同或其他法律依据（statement of the contractual and/or other legal basis of the Claim）（可称为"索赔依据"）。如果"索赔依据"未在规定的时间内发出，则工程师可在该时效期满后的14天内通知索赔方，原索赔通知被视为"无效的索赔通知"。如果工程师未在14天内发出该通知，则原索赔通知仍然被视为有效（"默认有效的索赔通知"）。由此规定可以看出，在索赔方按照第20.2.4款［完整详细的索赔报告］第一次提交的索赔报告中，索赔的合同或其他法律依据（"索赔依据"）显得格外重要。该索赔时效主要针对的是"索赔依据"而非整个完整详细的索赔报告，因为如果"索赔依据"不成立，说明索赔方没能论证自己具有索赔的权利，进而索赔报告中其他所有详细的索赔证据再完整也没有意义了。

对于上述两种情况（发出索赔通知和第一次提交索赔报告）下的"默认有效的索赔通知"，如果被索赔方反对，则他应告知工程师并附详细的反对的理由说明。索赔方在收到工程师"无效的索赔通知"后，如果不同意该通知并认为其晚发出通知或索赔报告是有原因的，索赔方应在其完整详细的索赔报告中说明他不同意并给出不同意的理由以及晚发索赔通知或晚交索赔报告（"索赔依据"）的原因。

2017版黄皮书第20.2.5款［索赔的商定或决定］规定，工程师应按第3.7款［商定或决定］对索赔进行审理。同时在第20.2.7款［索赔的一般要求］中规定工程师在审理最终索赔报告时，应综合考虑在整个索赔过程中，由于索赔方未遵守时效等相关规定，对工程师处理索赔事件带来的负面影响及对索赔方造成的损害。对于"默认有效的索赔通知"的索赔，工程师需同时考虑被索赔方提交的反对通知及理由说明。对于"无效的索赔通知"的索赔，工程师仍需对索赔方提交的索赔报告进行审理，但在审理过程中另需再次确定索赔通知是否为有效通知。此时，需对索赔方提交的理由说明并结合以下具体情况综合考虑：

1）如果接受该迟交的索赔，是否会对被索赔方的利益造成损害，如果是，会造成多大程度的损害；

2）就第20.2.1款［索赔通知］规定的时效而言，索赔方在其提交的索赔报告中是否包含支持证据，证明被索赔方此前已经获悉引起索赔的事件或情况；

3）就第20.2.4款［完整详细的索赔报告］规定的时效而言，索赔方在其提交的索赔报告中是否包含支持证据，以证明被索赔方此前已经知道了索赔的依据。

6.2.4　2017版系列合同条件中关于索赔处理的主要差异

2017版红皮书和黄皮书在索赔处理流程方面的规定是完全一致的。2017版银皮书中因为不设工程师，相关问题由业主代表或被索赔方直接处理。

2017版银皮书第20.2.2款［初步回复］（黄皮书第20.2.2款为［工程师的初步回复］）做了相应修改：当索赔方未能在合同规定的时间内发出索赔通知时，被索赔方可在收到索赔通知后的14天内直接通知索赔方（而非工程师通知），该通知为"无效的索赔通知"，删除了黄皮书中"默认有效的索赔通知"的相关内容。

在2017版银皮书第20.2.4款［完整详细的索赔报告］和第20.2.5款［索赔的商定或决定］中的工程师角色则由业主代表取代。此外，在第20.2.7款［索赔的一般要求］中，由于2017版银皮书的支付没有黄皮书的工程师签证流程，而由业主直接支付，因此对索赔的支付规定也相应进行了修改。

由于2017版系列合同条件各自的适用条件和风险分担机制不同，因而在业主的索赔和承包商的索赔的具体条款方面的规定存在一些差异。关于2017版红皮书、黄皮书和银皮书在具体索赔条款方面的差异参见本章6.3节。

6.2.5　2017版与1999版系列合同条件相比索赔规定的不同

与1999版相比2017版系列合同条件对索赔相关问题做了较大的修订，关于索赔程序和索赔内容方面相关规定的篇幅大幅增加，对索赔的定义和分类更加清晰和明确，但索赔程序变得更加复杂和繁琐。

2017版系列合同条件与1999版相比在索赔方面的主要变化体现在以下方面：

1）对索赔进行了明确的定义和分类。2017版系列合同条件对索赔的概念给予了明确的定义，并将索赔分为三类，首次引入了第三类索赔。

2）将业主和承包商的索赔等同处理。将业主的索赔与承包商的索赔相关内容统一在第20条［业主和承包商的索赔］进行规定，对业主的索赔提出了更严格的要求。

3）增加了索赔报告（及其中的"索赔依据"）的提交时效限制。1999版系列合同条件只规定如索赔事件发生后承包商在28天内未能发出索赔通知，则丧失得到费用补偿和工期延长的权利。2017版系列合同条件在此基础上进一步引入了索赔报告中"索赔依据"提交的时间限制，提高了对索赔方的要求。

4）增加了索赔处理过程的弹性，工程师或业主代表处理索赔问题有更大的自由裁量权。2017版系列合同条件引入了"无效的索赔通知"及其处理的相关规定，使得对索赔时效的处理更为柔性和宽松，当索赔方未能在合同规定时间内发出索赔通知或提交索赔依据时，赋予了工程师（银皮书为业主代表）处理索赔问题更大的自由和空间，由工程师或业主代表结合具体情况根据第3.7款［商定或决定］（银皮书为第3.5款）确定索赔的款项和／或时间延长。

5）对索赔报告应包含的内容做出了明确的规定。对索赔方需提交的索赔报告的具体内容做了详细的规定，包括对引起索赔事件或情况的详细描述、索赔的合同或其他法律依据（"索赔依据"）、所有索赔方所依据的同期记录以及证明索赔的详细的支持性材料等。

索赔与争端是工程项目合同执行过程中的主要"摩擦力"。因此，FIDIC在2017版系列合同条件的修订过程中，将索赔与争端作为重要议题来考虑，期望合理、及时的处理索赔问题，以尽量避免索赔升级为争端。FIDIC认为索赔仅仅是某一方依据合同要求或主张自己的权利，不一定上升为争端，只有索赔部分或全部被拒绝时才可能会形成争端。2017版相比1999版系列合同条件而言，关于索赔问题的处理做了非常大的修改，篇幅也大幅增加，黄皮书和红皮书中工程师在处理索赔相关问题上有了更多的权力和空间，这与2017版系列合同条件提升工程师角色的定位有关。2017版系列合同条件总体上关于索赔的定义和分类更加清晰和明确，但索赔处理程序显得有些繁琐，而银皮书需由业主代表取代工程师处理索赔事件，业主代表在处理索赔的过程中几乎享有和工程师一样的自由裁量权，这样的规定是否会使得更多的索赔上升为争端，这些规定究竟是否能够被用户所接受，还有待实践的检验。

本节内容摘自《国际经济合作》期刊2018年第9期
作者：张玲、陈勇强、朱星宇

6.3 2017版系列合同条件中索赔条款分析

本节分别从业主和承包商的角度，针对2017版系列合同条件的第一类和第二类索赔，以黄皮书为主线，对合同条件中明示索赔条款和默示索赔条款分别进行了列举和分析，进而对2017版系列合同条件不同的合同条件之间明示和默示索赔条款的差异做了比较分析。2017版系列合同条件在索赔方面，与1999版相比在布局和内容上均有较大的调整。2017版系列合同条件将索赔分为三类：业主为获得额外费用（或合同价格的扣减）和（或）缺陷通知期（Defects Notification Period, DNP）延长的索赔；承包商为获得额外费用和（或）工期延长（Extension of Time, EOT）的索赔；以及除上述两类之外的其他权力或救济的索赔。本节内容将针对前两类索赔的相应条款进行分析。

6.3.1 关于合同明示条款和默示条款

从合同解释的角度合同条款分为明示条款和默示条款。明示条款（Expressed Terms）是指在合同条件中明文写出的各项条款或规定。默示条款（Implied Terms）是相对明示条款而言的，指虽未在合同条件中明示，但为使当事人缔约意图免于落空而必须得以适用，从而可推定的合同条款。默示条款是对明示条款的补充和完善。一个有效的默示条款必须满足以下五个条件：

1）必须是公平合理的；

2）必须能使合同有效地实施；

3）必须是显而易见、不言而喻的；

4）必须是清晰明确的；

5）必须符合该合同的明示条款，不能与明示条款相矛盾。

默示条款是英美法系的概念，是一种合同解释及合同漏洞补充方法。但是，默示条款的原理及在实践中的应用却并非为英美法系所独有，在大陆法系，对合同漏洞的补充，通常是依靠任意规定和补充的合同解释（"探求当事人假设的意思"）来完成的。而任意规定的参考以及合同的补充解释过程中也多以合同的性质、交易习惯以及行业惯例等为依据，相当于英美法系在合同中加插默示条款。默示条款在使用过程中，往往需要结合明示条款、国际惯例以及法律法规进行综合论证分析。

本节以2017版黄皮书为主线分别从承包商和业主的角度对明示的索赔条款和默示的索赔条款进行列举和分析，并在此基础上对2017版系列合同条件在明示和默示索赔条款方面的差异进行比较分析。

6.3.2 2017版黄皮书中承包商向业主索赔的明示条款

在国际工程合同管理实践中，最为常见的索赔是承包商为获得额外费用和（或）工期延长的索赔，也就是上文讲到的第二类索赔。表6-3列举了2017版黄皮书中承包商向业主索赔可引用的明示条款，以及根据每一条款承包商可以得到的补偿或调整。

承包商向业主的索赔按照起因可分为业主自身原因直接引起的索赔和由业主承担相应风险部分的原因造成的索赔。若由于业主自身原因直接导致的索赔，承包商不但可以索赔工期和费用，还可以索赔一定的利润。而由于业主负责的其他原因导致的索赔，承包商一般能索赔工期和费用但不能得到利润的补偿，还有个别情况下（如异常

2017 版黄皮书中承包商向业主索赔可引用的明示条款 　　　　表 6-3

序号	条款号	条款名称	可索赔内容	序号	条款号	条款名称	可索赔内容
1	1.9	业主要求中的错误	T+C+P	17	11.7	接收后的进入权	C+P
2	1.13	遵守法律	T+C+P	18	11.8	承包商的调查	C+P
3	2.1	现场进入权	T+C+P	19	12.2	延误的试验	C+P
4	4.6	合作	T+C+P	20	12.4	未能通过竣工后试验	C+P
5	4.7.3	整改措施，延迟和/或成本的商定或决定	T+C+P	21	13.3.2	要求提交建议书的变更	C
6	4.12.4	延误和/或费用	T+C	22	13.6	因法律改变的调整	T+C
7	4.15	进场道路	T+C	23	15.5	业主自便终止合同	C+P
8	4.23	考古和地理发现	T+C	24	16.1	承包商暂停的权利	T+C+P
9	7.4	承包商试验	T+C+P	25	16.2.2	承包商的终止	T+C+P
10	7.6	修补工作	T+C+P	26	16.3	合同终止后承包商的义务	C+P
11	8.5	竣工时间的延长	T	27	16.4	由承包商终止后的付款	C+P
12	8.6	当局造成的延误	T	28	17.2	工程照管的责任	T+C+P
13	8.10	业主暂停的后果	T+C+P	29	17.3	知识和工业产权	C
14	9.2	延误的试验	T+C+P	30	18.4	例外事件的后果	T+C
15	10.2	部分工程的接收	C+P	31	18.5	自主选择终止	C+P
16	10.3	对竣工试验的干扰	T+C+P	32	18.6	根据法律解除履约	C+P

注：表中的T代表可获得工期索赔，C代表可获得费用索赔，P代表可获得利润索赔。

不利的气候条件、例外事件中列举的自然灾害和当局造成的延误等），承包商仅能得到工期的延长而不能得到费用的补偿。

表6-3中第18.4款［例外事件的后果］中规定，如果发生"例外事件"中列举的最后一项自然灾害（地震、海啸、火山活动、飓风或台风等），承包商仅能获得工期的延长，而不能得到费用的补偿；除"例外事件"中列举的第一项关于战争、敌对行动等情况之外，其他例外事件只有发生在工程所在国，承包商才可以获得费用的补偿，否则和自然灾害一样，也仅能获得工期的延长。此项规定对于2017版红皮书、黄皮书和银皮书均适用。

6.3.3 2017版系列合同条件中承包商向业主索赔的明示条款的主要差异

表6-3是根据2017版黄皮书总结的，下文将分析黄皮书、红皮书和银皮书中承包商向业主索赔的明示条款的差异。

（1）延误的图纸或指示

2017版红皮书的第1.9款不是［业主要求中的错误］，而为"延误的图纸或指示"，如果由于工程师未能及时签发图纸或指示，使承包商遭受了延误和（或）损失，承包商有权索赔工期、费用及利润。

2017版黄皮书和银皮书框架下，承包商承担主要设计责任，因而在黄皮书和银皮书中没有红皮书的延误的图纸或指示相关规定。

（2）业主要求和参照项中的错误

2017版黄皮书第1.9款［业主要求中的错误］及第4.7款［放线］规定了承包商在满足一定条件下，业主需对业主要求和参照项（items of reference）的准确性负责，如果在这类文件中存在错误、失误或其他缺陷，承包商可通过变更或索赔方式获得工期、费用及利润的补偿。

2017版银皮书框架下，业主仅提供数据供承包商参考，承包商除负责核实这些数据外，还对其准确性承担相应的责任，因此2017版银皮书没有黄皮书第1.9款［业主要求中的错误］相关规定，此类风险全部由承包商承担，承包商无权因此类事件向业主索赔。

2017版红皮书模式下一般是由业主负责设计，没有"业主要求"这个文件，所以没有相关规定。

（3）不可预见的物质条件（或不可预见的困难）

2017版黄皮书和红皮书中业主承担了不可预见的物质条件的风险，其第4.12款［不可预见的物质条件］规定，当承包商遇到不可预见的物质条件（不含异常不利的气候条件）时，承包商有权索赔工期和（或）费用。如果遇到异常不利的气候条件，承包商仅可以依照第8.5款［竣工时间的延长］，获得工期的延长，但不能得到费用的补偿。2017版黄皮书和红皮书中，当工程师对此类索赔的费用补偿进行商定或决定时，还应考虑工程是否有类似部分的物质条件比承包商在基准日期之前能够合理预见的条件更为有利，如果有，工程师考虑因这些条件引起的费用的减少，但此类扣减不应造成合同价格的净减少。

2017版银皮书中第4.12款为［不可预见的困难］，此类风险全部由承包商承担，承包商无权因此类事件向业主索赔。

（4）竣工时间的延长

2017版黄皮书和红皮书第8.5款［竣工时间的延长］均规定：如由于下列任何原因，致使按照第10.1款［工程和区段的接收］要求的竣工受到或将受到延误，承包商有权按照第20.2款［索赔款项和／或EOT］的规定提出延长竣工时间：

1）变更（无需遵守第20.2款［索赔款项和／或EOT］规定的程序）；

2）根据本合同条件某款，有权获得延长工期的原因；

3）异常不利的气候条件：根据业主按第2.5款［现场数据和参照项］提供给承包商的数据和（或）项目所在国发布的关于现场的气候数据，这些发生在现场的不利的气候条件是不可预见的；

4）由于流行病或政府行为导致不可预见的人员或货物（或业主供应的材料（如有））的短缺；或

5）由业主、业主人员、或在现场的业主的其他承包商造成或引起的任何延误、妨碍或阻碍。

2017版银皮书第8.5款［竣工时间的延长］中不包含上述的c）项内容，也不包含d）项中的内容（但此类因素如影响到业主供应的材料除外）。即在银皮书下，承包商承担相应的风险。

（5）竣工后试验的延误或未能通过竣工后试验

2017版黄皮书和银皮书包含竣工后试验的相关规定，第12.2款［延误的试验］规定，如果由于业主原因造成竣工后试验延误，承包商可以索赔费用和利润；第12.4款［未能通过竣工后试验］规定，如果业主无故拖延给予许可对承包商在调查未能通过竣工后试验的原因，或为进行调整和修正，要进入工程或区段的过程中，使承包商招致额外费用，承包商可以索赔费用和利润。

2017版红皮书没有竣工后试验的相关规定。

6.3.4 2017版黄皮书中承包商向业主索赔的默示条款

承包商除了按表6-3所列的明示索赔条款向业主索赔之外，在2017版黄皮书模式下，承包商还可按照表6-4列举的默示条款进行索赔。表6-4可索赔内容条款中没有明示，为作者的理解和推测，仅供读者参考。

2017 版黄皮书中承包商向业主索赔可引用的默示条款   表 6-4

序号	条款号	条款名称	可索赔内容	序号	条款号	条款名称	可索赔内容
1	1.3	通知及其他通信交流	T+C+P	8	4.10	现场数据的使用	T+C
2	1.5	文件的优先顺序	T+C+P	9	4.19	临时设施	C+P
3	1.8	文件的照管和提供	T+C+P	10	5.1	一般设计义务	T+C+P
4	3.4	工程师的委托	T+C+P	11	8.1	工程的开工	T+C+P
5	3.5	工程师的指示	T+C+P	12	8.13	复工	T+C+P
6	4.2	履约保证	C	13	17.5	业主的保障	C
7	4.5.1	对指定分包商的反对	T+C	14	19.1	保险的一般要求	C

注：表中的T代表可获得工期索赔，C代表可获得费用索赔，P代表可获得利润索赔。

2017版红皮书第5.2.2款［对指定分包商的反对］，可索赔内容为T+C；第12.1款［需测量的工程］，可索赔内容为C＋P；第12.3款［工程估价］可索赔的内容为C＋P。在红皮书下，承包商一般不负责设计，因此没有第5.1款［一般设计义务］的索赔。

2017版银皮书第3.3款［委托人员］，可索赔内容为T+C＋P；第3.4款［指示］可索赔的内容为T+C+P；银皮书第5.1款［一般设计义务］没有承包商向业主索赔的规定，而黄皮书中承包商若在设计时发现业主要求中的错误、失误或其他缺陷则可依照第1.9款［业主要求中的错误］及第4.7款［放线］规定向业主索赔。

6.3.5 2017版黄皮书中业主向承包商索赔的明示条款

2017版系列合同条件中业主可依据相关条款的规定向承包商索赔额外费用（或合同价格的扣减）和（或）DNP延长，也就是前文提到的第一类索赔。表6-5列举了2017版黄皮书中业主向承包商索赔时可引用的明示条款以及可索赔的内容。

6.3.6 2017版系列合同条件中业主向承包商索赔明示条款的主要差异

下文将分析黄皮书、红皮书和银皮书中业主向承包商索赔的明示条款的差异。

（1）工程师或业主审核承包商的文件

2017版黄皮书和银皮书中，业主的人员需承担承包商设计的审核工作。黄皮书和银皮书第5.2款［承包商文件］规定了对于经工程师或业主审核不满足合同要求的承包商文件，承包商需进行修改后重新提交供工程师或业主审核，由此给业主造成了额外费用，业主有权向承包商索赔由此产生的合理费用。2017版红皮书中无此规

2017 版黄皮书中业主向承包商索赔可引用的明示条款　　　　表 6-5

序号	条款号	条款名称	索赔事项及可索赔内容
1	1.13	遵守法律	由于承包商未能提供协助和文件原因使业主未能获取相关许可，或由于承包商未能遵守业主获取的许可证（完税证明）、许可、执照或批准，使业主遭受了额外的费用
2	4.2.2	履约保证的索赔	业主根据所列事项提出的履约保证金或其他费用索赔
3	5.2.2	工程师的审核	承包商重新提交承包商文件供工程师审核，使业主产生了额外费用
4	7.4	承包商试验	承包商延误某试验使业主招致的损失
5	7.5	缺陷和拒收	工程师要求对有缺陷的设备、材料、承包商设计（如有）或工艺拒收或重新检验使业主招致额外费用
6	7.6	修补工作	承包商未能按工程师的指示移除不合格的设备材料，以及不符合合同规定的工作使业主支付的所有费用
7	8.7	工程进度	承包商因为自身的原因导致进度缓慢，需要加快速度使业主支付的额外费用
8	8.8	误期损害赔偿费	承包商未能按第8.2款规定时间竣工而向业主支付误期损害赔偿费
9	9.2	延误试验	由于承包商原因导致竣工试验延误，业主自行检验发生的额外费用
10	9.3	重新试验	适用第7.5款，工程或区段未能通过竣工试验，从而对有缺陷的设备、材料、承包商设计（如有）或工艺重新检验使业主支付的额外费用
11	9.4	未能通过竣工试验	工程或区段未能通过第9.3款规定的竣工试验而业主要求移交情况下，应向业主支付的性能损害赔偿费或合同额的减少
12	11.1	完成扫尾工作和修补缺陷	适用于第7.5款，对有缺陷的设备、材料、承包商设计（如有）或工艺重新检验使业主支付的额外费用
13	11.3	缺陷通知期限的延长	因承包商的责任而使工程或设备发生的缺陷或损害导致工程、区段或部分工程不能按原定目的使用而导致的缺陷通知期（DNP）的延长
14	11.4	未能修补缺陷	承包商未能在合理期限内修补缺陷或损害，业主自行或委托他人完成修复工作修补费用或者合同价格的扣减；接收带有缺陷或损害的工程，承包商应支付性能损害赔偿费或合同价格的扣减；如缺陷或损害使业主丧失了工程整体利益时，业主有权索赔为工程支付的全部费用，加上融资、拆除、清理现场以及将生产设备和材料退还给承包商的费用
15	11.8	承包商的调查	承包商未进行调查，业主人员可自行调查所发生的额外费用
16	11.11	现场清理	承包商未能按合同规定清理现场，业主可自行处理和恢复现场而支付的额外费用
17	12.3	重新试验	根据第11.2款列举的事项重新试验导致业主增加额外的费用
18	12.4	未能通过竣工后试验	承包商未能达到性能要求而应当赔偿业主的性能损害赔偿费
19	13.6	因法律改变的调整	法律改变导致工程费用减少时，业主有权扣减合同价格
20	15.4	承包商违约导致的终止后的付款	承包商严重违约、破坏或行贿，业主可终止合同并向承包商索赔完成工作所需的额外费用、由此造成的损失或损害赔偿费以及误期损害赔偿费

定，因为在红皮书中业主一般承担全部或大部分设计工作。

（2）竣工后试验的重新试验

2017版黄皮书和银皮书第12.3款［重新试验］规定，如果未通过试验或重新试验是由于第11.2款［修补缺陷的费用］（a）至（d）项提及的原因导致的，业主有权向承包商索赔额外费用。由于红皮书中没有竣工后试验条款，也就没有相关规定。

（3）未能通过竣工后试验

2017版黄皮书和银皮书第12.4款［未能通过竣工后试验］规定了如果（a）工程或某区段工程未能通过任何或所有竣工后试验，并且（b）性能保证明细表（Schedule of Performance Guarantees）规定了性能损害赔偿费的相应金额，则业主有权向承包商索赔性能损害赔偿费。由于红皮书中没有竣工后试验条款，也就没有相关规定。

（4）2017版系列合同条件中业主向承包商明示索赔的其他不同

2017版银皮书第1.12款［遵守法律］，可索赔内容与黄皮书第1.13款相同，其他索赔条款与表6-5所列均相同。

2017版红皮书除第5.2.2款、第12.3款、第12.4款不可索赔之外，其他索赔条款与表6-5所列均相同。

6.3.7　2017版系列合同条件中业主向承包商索赔的默示条款

表6-6列举了在2017版系列合同条件中业主向承包商索赔可引用的默示条款。表6-6中所有业主向承包商索赔的默示条款2017版黄皮书、红皮书和银皮书都是一致的。

2017版黄皮书中业主向承包商索赔可引用的默示条款　　　　表6-6

序号	条款号	条款名称	索赔事项内及可索赔内容
1	4.14	避免干扰	承包商因不必要和不恰当的干扰给业主带来的任何损失和额外的费用
2	4.16	货物运输	承包商因货物运输导致业主的损失和额外的费用
3	4.18	环境保护	由于承包商污染环境，导致业主利益受到损失及额外的费用
4	4.19	临时设施	承包商使用业主提供的临时设施而应支付的设施费
5	14.2	预付款	在颁发工程接收证书前，或者由于其他原因终止合同前，尚未还清的预付款
6	17.4	承包商的保障	承包商提供保障的范围内，业主所发生的损失和额外的费用
7	19.1	保险的一般要求	承包商未能遵守相应的规定而使业主支付的额外费用

索赔问题是国际工程合同管理的一个重点和难点，需引起各方的高度重视。本节列举和分析了2017版系列合同条件中业主和承包商索赔可依据的合同条款，对于明示的索赔条款应该没有太多异议，关于默示的索赔条款合同各方可能会有不同的理解和解释，希望和大家一起分享和探讨。同时，2017版系列合同条件属于不同的合同模式，在不同的合同模式下因为风险分担的原则及合同双方的工作范围不同，索赔条款的相关规定会有较大的区别，在使用时要注意甄别。

本节内容摘自《国际经济合作》期刊2018年第9期

作者：朱星宇、陈勇强、张玲、马晓苹

6.4 2017版系列合同条件中合同终止与责任限度分析

　　本节首先针对2017版系列合同条件中关于重大违约导致的合同终止的情形进行分析，并将其与1999版相应的规定进行对比。其次，本节对合同双方违约后的责任限度进行了分析。希望能够帮助相关人士对2017版系列合同条件中的合同终止条款和责任限度条款进行理解。

作为一种复杂且期限较长的经济交易类型，国际工程项目的履约过程中，可能出现一些特别事件或动机，诱发一方出现非正常的履约行为甚至强烈的机会主义行为，从而损害另一方的利益。为了激励各方恰当履约，控制机会主义行为，保障交易对方的利益，国际工程合同范本中往往在重大违约情形下授予交易对方终止合同的权利，并规定双方在违约终止情形下的责任限度。

6.4.1　2017版系列合同条件终止条款相关规定分析

在国际工程的实施中，对业主而言，一般采用资格预审来排除不合格的承包商。但合同履行过程仍有可能发生承包商严重违约的情形，如果任其发展，将给业主带来极大的损失。为了保护业主的利益，工程合同中通常编制终止条款，规定业主在特定条件下有权终止合同。另一方面，对承包商而言，虽然已经在投标期间对业主的履约能力进行谨慎的尽职调查，但在国际工程市场上有可能出现业主发生财务危机或未能履行其核心义务的重大违约事件的情形。同时，由于政治、经济或产业环境发生了重大变化，项目继续实施可能变得不可行。此时，合同双方也希望终止合同，以避免更大的损失。

针对这些现象，2017版系列合同条件在第15条［由业主终止］、第16条［由承包商暂停和终止］中约定了对双方有权终止合同的适用条件、终止程序以及终止后果责任。其中，第15条是关于业主有权提出终止的规定，第16条是关于承包商有权提出终止的规定。由于2017版红皮书、黄皮书和银皮书中的终止条款和责任限度条款整体是一致的，只在一些具体描述中有所不同，下文将以2017版黄皮书为主线进行分析。

（1）业主终止的情形与前置条件

第15.2款［因承包商违约的终止］规定，对于业主来说，如果承包商有下列行为，业主有权发出终止合同的意向通知：

1）未能遵守整改通知、具有约束力的协议或最终的具有约束力的决定（第3.7款［商定或决定］）、DAAB的决定（第21.4款［获得DAAB的决定］），并构成实质性违反义务；

2）放弃工程，或明确表现出不愿按照合同继续履行义务的倾向；

3）无合理解释却未能按照第8条［开工、延误和暂停］的规定进行工程，或者如果合同规定了误期损害赔偿费的最高金额且承包商未能遵守第8.2款［竣工时间］的规定，且误期损害赔偿费超出了业主有权要求的最高金额；

4）无合理解释，却未能在收到工程师发送的拒收通知（第7.5款［缺陷和拒收］）或工程师的指令（第7.6款［修补工作］）的28天内遵守通知要求；

5）未能遵守第4.2款［履约保证］的规定；

6）违反第4.4款［分包商］的规定将整个或者部分工程分包出去，或者未经必要的许可（第1.7款［权益转让］）将合同转让他人；

7）破产或无力偿债，停业清理、破产管理、重组、清盘或者解散；听从债务清算人、财产接管人、财产管理人或者受托人的指令，与承包商的债权人签订合同或者协议，或发生任何事件具有与前述事件相似效果的事件；或若承包商为联营体，某一联营体成员出现了上述情况，且其他成员没有立即向业主确认，出问题的成员的合同义务仍会根据第1.14（a）［共同的及各自的责任］得以履行；

8）在有关工程或者合同的任何时间，基于合理证据被发现参与腐败、欺诈、恶意串通或者胁迫。

上述情况发生后，工程师可以给承包商发出改正通知。承包商若在收到通知的14天内对上述未履约情况未进行补救，业主则可以发出第二个通知来终止合同。在以上未履约情形中，如果发生第6）、7）、8）项的情况（违法分包或转包、破产、行贿）发生，业主可以通知承包商立即终止合同，不需要提前14天发出通知。

同时，根据本条款终止合同并不影响业主的其他合同权益。

（2）承包商终止的情形和前置条件

对于承包商提出终止情形，在16.1款［承包商的暂停］设定了一个前置的"暂停"子条款，即规定了承包商在什么情况有权暂停工程实施。这种规定是比较合理的，因为"合同终止"是极为严重的事件，若业主一违约就给予承包商终止合同的权利，会显得太唐突，不利于双方的总体利益。但若在暂停且承包商发出警告后，业主仍不进行改正，则承包商有权发出合同终止通知。

第16.1款［承包商的暂停］规定承包商有权暂停工程情形包括：

1）工程师未按规定开出支付证书；

2）在承包商根据第2.4款［业主的资金安排］要求业主提供项目融资证明时，业主未能及时提供；

3）业主未能按合同规定及时支付工程款；

4）业主没有遵守根据第3.7款［商定或决定］规定中的有约束力的协议、最终且有约束力的决定，或者第21.4款［获得DAAB的决定］的DAAB决定；并且上述情形构成了业主严重违反合同义务。

第16.2款［承包商的终止］规定了在下列情形下，承包商有权发出终止合同的通知：

1）承包商根据第16.1款［承包商的暂停］的规定，就未能遵守第2.4款［业主的资金安排］规定的事项发出通知后42天内，仍未收到合理证据；

2）工程师未能在收到报表和证明文件后56天内发出有关的付款证书；

3）在第14.7款［支付］规定付款时间到期后42天内，承包商仍未收到根据任何付款证书的应付款额；

4）业主未能遵守第3.7款［商定或决定］规定中的有约束力的协议、最终且有约束力的决定，或者第21.4款［获得DAAB的决定］的DAAB决定，且构成了实质性违约；

5）业主实质上未能根据合同履行义务，并构成了实质性违约；

6）承包商在收到中标通知书84天后没有收到根据第8.1款［开工］的开工日期通知；

7）业主未能遵守第1.6款［合同协议书］，或没有遵守第1.7款［权益转让］的规定而转让合同下的权益；

8）第8.12款［持续的暂停］规定中的持续停工影响了整个工程；

9）破产或无力偿债，停业清理、破产管理、重组、清盘或者解散；听从债务清算人、财产接管人、财产管理人或者受托人的指令，与业主的债权人签订合同或者协议，或发生任何事件具有与前述事件相似的效果；

10）在有关工程或者合同的任何时间，基于合理证据被发现参与腐败、欺诈、恶意串通或者胁迫。

在以上情况发生时，承包商有权提前14天向业主发出通知要求终止合同，如果第7）、8）、9）、10）项（转让、停工、破产、行贿）的情况发生，承包商可以立刻终止合同。

（3）2017版与1999版系列合同条件关于合同终止情形和条件对比

与1999版系列合同条件相比2017版的规定更细致，篇幅有所增加，在一些具体规定上做了增加和调整。

针对业主终止的情形来说，1999版系列合同条件列举了6种情形，而2017版系列合同条件列举了8种情形，增加的两款分别是将1999版系列合同条件中第1）项和第3）项拆分成两项来进行规定。二者多数是一一对应的，但是在一些情况中进行了扩充。例如2017版系列合同条件第1）项中的"改正通知、具有约束力的协议或最终的具有约束力的决定、DAAB的决定"，比1999版系列合同条件多了"具有约束力的协议或最终的具有约束力的决定、DAAB的决定"两种情况；2017版系列合同条件第3）项中对于工期方面的履约瑕疵做了进一步的扩展说明，不仅是1999版系列合同条件中"未按照第8条的规定可能造成终止合同"，而且超出延期赔偿费规定的最大值也会导致业主提出合同终止；2017版系列合同条件第7）项中对于承包商破产的相关可能程序进行了更详细的解释；2017版系列合同条件第8）项中，由1999版的贿赂修改为腐败、欺诈、胁迫和恶意串通。

针对承包商终止的情形来看，1999版系列合同条件列举了7种情形，而2017版系列合同条件列举了10种情形，其中第4）、6）、7）共三项在1999版系列合同条件中没有项与之相对应。其他细微的改动包括，2017版系列合同条件第3）项中应付款额的依据是"任何付款证书"，而1999版系列合同条件是"期中付款证书"；第8）项中停工不仅包括1999版系列合同条件中第8.11款，还包括本条款中的第2）项等待付款证书的时间。

（4）合同终止的程序、估价和支付

2017版系列合同条件在第15条和第16条中除了对能够提出终止的情形进行了描述，还对终止合同的程序、终止后的估价和支付进行了规定。

从终止程序上，2017版系列合同条件给出了更加清晰的两个阶段。就业主终止而言，第一阶段是发出终止意向通知；第二个阶段是发出终止通知。就承包商而言，除了前置的暂停程序，同时也加上了第一次通知的预警机制，在通知后若业主在规定的时间内没有改正，则有权发出正式的终止通知。就2017版系列合同条件来说，这等于加入了有助于缓冲的预警机制，使得合同的规定有了一定的"柔性"。

就终止后程序来看，在业主提出终止后，承包商应该按照业主的指令进行工程和现场的保护、协助业主进行分包合同的签订、并将由承包商制作的相关文件和业主要求的物品交付给工程师并离开现场。相较于1999版系列合同条件，这一部分的内容几乎没有做出改动，但是，在第15条中，当发生业主自便提出终止的情况，2017版系列合同条件对这种情况下的估价和支付相关规定作了修改。这种情况的发生有可能是由于业主出现突然财务危机或者认为项目可行性低，导致业主无法继续工程或者继续工程会带来更大的损失。在1999版系列合同条件中，根据第15.5款［业主自便终止合同］发生了业主因自身便利提出终止的情况后，应按照第19.6款［选择终止、支付与解约］中的规定支付给承包商。1999版系列合同条件中第19条属于不可抗力发生的情况，也就是说在发生第15.5款［业主自便终止合同］的情况时，承包商无法得到利润损失的补偿。但是2017版系列合同条件对此做出了改动，第15.6款［业主提出自便终止后的估价］中注明，当发生业主因自身利益而终止合同的情况时，承包商除了可以得到已完成部分的工程款，还可以得到利润损失的补偿。这种情况下对承包商支付的改变体现出风险分担的变动，1999版系列合同条件的规定下对业主更为有利，但是业主出于自身利益而终止合同是完全由业主造成的，不能归责于承包商或者不可抗力，因此2017版系列合同条件中对此做出的改动是合理的，也与第16条中由于业主违约承包商得到的支付相一致。在第16条中，承包商可以得到利润损失的补偿。

6.4.2　2017版系列合同条件下的责任限度

作为一种经济交易，一方在履约过程中，尤其当发生重大违约行为时，可能会给另一方造成重大损失。由于双方是经济交易商业行为主体，自行约定责任限度有助于对合同风险进行防范。因此，在合同中规定双方各自的"责任限度"成为一种惯例做法。

（1）关于责任限度的规定

2017版黄皮书第1.15款［责任限度］的规定与1999版的第17.6款［责任限度］相对应，但不再仅仅规定承包商对业主的责任限度，也规定了业主对承包商的责任。2017版系列合同条件给出了下列清晰的规定：

无论在工程使用功能方面的损失、利润损失、合同损失，或是一切其他间接或后果损失，合同双方中的责任方对另一受害方的赔偿责任仅仅限于下面规定的范围内：

1）第8.8款［误期损害赔偿］；

2）第13.3.1款（c）项［变更指令］；

3）第15.7款［业主自便终止后的支付］；

4）第16.4款［承包商终止后的支付］；

5）第17.3款［知识产权与工业产权］；

6）第17.4款［承包商的保障］第一段；

7）第17.5款［业主的保障］。

承包商的这一责任限度的总额不包含：第2.6款［业主提供的材料和业主的施工设备］、第4.19款［临时公用设施］、第17.3款［知识产权与工业产权］、第17.4款［承包商的保障］第一段等所涉及的费用。

若属于欺诈、严重渎职、故意违约、毫无顾忌的行为不轨，则不在本款责任限度范围之内。

承包商向业主承担的总体合同责任不能超过合同数据中约定的责任额度，若没有约定，即默认为中标合同额。

除此之外，在本款的专用条件编写指南中，FIDIC还设想了另外一种情景，规定包含了业主与承包商相互承担对方的间接损失（2017版黄皮书专用条件编写指南第1.15款［责任限度］），具体规定如下。

承包商对业主的责任限度包括：

1）若承包商未能按时竣工，误期损害赔偿费的最高责任限度为合同数据中规定额度。

2）针对承包商的行为给业主带来的利润损失、失去合同、工程使用损失等情况，按下列规定处理：

a）若是承包商引起的缺陷造成的，则责任限度为合同数据约定的A额度；

b）若是承包商对其引起工程损害造成的，则责任限度为合同数据约定的B额度；

c）若是承包商对其引起工程以外的业主财产损害造成的，则责任限度为合同数据约定的B额度的50%；

d）若是承包商引起的其他事宜造成的，则责任限度为合同数据约定的A额度的50%。

3）针对承包商对工程造成的损害，承包商的责任限度为第19.2.1款［工程］规定工程价值的保险额度。

4）针对承包商对业主的工程以外的财产造成的损害，承包商的责任限度为第19.2.4款［人员伤亡与财产损失］规定的保险额度。

5）针对由承包商原因引起的业主的人员或工程师的人员造成伤亡，承包商的责任限度为第19.2.5款［雇员伤亡］规定的保险额度。

6）针对按第17.4款［承包商的保障］中第一段承包商保障业主免遭第三方的索赔，没有限制额度。

7）针对按第17.4款［承包商的保障］中第二段规定的若由于承包商的设计问题导致工程竣工后不能达到预期目的，承包商的责任限度为根据第19.2.3款［违反职业责任］办理的职业责任险的额度。

8）对于上述2）到7）以及17.3款［知识产权与工业产权］之外事宜引起的承包商的责任，按合同数据约定的C额度。

业主对承包商的责任限度包括：

1）针对根据第15.5款［业主自便终止合同］以及根据第16.2款［承包商提出的终止］引起的利润损失、失去合同或其他直接损失，责任限度为中标合同金额的20%；

2）针对业主或业主的人员对临时工程或还没有用于工程的永久设备和材料造成的损害，责任限度为第19.2.1款［工程］要求的保险额的30%；

3）针对业主或业主的人员对承包商的设备、材料、永久设备和/或临时工程造成的损害，责任限度为第19.2.2款［货物］要求的保险额；

4）针对由业主原因引起的承包商的人员的伤亡，责任限度为第19.2.5款［雇员的伤亡］要求的保险额；

5）针对根据第17.5款［业主的保障］业主保障承包商免遭第三方索赔，没有责任限度；

6）对于本款上述1）到4）以及17.3款［知识产权与工业产权］之外事宜引起的承包商的责任，按第14.14款［业主责任的终止］的规定，并最终以第21.4款［获得DAAB的决定］、第21.5款［友好解决］以及第21.6款［仲裁］的结果为准。

与通用合同条件中一样，若属于欺诈、严重渎职、故意违约、毫无顾忌的行为不轨，则不在本款责任限度范围之内。

从FIDIC专用条件编写指南的以上规定和建议来看，至少已包括了部分的间接后果或损失，且2017版系列合同条件努力保持同等对待业主和承包商。

（2）关于责任限度的分析

2017版黄皮书第1.15款［责任限度］实际上是将1999版的第17.6款［责任限度］迁移到2017版的第1条中，并对1999版规定的内容进行了修订和补充。本款规定了三个方面的内容：双方的责任范围、承包商的最大责任限度以及最大责任限度所不包含的例外情况。

本款明确了承包商的总责任限度，即除承包商应支付业主提供的水电和燃气费、业主的施工设备使用费、给予业主保障的经济责任、知识产权等方面的保障之外，承包商最大的责任限度应按合同数据中的规定；若无规定，该责任限度为中标合同金额。虽然2017版系列合同条件并没有明确规定业主对承包商承担的责任限度，但可以推断的是，业主的最大责任除了本款规定中例外情况外，应为中标合同金额加上变更调整以及其他根据合同承包商有权获得的索赔款。本款最后规定的不限制出于欺诈等恶意行为的责任限度，而应按照实际进行赔偿，是与英国合同法的规定是相符合的。

在工程项目中，合同终止往往发生在一方严重违约之后，为了保护另一方的利益而做出的不得已的决定，是一种最终的保障机制。无论是业主还是承包商提出终止，2017版系列合同条件的规定对终止的情形、终止程序、终止后赔偿以及善后处理，相比于1999版更加详细且更加具有可操作性。由于引入了"意向通知"，终止行为的处理更加具有柔性。从责任限制的规定来看，增加了业主对承包商一方责任限制的表述，使得合同的规定更倾向于FIDIC提倡的"对等原则"。但关于终止与责任限度的规定是否完善，还有待于未来在国际工程市场的检验。

本节作者：张水波、姜宇星、刘心言

6.5 2017版系列合同条件中争端解决问题分析

　　本节梳理了国际工程合同争端及其常见解决方式；分析了2017版系列合同条件中争端解决的相关规定，包括DAAB成立、成员组成、运行规则以及仲裁等；并与1999版系列合同条件的争端解决条款进行了对比。希望能够对业界相关人士理解2017版系列合同条件中关于争端解决问题的相关规定有所帮助。

2017版系列合同条件将1999版的争端解决机制DAB（Dispute Adjudication Board，争端裁决委员会）进一步优化成为DAAB（Dispute Avoidance/Adjudication Board，争端避免/裁决委员会），强化其争端避免功能，更为清晰、完整和严谨，有望为国际工程合同的顺利履行提供更好的保障。

6.5.1　国际工程合同争端及其常见解决方式

国际工程合同执行过程中，合同争端的起由主要有：1）合同一方未履行合同义务，或未规范、完整地履行合同义务，致使另一方的合理利益受到侵害；2）在出现工程变更，或项目实施的自然、社会、经济条件发生变化时，合同双方对由此引发的工期、费用影响有不同的意见，进而发生索赔事件。若索赔发起方的索赔诉求未能全部或部分满足，将产生争端。合同争端是难以完全避免的，因此争端解决是国际工程合同管理的重要环节。

国际合同争端解决方式主要包括协商解决、争端解决替代方式（Alternative Disputes Resolution，ADR）、仲裁、诉讼等。

协商解决一般是指争端问题由业主、工程师和承包商通过共同努力协商解决。即由各方根据项目合同文件的规定及有关法律条例，通过友好协商达成一致的解决办法。FIDIC在20世纪90年代中期之前编制的合同范本，以1987版《土木工程施工合同条件》为代表，一直沿用将争端直接提交给工程师，由工程师与合同双方商定提出争端解决的方法或由工程师确定解决方法。若合同双方均同意，则争端解决；若任一方不同意或不执行，则进入仲裁程序。这种方式在实践中受到了质疑，主要原因：一是工程师受雇于业主很难做到中立；二是争端的产生往往是由于对工程师的初始决定有异议，由工程师推翻或修改原决定比较困难。

当合同各方无法通过协商就解决争端取得一致意见时，为了争取继续以友好方式解决，可由双方协商邀请中间方介入，即争端解决替代方式（ADR）。典型的ADR包括DRB（Dispute Review Board）、DAB、DAAB等。

ADR的优势在于：

1）相比仲裁或诉讼的强制性，更利于创造友好气氛，对争端各方更具有吸引力；

2）与仲裁或诉讼的不确定性相比，争端双方可更好地控制解决结果；

3）ADR的工作过程和方式更加快捷和经济，更有利于保护各方的商业关系。

同任何合同争端一样，国际工程争端最终解决途径是国际仲裁或法院诉讼。仲裁和诉讼虽然不是最理想的解决方式，但当协商和ADR都不能奏效时，仍不失为有效的最终解决途径。因为仲裁裁决和诉讼判决具有法律效力和执行保障，对争端双方的约束力最强。

世界银行在1995版《工程采购标准招标文件》中正式提出DRB用于替代工程师的争端解决功能，FIDIC1996版《土木工程施工合同条件》增补本引入了争端审议委员会机制（DRB）。FIDIC在1995版《设计—建造与交钥匙合同条件》中加入了DAB的相关规定。

6.5.2 2017版系列合同条件争端解决的相关规定分析

2017版系列合同条件在通用合同条件中将争端解决独立成为一个一级条款，将1999版的DAB机制升级为DAAB。2017版系列合同条件的争端解决条款总体一致，本节主要以2017版黄皮书为例进行分析。

（1）DAAB的成员

DAAB成员原则上由业主和承包商协商，从专用合同条件的合同数据列明的备选名单中选取一人或三人，除非另有约定一般应为三人。为保证DAAB的中立性，其成员候选人由业主和承包商各自确定一名并报对方认可，双方及两名候选人共同协商确定第三名候选人并指定其为DAAB主席。DAAB成员任命应在承包商收到中标函后的约定时限或28天内完成，并以正式签署DAAB协议的日期为DAAB组建日。

若合同双方未在规定的期限内就DAAB成员任命达成一致，包括在初次组建中未选出本方候选人、未同意对方候选人、或未就主席候选人达成一致；或未就替代成员达成一致；或虽就任命或替代任命已达成一致但不能或拒绝按时签署DAAB协议三种情况下，可由合同指定的实体或官方机构经与合同双方进行必要协商后直接任命DAAB成员。

合同双方可随时共同商定主动中止任何DAAB成员的工作，也可在DAAB成员拒绝履职或不能履职42天内完成替代人员的任命。新接替人员的任命应与被替代者之前的任命方式相同。

DAAB在项目结清单已生效或被视作已生效当天解散；结清单生效前，若DAAB已就提交其解决的全部争端做出决定，则DAAB在最后一个争端决定做出后的第28天解散；涉及合同终止的情形时，若DAAB已对终止日后224天内提交其解决的争端全部给出决定，则DAAB在给出最后一项决定的28天后解散，或在各方已就合同终止所有事宜达成最终一致的28天后解散。

（2）DAAB责任与权利

DAAB的主要责任是合同实施过程中的争端避免和裁决。争端避免方面，DAAB可应各方请求或主动提供协助，启动非正式讨论，尝试解决合同履行期间产生的任何问题。争端裁决方面，DAAB接受任一方关于争端裁决的委托，进行必要的调查，并在期限内给出有理有据的决定；DAAB的裁决行为不被视作仲裁，DAAB成员也不以仲裁员身份开展工作。

DAAB承担责任的同时享有相应报酬。DAAB成员的报酬条件，包括其所需咨询专家的报酬，应一并写入DAAB协议，合同双方各负责该报酬和其他相关费用的一半。对于特殊情形下由实体或官方机构直接任命的DAAB，其报酬条件也要写入任命协议中。

DAAB有权在收到争端解决委托后，要求各方迅速向其提供做出决定所必备的所有资料、现场进入权和供其使用的相应设施；有权在其未收到报酬款项前不做出决定；有权在其做出决定后要求各方无论是否满意都迅速遵照执行其决定要求；DAAB决定一方向另一方付款的，无需其他证书或通知，该决定涉及的款项即为立即到期应付的款项。

（3）DAAB争端解决程序

2017版系列合同条件中DAAB的争端解决程序如图6-3所示（以黄皮书为例）。

合同双方因各种原因产生争端时，除非该争端正在按合同规定交由工程师解决，否则只要DAAB已就绪，各方可书面联合请求DAAB就此争端提供协助，启动非正式讨论。当然，若DAAB意识到争端可能产生，也可主动邀请合同双方做出此请求。DAAB的非正式协助可在双方同时在场的任何适宜时机开展，且DAAB在争端避免过程中给出的建议、观点都不要求强制执行，也不对未来的争端解决过程形成约束。若争端发生时，由于任命期满或其他原因，DAAB不能有效工作，则任一方可直接提起仲裁。

若DAAB关于争端避免所做的努力未成功，则任一方均可将此争端以书面方式正式提交DAAB由其给出决定，同时应抄送另一方和工程师。随后，各方应迅速向DAAB提供必要的资料、现场进入权和相关设施。DAAB应在收到争端委托的84天内或双方认可的其他期限内向双方同时发出决定并抄送工程师。若DAAB决定涉及一方向另一方支付费用，在DAAB认为有必要时，可要求收款方提供对应金额的保函。

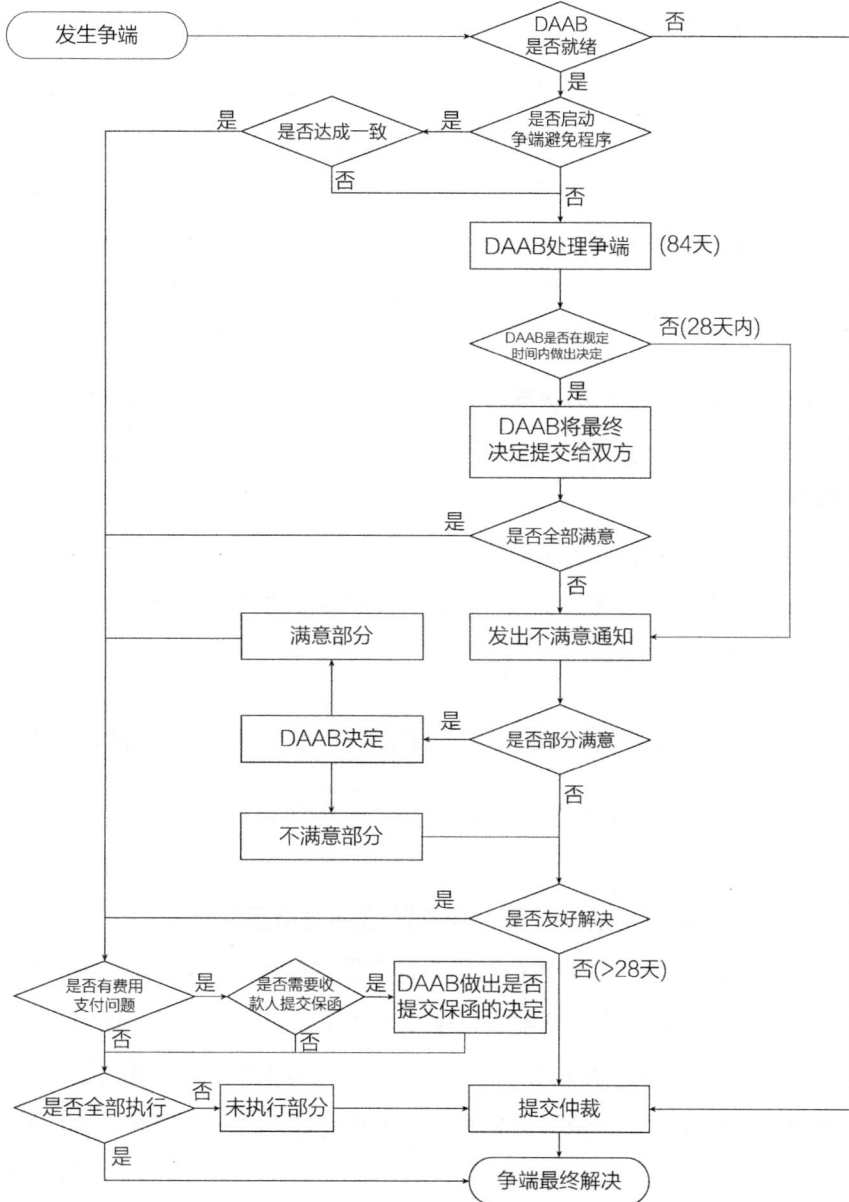

图6-3 2017版黄皮书DAAB争端解决处理流程示意图

若任一方对DAAB决定全部不满意或部分不满意，可在收到决定的28天内向另一方发出不满意通知，明确标出不满意的部分，并抄送DAAB和工程师。若DAAB没有在规定时限内给出决定，任一方可在期限到期后28天内向另一方发出不满意通知。

若合同双方在收到DAAB决定后的28天内未发出不满意通知，或已发出部分不满意通知并明确标出不满意部分，则已满意的决定（或部分决定）将成为最终及有约束力的决定，并应迅速遵照执行。但若有一方同意但未执行该决定（或部分决定），则另一方可提交仲裁。在这种情形下，仲裁庭不是改变DAAB的决定，而是将DAAB的决定升级为仲裁裁决。如果另一方仍拒绝执行，则可向法院申请强制执行。

由于DAAB未就绪、不满意DAAB决定、不执行DAAB决定等原因，争端将直接进入仲裁程序。

任一方就DAAB决定发出不满意通知后，应在着手仲裁前努力以友好方式解决争端。但无论是否尝试了友好解决，只要争端还存在，就可在不满意通知发出28天后正式启动仲裁程序。

2017版系列合同条件均默认仲裁机构为国际商会仲裁庭，仲裁依据其规则进行，由一名或三名仲裁员负责。仲裁在工程竣工前或竣工后均可进行。仲裁的结果是终局性的，合同双方必须执行。

6.5.3　2017版和1999版系列合同条件关于争端解决的对比分析

2017版系列合同条件关于争端解决的规定在1999版的基础上进行了很多改进和完善。

（1）2017版系列合同条件将争端与索赔区别对待且篇幅增加

索赔与争端是工程项目合同执行过程中的主要"摩擦力"。因此，在2017版系列合同条件的修订过程中，FIDIC将索赔与争端作为重要议题来考虑，期望合理、及时的处理索赔问题，以尽量避免索赔升级为争端。经过多年的国际工程合同管理实践，FIDIC认为索赔仅仅是某一方依据合同对自己的权利提出的一种要求，不一定必然上升为争端，只有索赔部分或全部被拒绝时才可能形成争端。因此2017版系列合同条件对1999版系列合同条件的"索赔、争端与仲裁"条款进行了重组和扩展，拆分成了两个条款：第20条［业主和承包商的索赔］和第21条［争端和仲裁］。

2017版系列合同条件第21条［争端和仲裁］由8款组成，除新增的第21.3款［争端避免］外，其他7款与1999版总体上一一对应。2017版系列合同条件文字更加详实，正文篇幅由1999版的4页扩充至6页，DAAB协议和程序规则也由1999版系列合同条件的6页增加至17页。2017版系列合同条件条款的标题设置更加切题，如第21.1款［DAAB的组成］，对应1999版系列合同条件第20.2款［DAB的任命］，而本款实际上强调的是DAAB的组织构成，并非仅仅是"任命"这一动作，故"组成"一词用于标题更为贴切。再如，第21.8款［不存在DAAB］覆盖的情形更加全面，而1999版系列合同条件第20.8款［DAB任命到期］只是其不存在的情况之一。

（2）2017版系列合同条件更加注重争端的避免且要求运行效率更高

如同索赔不一定导致争端一样，潜在的争端也不一定必然走向争端解决程序。FIDIC希望各方多采取积极主动的态度，尽量避免和减少重大争端的发生。2017版系列合同条件新增第21.3款［争端避免］，强调DAAB调解功能。DAAB不仅可根据合同双方的请求从中调解，还可主动要求双方尽早避免争端升级，可有效改进合同双方的协作关系，降低争端解决成本，提高合同的执行效率。

2017版系列合同条件均要求DAAB作为常设机构（1999版仅红皮书要求是常设机构），且要求在承包商收到中标函后28天随即组建，争端出现时可立即着手解决；仲裁启动时间更早，由1999版系列合同条件合同任一方发出不满意通知后56天方可着手进行减少至28天；1999版系列合同条件默认为三名仲裁员，而2017版系列合同条件在通用条件中给出了独任仲裁或三名仲裁员这两种选择。

（3）2017版系列合同条件条款逻辑更为清晰行文更加严谨

作为DAAB机制的核心条款，2017版系列合同条件第21.4款［获得DAAB的决定］较1999版更加结构化。该款相比1999版系列合同条件采用了二级子款的行文方式，划分为第21.4.1款［向DAAB提交争端］、第21.4.2款［争端提交后各方的义务］、第21.4.3款［DAAB的决定］、第21.4.4款［不满意DAAB的决定］等四个二级子款，逻辑更为清晰，更便于操作。

2017版系列合同条件争端解决条款行文更加严谨。明确以签署DAAB协议作为DAAB生效日，与失效日对应，形成机制闭环；将DAAB失效与合同结清单和合同终止两种情形关联；明确了由指定实体或官员任命DAAB这一特殊情形下的报酬来源和适用法律；考虑了合同一方先行支付DAAB全部报酬的情况；将提交争端委托和对工程师决定的不满意通知发出时限相关联；强调了争端解决委托提交后，相应诉讼时效等随即中断计算；强调了争端解决委托提交后各方均负有相应义务，而并非承包商单方面承担；明确了DAAB决定应同时发送合同各方和工程师；明确了对DAAB决定的不满意通知应抄送DAAB和工程师;强调在DAAB未就绪情况下将争端直接提交仲裁并不影响提交仲裁一方拥有的其他权利。

2017版系列合同条件还考虑了其他一些问题:在DAAB成员报酬中增加其咨询专家的相关费用;对DAAB成员不能履职的情形,增加考虑"疾病"的情况;对DAAB成员未能任命的情形,增加考虑了各方虽同意人选但拒绝签约的情形;明确业主对工程师遵从DAAB决定负责;就DAAB决定和仲裁裁决涉及合同一方向另一方付款的情况,增加了关于决定和裁决效力的表述;考虑了各方仅对DAAB决定部分不满意的情况;增加了DAAB组建时合同双方的不配合程度,及其对仲裁费用承担的影响。

2017版系列合同条件的争端解决相关规定能否达到预期目标,还有待进一步观察,如:DAAB常设化、预警机制及非正式沟通将增加争端解决的成本,中小型项目的合同双方是否愿意承受。国际工程合同争端永远是一个重要且困难的议题,广大国际工程合同管理从业者应在实践中不断总结完善,为合同的顺利执行创造良好机制和条件。

本节内容摘自《国际经济合作》期刊2018年第7期
作者:杜博、姜琳、陈勇强

FIDIC

第 **7** 章

2017 版与 1999 版
三本合同条件比较

7.1 2017版与1999版红皮书比较分析

　　2017版施工合同条件（红皮书）与1999版相比在篇幅上大幅增加，各项规定更加具体明确；总体结构基本保持不变，但做了局部调整，将"不可抗力"重新命名为"例外事件"，将索赔与争端区分开并增加了争端预警机制。本节以业主、承包商和工程师为主线，对三方的权力、义务、职责和要求等方面的修订做了比较分析，2017版系列合同条件并未改变1999版原有的风险分配原则，但拓展和加强了工程师的作用，同时强调了工程师的中立性。2017版系列合同条件有关合同管理和项目管理方面的相应规定更加详细、清晰，更具可操作性，强调在各项处理程序上业主和承包商的对等关系。本节仅对两个版本进行了客观的比较分析，未对2017版系列合同条件新的变化和调整作过多评论。

FIDIC1987年《土木工程施工合同条件》（第四版）是以ICE（Institution of Civil Engineers）合同条件为蓝本编制的。1999版红皮书与1987年《土木工程施工合同条件》（第四版）的主要应用条件基本相同，但1999版跳出了ICE合同框架，在布局、结构、措辞等方面作了重大的修改。1999版红皮书已经使用了18年，随着国际工程市场的发展和变化，工程项目管理水平的提升，FIDIC感到有必要根据业界的最佳实践做法，针对1999版红皮书在应用中产生的问题进行修订和调整，以使其能更好的反映国际工程实践，更具有代表性和普遍意义。2017版红皮书与1999版相比：业主与承包商之间的风险分配原则不变，合同条件的应用范围不变；业主和承包商的职责和义务基本不变，通用合同条件的整体架构基本不变。本节将重点对2017版与1999版红皮书进行比较分析。

7.1.1 2017版红皮书的篇幅大幅增加

2017版红皮书较1999版最大的变化是篇幅大幅度增加，通用合同条件由原有62页增加到了106页，通用合同条件的字数由原来1999版的大约29，800个单词（FIDIC1987年第四版《土木工程施工合同条件》只有大约23，500个单词），增加到2017版的大约48，900个单词，各条款规定的更加详细。各条款内容相应的增加幅度详见图7-1。2017版红皮书与1999版相比，原来的第1条"定义"、第2条"工程师"、

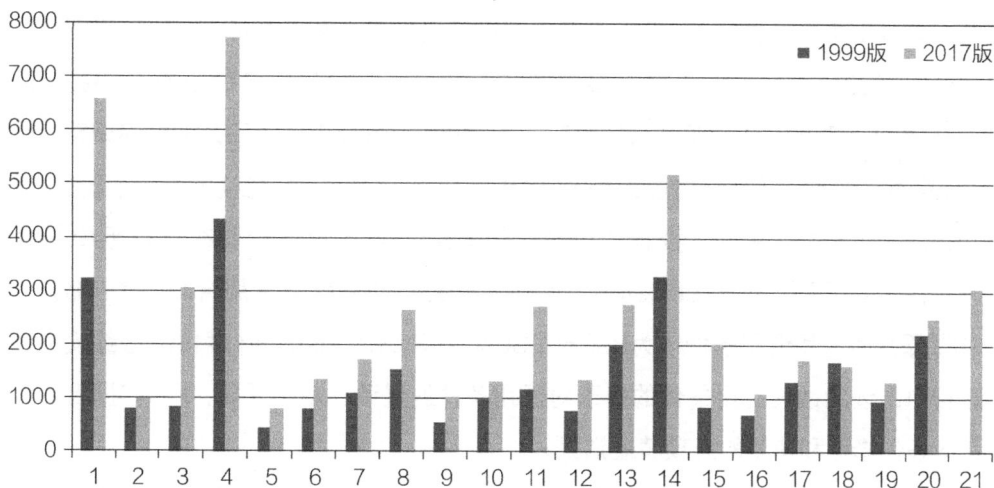

图7-1 2017版红皮书通用合同条件与1999版对应条款篇幅对比示意图

（注：2017版红皮书将1999版的第18、19款位置进行了对调，图中第18条为两个保险条款的比较，第19条为不可抗力与例外事件条款的比较；图中纵轴为单词数，横轴为条款序号）

第4条"承包商"、第11条"缺陷责任"、第14条"合同价格与支付"、第15条"由业主终止",尤其是原来的第20条"索赔、争端和仲裁"增加幅度较大。除了原来的"保险"条款的篇幅略有减少外,其他各条款均有不同幅度的增加。

7.1.2 2017版红皮书在结构上的调整

2017版红皮书与1999版相比总体结构变化不大,在结构上的调整主要有:

1)2017版红皮书通用合同条件有21个条款,1999版有20个条款;2017版红皮书二级子条款为168条,三级条款为147条;1999版红皮书二级子条款为163条,三级条款仅第1条"定义"中有6个三级条款,其他条款中均无三级条款,2017版红皮书的通用条件因为篇幅大幅增加使得其结构变得更加复杂。

2)2017版红皮书将1999版的第5条"指定分包商"(Nominated Subcontractor)改为"分包"(Subcontracting),包含了一般分包商和指定分包商。

3)2017版红皮书将1999版的第18和19条顺序互换,"不可抗力"(Force Majeure)被重新命名为"例外事件"(Exceptional Events),2017版红皮书第19条为保险。

4)2017版红皮书将1999版的第20条"索赔、争端和仲裁"分为了20和21两个条款,同时强调同等对待业主和承包商提出的索赔,即业主和承包商的索赔适用同一程序。

5)2017版红皮书对1999版的通用合同条件部分二级子条款进行了调整、合并或增删,具体变化详见表7-1。其中原来1999版红皮书13.4款有关以适用的货币支付的规定纳入了2017版红皮书的14.15款;2017版红皮书第17条的名称由原来1999版的"风险与责任"改为"工程照管与保障",且与1999版第17条相比子条款顺序调整比较大,子条款的名称并不完全对应;1999版19.5款不可抗力影响分包商的内容被删掉。

6)1999版红皮书的"投标书附录"(Appendix to Tender)在2017版中被命名为"合同数据"(Contract Data),该部分在2017版中作为专用合同条件A部分,1999版原来的专用合同条件作为B部分(Special Provisions)。针对1999版红皮书使用过程中出现的通过专用条件的修改对通用条件的误读、滥改现象,FIDIC提出了专用合同条件修订和使用的五项黄金法则;

7)2017版红皮书专用条件编写指南中增加了与合同条件一起使用BIM(Building Information Modelling)的说明,提醒用户如果使用BIM,合同条件中相应的条款可能需要修改。FIDIC还计划近期出版与2017版系列合同条件配套使用的关于BIM

2017 版与 1999 版红皮书通用合同条件二级子条款位置变化对照表　　表 7-1

2017版位置	1999版位置	2017版位置	1999版位置	2017版位置	1999版位置
1.15	17.6	5.1	4.4, 4.5	17.2, 17.5, 17.6	17.3, 17.4
1.16	-	5.2	5.1, 5.2, 5.3, 5.4	18.1	19.1
2.5, 4.10	4.10	6.12	-	-	19.5
2.6	4.20	8.4	-	18.5 ~ 18.6	19.6 ~ 19.7
3.1, 3.2	3.1	8.5 ~ 8.13	8.4 ~ 8.12	19.1	18.1
3.3	-	14.15	13.4	19.2	18.2, 18.3, 18.4
3.4 ~ 3.7	3.2 ~ 3.5	13.4 ~ 13.7	13.5 ~ 13.8	20.1, 20.2	2.5, 20.1
3.8	-	15.5, 15.6, 15.7	15.5	21.1 ~ 21.2	20.2 ~ 20.3
4.4	-	17.1, 17.2	17.2	21.3	-
4.5	-	17.3	17.5	21.4 ~ 21.8	20.4 ~ 20.8
4.20 ~ 4.23	4.21 ~ 4.24	17.4, 17.5, 17.6	17.1		

注："－"表示无对应二级子条款，表中未提及的条款表示在两个版本中位置相同。

的"技术性指南"（Technology Guideline）和"针对BIM的工作范围定义指南"（Definition of Scope Guideline Specific to BIM）；

8）1999版红皮书的"争端裁决委员会"（DAB）改为2017版的"争端避免／裁决委员会"（DAAB），DAAB协议书模板和程序规则也有较大篇幅的增加，由1999版的6页增加至2017版的17页，一般条件由9项一级条款增加至12项，程序规则由9项增加至11项。

7.1.3　业主、承包商及工程师相应义务、职责和要求的修订

（1）业主

1）业主的财务安排（参见2.4款）

（注：本文当提到参见某个条款时，均指2017版施工合同通用条件原文中相应的条款）

2017版红皮书要求业主的财务安排应在合同数据表中详细说明，而1999版对应的条款中仅规定业主在收到承包商要求后28天内向承包商提供资金安排的合理证据。

2）竣工时间的延长（参见4.15、8.6款）

2017版红皮书新增了承包商获得竣工时间延长的条件：在基准日期后由于第三方对进场路线的更改而造成进入现场的路线不适用或不可用时，承包商在这种情况下可获得救济。2017版红皮书中由于公共当局造成的延误这一条款所指的"公共当局"

还包括私营公用事业实体。

3）潜在缺陷（参见11.10款）

1999版红皮书（除了规定每一方对签发的履约证书中规定的未履行的义务承担责任外）没有提及潜在缺陷责任，因此承包商的相应责任将按管辖法律界定。2017版红皮书进一步限制了承包商履行责任的期限：除非法律禁止（或在任何欺诈、重大过失、故意违约或鲁莽不当行为的情况下），否则承包商对生产设备的潜在缺陷或损害的修复责任应在缺陷通知期期满两年后解除。

4）利润（参见1.1.20、13.3、15.6款）

1999版红皮书仅规定了承包商有权获得成本加合理利润的赔偿（在专用条件范例中提及了利润为成本的5%），2017版规定，在大多数情况下承包商可获赔的利润默认为成本的5%。根据15.5款业主终止合同后，承包商有权力获得由终止而导致损失的利润。

5）业主的原因自便终止合同（参见15.5、15.6、15.7款）

1999版红皮书仅对由于业主自身原因主动终止合同的情况做了简单的规定，2017版则用三个子条款对这种情况的处理做了比较详细的规定。

6）照管工程的义务（参见17.2、17.5款）

2017版红皮书不再使用1999版17.3款"业主风险"这样的描述，但2017版17.2和17.5款包含了1999版中有关"业主风险"的内容，并在一定程度上增大了1999版"业主风险"的范围，如2017版业主风险明确包括了业主人员或其他承包商的任何行为或违约。17.2款提供了并发事件的解决方式，即双方分摊因业主风险事件和承包商原因共同造成的损失或损害。

7）业主对承包商的保障（参见17.5、17.6款）

2017版红皮书中承包商的免责范围在一定程度上增大了：承包商免受因业主、业主人员或其代理人的任何疏忽、故意行为或违约而造成的财产损失，而且根据17.5款承包商应免于承担因业主负责事件造成财产损失的所有费用。如果一方免责条款下的责任事项受另一方负责事件影响而造成损失，则受损一方的责任可按另一方负责事件造成损失的程度按比例减少。

（2）承包商

1）承包商的一般义务（参见4.1款）

2017版红皮书简化了承包商的核心义务，承包商应按照合同实施工程。同时，

2017版红皮书扩大了承包商按合同规定负责任何设计时的义务，承包商应保证设计和承包商文件符合规范和法律（在工程接收时生效）中规定的技术标准，且符合构成合同的文件。

2）履约保证（参见4.2款）

2017版红皮书规定了当变更或调整导致合同价格相比中标价增加或减少20%以上时，业主可要求承包商增加履约保证金额，承包商也可减少履约保证金额，如因业主要求导致承包商成本增加，此时应该适用变更条款。

3）承包商文件（参见4.1、4.4款）

2017版红皮书规定，当承包商负责永久工程任何一部分的设计时，在工程师已发出（或被视为已发出）关于承包商文件的无异议通知之前，不能开始施工。此外，2017版红皮书扩大了承包商提供竣工记录、操作和维修手册的义务。

4）承包商的关键人员（参见6.12款）

1999版红皮书仅对承包商的代表（也就是承包商的项目经理）人选及替换提出了具体要求，2017版增加了对承包商其他关键人员的要求，并明确了这些关键人员的替换问题。

5）竣工时间的延长（参见8.5款）

2017版红皮书规定承包商无需根据20.2款对因变更引起的工期索赔发出通知，处理变更后工期变动的机制已经被纳入变更程序，并且2017版新增了一项工期延长的规定：如果变更导致工程量增加10%以上，则承包商有权延长工期。此外，2017版红皮书敦促双方在专用条件中规定处理共同延误的规则和程序。

6）工程接收（参见10.1款）

2017版红皮书比1999版新增了工程接收的条件，新增内容为：除非工程师根据4.4款就竣工记录和操作与维修手册已发出（或被视为已发出）无异议通知，且承包商根据4.5款已按照规范提供培训，工程才可竣工。

7）修复缺陷的成本（参见11.2款）

2017版红皮书比1999版增加了承包商负担修复缺陷成本的事项：承包商有责任修复由于承包商负责的事项（如竣工记录、操作与维修手册和培训）而导致的操作或维修不当引起的缺陷。

8）变更（参见13.3款）

2017版红皮书明确地将变更分为三种启动方式：指示性变更、征求建议书和承包商提出的有价值工程性质的变更。指示性变更要求：承包商应提交详细的资料，包括将进行的工作、采用的资源和方法；执行变更的进度计划；修改进度计划和竣工时间的建议书；修改合同价格的建议（附证据）；以及承包商认为应得的任何有关工期增加而发生的费用。当征求建议书时，承包商由于提交建议书增加的成本可根据20.2款进行索赔。承包商主动提出的有价值工程性质的变更按13.2款规定处理。

9）承包商设计风险（参见17.4款）

2017版红皮书新增一项业主免责内容：要求承包商保障业主的工程利益不受承包商设计（如果有）中所有错误的影响，并免于承担任何责任。1.15款规定责任总额上限适用此类风险，限制了承包商在这方面的责任。

10）责任限度（参见1.15款）

责任限度条款规定，任何一方不应对另一方可能遭受的与合同有关的任何间接或结果性损失负责，而根据条款特别指出的一些情况除外。2017版红皮书中，此类除外情况范围有所增加：包括8.8款"误期损害赔偿费"和17.3款"知识和工业产权"中所指的情况，但2017版仍未定义"间接性或结果性损失"（indirect or consequential loss）的概念。2017版红皮书还新增了一项责任限度条款不适用的情况，即"重大过失"（gross negligence）。

（3）工程师

2017版红皮书扩展和增强了工程师的角色和职责。

1）资质（参见3.1款）

2017版红皮书对工程师提出了更高的专业资质和语言能力要求。

2）工程师代表（参见3.3款）

2017版红皮书新增了这一条款，工程师可指定工程师代表按照3.4款行使工程师的权力，并要求工程师代表要常驻现场，而且工程师不能随意更换其代表。

3）工程师的职责和权限（参见3.2、3.4款）

2017版红皮书工程师无需业主批准即可根据3.7款"商定或决定"做出决定。2017版红皮书3.4款比1999版增加了工程师不能委托授权给其他工程师助理的职责，除了"商定或决定"不能授权给其助理之外，还规定不能将15.1款中发出纠正通知的权利授权给工程师的助理。

4）商定或决定（参见3.7款）

与1999版红皮书不同，2017版要求工程师在处理合同事务使用"商定或决定"

条款时必须保持"中立",而不应被视为代表业主行事。2017版红皮书规定了以工程师为核心达成协议的协商程序。如果双方无法在42天内就事项达成一致,而工程师又未能在下一个42天内公平决定该事项,则双方可视为存在争端,该争端可由任何一方向DAAB提交且无需发出不满意通知。如果任何一方对某项决定提出异议,必须在28天内发出不满意通知,否则该决定将被视为最终决定并具有约束力。如果任何一方未能遵守双方的协议或具有约束力的最终裁定,另一方可将未能履行协议的情况直接提交仲裁。

5)会议(参见3.8款)

这是2017版红皮书新增加的一个子条款,规定了工程师或承包商均可以就施工问题召集并安排会议,业主可自行参加会议。

7.1.4 2017版红皮书在合同与项目管理方面的主要变化

2017版红皮书的大多数变化与合同管理有关,目标是为合同双方提供更具体、明确和确定的预期结果以及不遵守的后果。2017版红皮书给出了更详细的程序和时间节点,如果一方不遵守,就会触发"视为"(deem/deemed)规定(2017版红皮书通用合同条件中"视为"一词共出现了107处),通常会导致被视为拒绝或同意,以避免项目"停滞"。对合同中常用且容易产生歧义的"shall"给出了强制执行的涵义;而"may"则解释为可做,也可以不做。

2017版红皮书1.1款"定义"由1999版的58个增加到了88个,而且是按字母顺序排列,没有沿用1999版按组划分;同时增加了部分常用词组定义的缩写,如NOD(Notice of Dissatisfaction)表示不满意的通知、EOT(Extension of Time)表示工期的延长等。合同关键词或词组定义的增加使得各方的合同管理和沟通过程更加标准化,减少歧义的产生。

2017版红皮书中的变化有关的还包括:所有通信(含"通知",有明确定义)必须明确它的具体通信类型,并说明要求提供该通信的合同条款(通知除外)(参见1.3款),同时规定的一方必须发出通知的情况显著增加。此外,关于审查承包商文件,工程师的决定、变更、照管、支付申请、合同终止、索赔和纠纷等,有更详细的程序和规定;对工程师及其员工的角色也给出了更加清晰的说明。

2017版红皮书增加了项目管理方面的相关规定。随着各种项目管理工具的普及和应用,2017版借鉴了NEC(New Engineering Contract)合同条件关于项目管理方面的一些成熟理念，如在8.5款"工期的延长"增加一段旨在解决共同延误问题的规定。

2017版红皮书对进度计划要求有所加强，例如每个进度计划必须包含逻辑关系、浮时和关键路径等细节，因此承包商在投标阶段需要考虑符合此要求而增加的成本。此外，2017版红皮书规定，任何进度计划的内容均不能免除承包商发送合同规定通知的义务，从而避免承包商视进度计划为提出工期延长索赔通知的情况出现。（参见8.3款）

2017版红皮书规定承包商需要准备和执行质量管理体系（QMS）和合规验证体系（CVS）。此外，承包商应对QMS进行内部审核，报告工程师审核结果并按工程师要求提交一套完整的CVS记录。（参见4.9款）

2017版红皮书更加重视健康、安全和环境保护问题，明确规定承包商应按合同的要求在开工日期之后的21天内，向工程师提交健康和安全手册，并对手册的内容提出了具体要求。（参见4.8、4.18、6.7款）

7.1.5　2017版红皮书将索赔与争端区别对待

2017版红皮书对索赔与争端条款进行了重组和扩展，将这两个问题分开处理。1999版中，20.1款及2.5款分别规定了承包商的索赔和业主的索赔，但这两个条款对业主和承包商索赔权利和义务的规定是不对称的，对承包商索赔的规定更加详细，更加严格，而2017版将这两个子条款合并在了同一条款，即第20条中对承包商和业主索赔规定了相同的程序。

2017版红皮书对工期和费用索赔有两个时间限制（time-bar）规定：第一，要求在发现导致索赔的事件后28天内发出索赔通知；第二是要求索赔方在84天内提交完整详细的索赔资料。相对于1999版红皮书而言，提交全面详细索赔资料的期限已从42天（发现导致索赔的事件后）延长至84天。尽管有时间限制规定，任何索赔通知的有效性应由工程师根据3.7款同意或决定。作为此过程的一部分，索赔方可以提交关于为什么迟交索赔通知或在完全详细索赔意见书中对工程师的同意或决定表示异议。除了工期和费用索赔之外，2017版红皮书还引入了第三类索赔："其他索赔事项"，这类索赔应由工程师根据3.7款商定或决定。针对这类索赔第20条索赔程序不适用。2017版红皮书在8.5款中提及了变更导致竣工时间的延长中无需按照20.2款规定的程序，这与1999版8.4款中对由于变更引起的竣工时间延长要求不同。

2017版红皮书对1999版争端解决条款进行了较大幅度的修改，要求在项目开工之后尽快设立DAAB，且强调DAAB是一个常设机构，还对当事人未能任命DAAB成员做了详细规定（21.2款）。2017版红皮书在一个新的子条款（21.3款）中提出并强调DAAB非正式的避免纠纷的作用，DAAB可应合同双方的共同要求，非正式地参与或尝试进行合同双方问题或分歧的解决，相关要求可在除工程师对此事按3.7款开展工作以外的任何时间发出；同时，若DAAB意识到问题或分歧存在，可邀请双方发起DAAB介入的请求，以尽量避免争端的发生。

2017版红皮书要求在与工程师的决定有关的NOD发出后42天内将争端提交给DAAB，如果超过此时间限制，则该决定将变为最终的并具有约束力（21.4.1款）。

7.1.6 2017版红皮书实践应用展望

FIDIC 2017版红皮书在1999版的基础上进行了修订，FIDIC期待着新的版本能够对用户更加友好，在业界的应用更加广泛和深入。2017版红皮书较1999版通用合同条件增加的内容很多，对于母语不是英语的用户而言，面对结构复杂、内容庞杂的合同条件，多大程度能够充分理解其深层含义并很好的应用？2017版红皮书对工程师重新定位，工程师在合同中的作用得到了拓展和加强，并要求其在商定意见和做出决定时"中立"行事，但由于工程师仍由业主聘用，如何真正做到"中立"？2017版红皮书增加了第三类索赔事项（"其他索赔事项"），而对于此类索赔要工程师作出决定或达成协议，这一修改要求工程师决定业主的索赔能否做到？2017版红皮书要求DAAB为常设机构，且强化了DAAB决定的权威性，各方是否都能接受，DAAB的争端预警作用能否很好的发挥？业主方在国际工程市场中占有主导地位的现实不会改变，有些条款增大了业主的风险和承包商的免责范围，能否被业主方所接受？这些问题都有待观察和实践检验。

当然，没有任何一个组织或机构可以编制出完美无缺、放之四海而皆准的合同范本，只要持续改进，就能不断降低合同参与各方的交易成本，提高项目的实施效率。本节只对2017版和1999版红皮书做了客观的对比，并未做过多评论，后续还将进一步深入分析和讨论，希望和业界的同仁们一起提升对该国际权威合同范本的认知和理解。

本节内容摘自《国际经济合作》期刊2018年第4期

作者：陈勇强、朱星宇、石慧、谢爽

7.2 2017版与1999版 黄皮书比较分析

本节介绍了2017版生产设备和设计—建造合同条件（黄皮书）的修订背景，并通过2017版与1999版黄皮书的对比，系统分析了2017版在合同结构、工程师和DAAB的角色与职责、合同工作程序、变更、共同延误、索赔与争端解决等方面做出的修订与改进，总结了2017版黄皮书的特点，为理解、掌握和运用2017版黄皮书提供一定借鉴。

7.2.1　合同修订背景

1999版黄皮书用于承包商设计的电气和（或）机械生产设备供货，以及建筑和工程的设计和实施。1999版黄皮书出版18年来得到广泛应用，其中关于业主和承包商之间平衡分担风险的原则也备受认可。

2017版黄皮书，篇幅较1999版黄皮书增加较多，通用条款从原来的63页（共20条）增加到109页（共21条）。此次修编合同范本，FIDIC坚持了以往的平衡分担风险的原则，同时综合考虑了1999版黄皮书的使用情况，主要特点为：

1）对通知和沟通提出了更清晰和更具体的要求。例如，特别强调了在发出通知或进行其他通讯交流时，对方不回应情形下的具体规定，或视为默认同意，或视为拒绝/否定；

2）将索赔与争端进行区分，同时强调同等对待业主和承包商提出的索赔，即业主和承包商的索赔适用同一程序；

3）增加了争端避免机制；

4）进一步强化了项目管理工具，包括对质量管理及其验证做了更为详细的规定。

此外，FIDIC一直力求推行工程界的"最佳实践（Best Practice）"在此次合同修编过程中也得到了充分体现。例如，强调工程师进行合同管理，明确具体操作的规范性，扩大争端裁决委员会的职能，名称变更为"争端避免/裁决委员会"（DAAB），由DAAB进行争端解决等。

对比两版合同，修编合同的原则基本不变，主要表现在：1）合同条件应用范围不变；2）业主和承包商的职责和义务基本不变；3）风险分担原则不变，总价固定，但在不可预见的物质条件和物价变动时可以调整总价。

7.2.2　合同内容对比

（1）合同结构

2017版黄皮书采用了与2008年FIDIC出版的《设计—建造和运营项目合同条件》相同的结构，将合同的专用合同条件分成两个部分：由A部分合同数据和B部分专用条款共同组成专用合同条件。其中合同数据就是1999版黄皮书的投标书附录，主要包含合同的主要数据信息，如合同双方的信息、业主的资金安排、预付款比例、保函比例等是针对某一具体工程的数据信息。

在合同架构方面，2017版与1999版黄皮书基本相同，但也做了一些调整，包括：

1）第1.1款中的定义不再按内容排列，而是按字母顺序排列，这与DBO合同条件的做法相同，增加了一些新定义。特别是对容易产生不同解释的"shall"一词给出了强制执行的含义，而"may"则解释为可以选择做或不做。

2）部分条款的位置进行了微调，如1999版黄皮书在第4条［承包商］下的第4.10款［现场数据］以及第4.20款［业主提供的材料和业主设备］中的内容在新版中纳入第2条［业主］中作为业主的职责和义务，1999版黄皮书第17条［风险与职责］下的第17.6款［责任限度］条款在新版中则纳入第1条［一般规定］中；

3）取消了1999版黄皮书中关于业主风险的相关条款（1999版黄皮书中的第17.3［业主的风险］和第17.4［业主风险的后果］），并对第17条进行了重新编排，不再使用"业主风险"一词，而将第17条更名为"工程照管与保障"。这种处理与国际上其他知名合同范本如NEC、AIA合同等类同，原因在于是否属于业主的风险以及后果如何，在合同具体条款中都有体现，无需做特别的统一规定。况且1999版黄皮书相关条款（第17.3和第17.4款）的规定也不能以偏概全，出现相关问题时仍需要参见具体条款，具体问题具体分析；

4）将1999版黄皮书中第19条［不可抗力］修改为1987年之前FIDIC红皮书采用的术语"例外事件"，这种变化的目的主要是为了避免与工程所在国法律制度或国际公约或条约中使用的"不可抗力"术语的含义相冲突，增加了FIDIC合同在国际上的普适性；

5）将1999版黄皮书第20条［索赔、争端和仲裁］拆分为两条，即第20条［索赔］和第21条［争端和仲裁］，分别对合同的索赔以及争端和仲裁进行规定。之所以做此拆分，是因为FIDIC希望将索赔和争端加以区分。

（2）工程师和DAAB

相比于1999版黄皮书，FIDIC在2017版黄皮书中对工程师的描述赋予更多笔墨，进一步强调和突出工程师的角色和职能，这也是FIDIC长年以来一直所推崇的"最佳实践"，具体表现在：

1）工程师的角色：在2017版黄皮书中增加了"工程师代表"角色，条款的具体内容为"若工程师是法律实体，依据合同需指定并授权一个自然人代表工程师行使权力。工程师（或者如果是法律实体，则代表行使权利的自然人）应当：a）是有合同要求的相应资质、经验和能力的专业工程师；并且b）具备流畅使用第1.4款［法律和语言］规定的主导语言能力。如果工程师是一个法律实体，他应当向各当事方通知其指定并授权代表其行事的自然人（任何替换的人）。通知到达各方之后，授权才生效。工程师撤销此类授权时也应当发出类似通知"。同时新设立第3.3款［工程师代表］，进一步规定工程师可指派一个工程师代表并依据第3.4款［工程师的付托］授予其在现场代表工程师行使权力，不同于"工程师"，该代表需常驻在现场。同时要求工程师代表具有相应的资格、经验和能力。如果此期间工程师代表要暂时离开现场，工程师应当指派另一位有相当资格、经验和能力的人代替，并向承包商发出此次替换的通知。这种层级的设置使工程师的组织架构相较1999版黄皮书更为清晰。

2）工程师的权限：工程师在履行第3.7款［商定或决定］时，无需事先征得业主同意，且业主也不能给工程师设限。

3）工程师的职责：2017版黄皮书细化了工程师的协调职责，鼓励工程师积极协调双方间的关系，促进合同双方对合同中的问题或索赔事项通过协商达成共识，并且强调了工程师在做决定时的"中立（neutrally）"态度。

4）工程师与双方协商和做出决定应遵循的程序，2017版黄皮书对此做出了更加详细的规定，指明了工程师的协商和决定行为应遵循的先后次序，旨在体现工程师在合同管理中的最佳实践。遵循的程序为：

a）与当事方充分协商，尽最大努力在规定的期限内达成协议；工程师应就达成的、双方签字的协议向双方发出通知；如未达成协议则由工程师做出决定。

b）工程师应在规定的期限内就其做出的公平的（fair）决定向双方发出通知，并详细解释做出此决定的原因以及依据。

c）工程师应当在42天内或者工程师提议且双方同意的其他期限内发出其决定的通知，在条款中规定了此期限的计算方法。

d）每项协议或者决定都对各方具有约束力（工程师也应当遵守），除非且直到依据合同对其进行修正；如对工程师的决定有疑问，任一方可向工程师提出，工程师应在7天内对此做出解释并发出通知。

e）如果不满意工程师的决定，可向对方发出不满意通知，同时抄送工程师，并提交DAAB做出裁决。

争端避免和裁决委员会（DAAB）由1999版黄皮书中的争端裁决委员会（DAB）延伸而来。相比于DAB，DAAB的主要变化有：

1）DAAB由原来的临时机构改为常设机构；

2）DAAB在DAB的基础上被赋予了新的任务，即"争端避免"。

在2017版黄皮书中，DAAB可应合同双方的共同要求，非正式地参与或尝试进行合同双方问题或分歧的解决，相关要求可在除工程师对此事按第3.7款［商定或决定］开展工作以外的任何时间发出；同时，若DAAB意识到问题或分歧的存在，可邀请双方发起DAAB介入的请求，以避免争端。需要注意的是，是否需要DAAB行使该职责，完全由合同双方自愿决定，且无论该职责履行与否，不影响DAAB对争端的处理或裁决。

2017版黄皮书强化了工程师决定（或在该条款中合同双方协商的结果）和DAAB决定的重要性，将其上升至是否实质性违约的程度，即如果合同一方未能遵守第3.7款［商定或决定］下双方达成的"最终协商结果"或工程师在该款下做出的、已经成为最终的且具有约束力（final and binding）的决定（即对工程师的决定双方未在收到后的28天内发出不满意通知）、DAAB在第21.4款［取得DAAB的决定］做出的决定（无论不满意通知发出与否），该行为构成实质性违约，另一方可以其违约暂停（第16.1款［承包商暂停］）或终止（第15.2款［承包商违约终止］和第16.2款［承包商终止］）合同。

该修订无疑是鉴于过去存在较多业主或承包商对工程师或DAAB的决定置之不理的现象，而合同中对这种情况如何处理又缺少明文规定。相信该条款的加入能够强化工程师和DAAB的决定的权威性，保障决定的有效实施。

（3）工作程序

1）变更

与1999版黄皮书相比，2017版在变更的工作程序（第13.3款［变更程序］）上做了更具体、明确的规定，包括如何发起变更、承包商应作何回复、如何确认变更价格等条款。

需要说明的是，在2017版黄皮书第13.3款［变更程序］中明确规定，承包商对变更自然享有延长工期（EOT）和调整合同价格的权利，无需按第20.2款［索赔款项和／或EOT］发出索赔通知等。

2）索赔

2017版黄皮书将承包商索赔和业主索赔都安排在同一条款下，且双方需遵守同一程序，此外2017版黄皮书中对索赔程序提出了更高、更详细的要求，包括：

a）将"在规定时间内提交索赔报告"细化为时间限制条款（Time-Barred

Clause），即除了1999版黄皮书规定的"承包商未能在合同规定时间内（28天内）提交索赔通知"以外，如承包商未在规定时间内提交索赔报告，将会丧失索赔资格。该规定同样适用于业主。

b）对索赔通知提高了要求，如在第4.20款［进度报告］（1999版黄皮书为第4.21款）明确指出，报告中的任何内容都不能作为"通知"。该修订基于过去较多的争端围绕着月报里的内容是否可视为"通知"这一现象，对承包商（同样也对业主）的合同管理工作提出了更高的要求，需及时通知，及时索赔，切忌心存侥幸。

c）对索赔报告的内容做了详细的规定，包括索赔方在索赔报告中需提出索赔的合同或其他法律依据（有关发票、临时付款证书等作为索赔证据有效性可参见案例"主合同仲裁与分包合同仲裁间的关系"）。

d）在索赔处理程序上，明确了工程师对索赔通知和索赔报告的响应。如承包商未能在合同规定的时间内提交索赔通知或提供索赔报告，则工程师应发出通知。

此外，针对承包商工期的索赔，2017版黄皮书第8.5款［竣工时间的延长］引入了共同延误的概念，要求合同双方对共同延误的处理另行商议并在专用条款中做出规定，若未作规定则须考虑各种相关情况作合适处理。对此FIDIC认为针对共同延误的处理，国际上并无统一的一套规则或程序（尽管英国Society of Construction Law颁布的工期延误和干扰索赔分析准则（Delay and Disruption Protocol）越来越被国际上所采用），因此推荐合同双方根据不同的法律环境选择使用不同的规则／程序。

3）争端处理

2017版黄皮书中对"争端"做了明确详细的定义，简而言之：一方发出索赔、另一方（或工程师）拒绝索赔以及索赔方不满意该拒绝，上述三种情况发生时方构成争端。

2017版黄皮书中增加了争端避免的相关条款，如双方可邀请DAAB非正式介入履行合同中遇到的问题，DAAB也可以正式邀请双方来解决。在第8.4款［提前预警］中还规定合同双方及工程师应对影响工程实施或影响合同工期、费用的事件进行提前预警。FIDIC认为此举有利于双方提前解决问题，避免将问题上升为争端。

除此之外，2017版与1999版黄皮书对争端处理的程序基本相同，即首先是DAAB做出决定，其次是当事方发出不满DAAB决定的通知及友好解决，最后是仲裁。

4）支付申请和审批

比较1999版，2017版黄皮书在第14条［合同价格和支付］并无实质性的变化，总体修订主要反映在相关内容的结构梳理（如第14.2款［预付款］和第14.6款［期中付款证书的签发］按步骤对内容进行归整）和条款的细化（如第14.3款［期中付款的申请］细化申请款项条目、第14.6款［期中付款证书的签发］对期中付款证书修改的处理、第14.11款［最终报表］和第14.13款［最终支付证书的签发］关于最终报表和证书的处理和签发流程）方面。

（4）暂停和终止

2017版黄皮书对暂停和终止的情形增加了一方未能遵守在第3.7款［商定或决定］下双方已经达成的协议、或工程师决定已经变成最终且对双方具有约束力的决定、或DAAB在第21.4款［取得DAAB的决定］的决定（无论不满意通知发出与否），则该方构成实质性违约，另一方可以该方违约为由暂停（第16.1款［承包商暂停］）甚至终止（第15.2款［承包商违约终止］和第16.2款［承包商终止］）合同。

此外，在终止的程序上增加了一个终止意向通知：一方发现另一方违约，先发起终止意向通知，如在14天违约方未能矫正其违约行为，则该方再发出终止通知，合同终止。终止意向通知不适用一方破产等合同规定的一些特定情形。

（5）对例外事件（不可抗力）的处理

新旧两版合同条件都在第18条对该事件的定义、处理、后果等做了相关规定，但不同的是，2017版黄皮书中将1999版黄皮书的"不可抗力"更名为"例外事件"。

此外，2017版黄皮书中强调了通知的重要性，受影响方只有在及时通知之后方可免于履行合同义务。

（6）其他

2017版黄皮书中对项目管理同样给予了重视，强调了HSE（第4.8款［健康和安全义务］）和质量管理（第4.9款［质量管理和合规验证系统］），相应的修改也与工程界强调QHSSE的趋势保持一致。

此外，2017版黄皮书中增加了一些"平衡"性条款，如保密、索赔、保障等适用合同双方而不仅是承包商，即对业主增加了较多的对等性条款。

7.2.3 模糊内容

经过深入分析，本文认为2017版黄皮书还存在以下模糊不清之处：在第14.3款［期中付款的申请］，2017版黄皮书虽对申请的条目做了进一步细化，但细化带来的问题是可能会存在漏项，如第（vi）项，根据合同或其他规定，应付的任何其他增加额或减少额，包括根据第3.7款［商定或决定］所确定的金额。（1999版黄皮书为"根据合同或其他规定，应付的任何其他增加额或减少额，包括根据第20条［索赔、争端和仲裁］所确定的金额"）。1999版黄皮书中应包含20条下所有的应付/应收款，包括工程师对索赔或DAB对争端决定的相关金额，而在2017版黄皮书中，只明确提出包含第3.7款［商定或决定］金额，而对是否含DAAB决定的金额，并没有明确（虽然从合同内容来看DAAB决定的金额可视为"任何其他增加额或减少额"）。读者在使用2017版黄皮书时需注意上述问题。

　　本节对2017版黄皮书的修订情况做了介绍，基于1999版和2017版黄皮书的基本内容，对其中的主要变化，包括合同结构、工程师和DAAB、主要工作程序（包括变更、索赔、争端处理）以及其他关于暂停终止、例外事件和项目管理方面作了详细的对比分析。总体看来，比较1999版与2017版黄皮书：

　　1）更具操作性和指导性，主要表现在对合同的内容进行了结构梳理，以方便使用者按其规定逐步（step by step）使用；

　　2）对业主和承包商在享有的合同权利方面更加均衡，增加了较多的对等性条款，如保密、索赔、保障等适用合同双方；

　　3）在合同管理方面进一步强调了工程师和DAAB的角色，倡导由工程师进行合同管理并建议DAAB作为常设机构，以便于合同问题或争端的高效处理；

　　4）强调了项目管理，包括强调了QHSSE，对沟通和通知做了更详细、明确的规定，同时在时间方面做了更为详细的规定，如接收证书默认签发和业主视为接收时合同完工时间、双方对通知的回应时间等；

　　5）增设了较多的缺省值，如上条中提到的默认时间，以及工程师对索赔的不回复视为拒绝、对于图纸的不批复视为签发了不反对意见等。

本节内容摘自《国际经济合作》期刊2018年第4期

作者：张玲、吕文学、杨志东、吴昊

7.3 2017版与1999版银皮书比较分析

为满足一些业主希望项目成本及工期相对确定的要求，1999年FIDIC发布了设计—采购—施工与交钥匙项目合同条件（银皮书）。虽然该版合同条件的应用日益广泛，但由于将大量风险分配给承包商，其风险分担的合理性在业内受到了一定质疑。2017版银皮书在维持原有风险分担原则基本不变的基础上，吸收借鉴了用户反馈以及国际工程的发展动向和最佳实践，强调双方权利与责任的对等以及沟通机制和质量管理的重要性。本节从风险分担机制、项目管理机制和索赔及争端解决机制三个方面，对2017版银皮书的主要变化进行分析。

7.3.1　2017版银皮书修订背景

随着项目融资的兴起，一些工程项目业主，特别是BOT项目，业主和银行都希望在项目启动初期获得相对固定的项目投资以及竣工日期，他们希望将更多的不确定性交给承包商承担，且愿意为此支付更多的费用以作为承包商承担风险的对价。为了适应市场的需要，1999年FIDIC发布了设计-采购-施工与交钥匙项目合同条件（Conditions of Contract for EPC/Turnkey Projects），在该合同模式下承包商负责完成设计、设备供货、施工安装、调试开车等工作，合同采用总价模式，与FIDIC其他合同条件相比，承包商承担的工作范围更广、风险更大。1999版银皮书发布后引起了很多承包商及承包商会组织的不满，在业内也受到了一些批评和质疑，一种较为普遍的观点认为该合同条件将过多的风险不合理地分配给了承包商。虽然FIDIC提示，若使用该合同条件，招标程序应允许在投标人和业主之间就技术问题和商务条件进行讨论，但在实际应用中，仍然有一些不满足上述条件的项目选用银皮书作为合同的通用条件，将承包商既无法合理预见、又无法合理避免或控制的风险交给承包商承担，导致承包商项目管理难度增加，项目索赔和争端的数量亦有所上升。

2017版银皮书，总结了1999版银皮书在18年应用中的实践经验，体现了FIDIC对于工程领域的变化和趋势的理解，吸收借鉴了以各专业协会为代表的广大用户提出的批评和建议，力求通过此次调整以满足工程界发展变化的需求，提高在项目执行中的可操作性，使业主和承包商之间的风险分担更加合理。

7.3.2　2017版银皮书的主要特征

2017版银皮书基本沿袭了1999版银皮书的风险分担原则，在此基础上对业主和承包商各自承担的风险进行了一定程度的调整，同时在沟通机制、进度管理、质量管理、索赔及争端解决机制等方面进行了修改和细化，其主要特征如下：

1）强调双方权利和义务的对等。如要求业主与承包商一样有义务遵守相关法律法规，业主对承包商的索赔也受索赔时效等索赔程序的限制；

2）对承包商的风险分配更强调可控原则，将承包商无法控制的业主行为、部分第三方行为、非仅有承包商人员参与的罢工等风险在一定范围内分配给业主，但同时，强调了承包商可控的设计工作应满足项目的预期目的，且进一步要求承包商承担相应责任；

3）项目管理机制，特别是进度管理、质量管理程序更加细化，项目沟通机制更加清晰具体，业主在项目执行过程中的介入程度也有所加深，如对承包商代表及承包商关键人员提出更加严格的要求，强调业主对工程分包的知情权以及直接向指定分包商付款的权利；

4）建立争端避免机制，更鼓励双方在索赔事项发生后应尽可能达成一致，如争端裁决委员会（DAB）改为争端避免/裁决委员会（DAAB），强调其职能应包含努力促使合同双方达成一致、尽量避免争端。

7.3.3　2017版与1999版银皮书比较分析

以下将从风险分担机制、项目管理机制、索赔及争端解决机制三个主要方面对2017版银皮书的主要修订进行分析。

（1）风险分担机制

2017版银皮书更强调双方责任的对等，同时对双方各自承担的不同风险事项做出了一定调整。根据1999版银皮书的相关规定，除非构成不可抗力（2017版使用"例外事件"，不再使用"不可抗力"），否则大部分非业主所能控制的风险均分配给承包商承担。2017版银皮书则较多地借鉴了2017版黄皮书的相关规定，即将一部分承包商无法合理预见或控制的风险重新分配给业主承担，但也同时强调由承包商承担的设计工作必须满足业主对该项目的预期使用目的，并承担相应保障责任。

1）保障责任

与1999版银皮书第17.1款［保障］相比，2017版第17.4款和第17.5款分别对承包商和业主的保障责任作出规定，既方便用户阅读和引用，也进一步体现了双方责任的对等。第17.4款将1999版银皮书中承包商由于设计、施工、竣工产生的保障责任拆分为由于施工产生的保障责任以及由于承包商的设计导致工程未能符合预期目的（FFP）而产生的保障责任。此处将FFP再一次在保障条款中明示，与FIDIC强调的2017版银皮书适用的项目环境相匹配，即业主提出项目目标但不过多参与项目执行，由承包商根据业主提出的预期目的负责实施并向业主交付工程。与此同时，FIDIC为了避免承包商承担的责任过大，在第1.14款关于责任限度与间接损失的规定中，仍然将满足项目预期使用目的的设计保障责任局限在直接损失范围内，并适用承包商责任限额的规定，这也与1999版银皮书有较大的区别。

第17.4款还将承包商对除工程以外的财产损失承担的保障责任由1999版银皮书

的"非业主原因导致的损害"调整为"承包商原因导致的损害",将双方责任之外的剩余风险分配给了业主。与此对应,在第17.5款[业主的保障责任]中,2017版银皮书则较多地借鉴了黄皮书的风险分担方式,明确业主应对其承担的设计工作承担保障责任。

2)工程照管和损害修复责任

2017版银皮书将1999版的第17.2款[承包商对工程的照管]、第17.3款[业主风险]、第17.4款[业主风险的后果]合并为一款,即第17.2款[工程照管责任]。承包商对工程照管和修复的免责范围增加了如下几项:因根据合同实施项目而无法避免的导致对道路、水、空气等造成的干扰;由业主对永久工程任何部分的例外占用或使用导致的影响;业主负责的设计工作产生的遗漏、缺陷或错误;由无法预见的或一个有经验的承包商无法合理地采取预防措施的自然力产生的损失;由业主人员或业主的其他承包商的任何行为或违约导致的影响。

3)进场道路

1999版银皮书第4.15款要求承包商对现场进入通路的适宜性和可用性负责,而业主对此不承担任何保证责任。2017版银皮书首先将承包商对通路适宜性和可用性感到满意的时间限定为基准日期,使承包商在提交投标报价时可以对该条款引发的费用或风险做出更为准确的估算。其次,在基准日期之后,由于业主或者第三方原因导致进场道路不适宜或不可用时,承包商将有权获得工期和费用补偿。

4)其他责任

2017版银皮书将第4.6款[合作]和第8.6款[当局造成的延误]中不可预见的时间基准提前到了基准日期,而1999版银皮书中相应的规定则为投标日期。

2017版银皮书第11.2款[修补缺陷的费用],明确将由业主负责完成的设计导致的缺陷责任排除在承包商缺陷责任之外。第17.3款[侵权责任],将业主保障承包商免于因业主原因构成侵权行为进而遭到索赔的保障范围,从承包商因遵从业主要求而导致的侵权行为,扩展到承包商遵从业主其他变更指令。第18.1款[例外事件],只要参与罢工或停工的人员不是仅有承包商及其分包商人员,即可视为例外事件,而1999版银皮书则规定必须是承包商人员以外的人员罢工或停工方可视为不可抗力。

2017版银皮书第8.10款[业主暂停的后果],如因业主原因要求暂停工程或其某一部分,承包商有权获得工期、费用及利润补偿。1999版银皮书则未规定承包商有权获得利润补偿。

5）交叉责任

2017版银皮书在多个条款中增加关于交叉责任的规定，体现了FIDIC此次修订强调权责利对等的原则。

第8.5款［竣工时间的延长］规定，如果一项延误是由业主责任和承包商责任同时导致，承包商有权根据专用条件中约定的进度评价规则获得工期延长。FIDIC提醒用户，不同法系下可能会采用不同的规则和程序，因此强烈建议业主在编制该项评价规则时咨询相关专业人员并考虑合同的管辖法律。

2017版银皮书第17.2款［工程照管责任］规定，当对工程、货物或承包商文件的损害发生在由承包商应承担的事由及免责事由共同导致的情形下，承包商有权依据第20.2款［经济补偿和/或工期延长的索赔］的相关规定获得一定比例的工期延长和费用补偿。

2017版银皮书新增第17.6款［共担的保障］，该款规定在发生的损失、损害或伤害是由承包商应承担的事由及免责事由共同导致的情形下，承包商可根据第17.1款、第17.3款、第17.4款承担的保障责任中的免责事由对损害影响的比例进行相应扣减。

（2）项目管理机制

FIDIC在编制1999版银皮书时，与1999版红皮书和1999版黄皮书相比，用业主代表取代了工程师，且业主对项目执行的参与程度也降低很多。虽然2017版银皮书仍用业主代表取代工程师，但更多地借鉴了2017版黄皮书的相关规定，业主对项目的管理深度明显提高，同时合同中对承包商项目管理程序的要求也更加明确和具体。

1）承包商代表及关键人员

1999版银皮书仅要求承包商在开工日期之前将承包商代表的姓名和详细资料提交业主以获得其同意，如承包商代表再向其他人员授权，则只需通知业主即可。2017版银皮书则非常重视承包商代表执行项目的能力和经验，不仅要求承包商代表专职且常驻现场，同时还将承包商代表的任命作为期中支付的前提条件。

根据第4.3款［承包商代表］，承包商代表应是有资格、有经验的专业人士，2017版银皮书特别强调了承包商代表应在该项目所涉及的设计主专业工作方面具备相应的专业能力。除非业主同意，否则承包商代表必须专职负责执行该项目，不能再兼任其他项目或其他工作。项目施工开始后直至全部完成，承包商代表应常驻项目现场。如需临时离开现场，可在征得业主同意后，指派临时代表。承包商代表不得就发出或接收第1.3款［通知及其他通信交流］规定的通知或接收第3.4款［指示］规定的指示向其他人员授权。

2017版银皮书新增第6.12款［关键人员］，该款内容与1999版银皮书对承包商代表作出的规定非常类似，要求承包商将关键岗位关键人员的姓名及详细资料提交业主以获得其同意，未经同意不得任命或更换。承包商的关键人员也同样被要求必须在项目施工期间常驻项目现场。

2）工程分包

1999版银皮书仅限定了承包商不得将工程整体分包出去，对于专用条件中有约定的分包，承包商也仅需将相关细节通知业主即可。而2017版银皮书第4.4款［分包商］首先规定业主可以在合同数据表中确定承包商不能分包的工程累计金额占合同额的比例，还可以确定工程的某一部分承包商不能分包。

关于指定分包，1999版银皮书规定的非常简短，只要承包商提出合理的反对意见，即不应有任何雇用义务。而2017版银皮书第4.5款［指定的分包商］则扩充了较多内容，明确指定分包发生的两种情形，即业主要求中已经列明的，或业主根据第13.4款［暂列金额］指示承包商雇用的。对于承包商反对指定分包的理由合理性的情况，约定了三种可视为合理的情形。关于指定分包的支付则明显提高了业主的干预程度。第4.5.2款明确承包商负有向指定分包商支付的义务，第4.5.3款则要求承包商在每一次期中支付证书中要列明已经给指定分包商支付的款项，如承包商未能及时支付，则业主有权直接向指定分包商支付，并从承包商的应得款项中扣除。与此同时，强调了业主强制使用指定分包的自主性。根据第4.5款规定，允许业主在承包商提出合理理由拒绝指定分包商的情况下，通过对指定分包的责任提供保障，继续使用指定分包商。

3）质量与健康、安全管理

1999版银皮书第4.8款［安全程序］、第4.9款［质量保证］只在原则上规定了承包商应当遵守的相关法律及采取相关措施，而2017版银皮书相关内容则大幅增加。2017版银皮书第4.8款更名为"健康和安全义务"，不仅要求承包商遵守健康、安全的相关法律法规，还要求承包商遵守合同规定的健康、安全责任以及承包商健康安全管理人员发布的任何指示。承包商应在开工日期之后的21天内向业主提交专为该项目和现场编制的健康安全手册，并在业主提出合理要求或确有必要时进行修订。承包商还应在发生健康安全事故后向业主提交详细的事故报告，如果事故导致严重的人员伤亡，则要求承包商立刻通知业主。

第4.9款更名为"质量管理体系及合规验证系统"，要求承包商在开工日期后28天内向业主提交专为该项目编制的质量管理体系文件。此后，每隔6个月至少进行一次内部审计，并在审计结束后7天内将包含审核结果的审核报告提交给业主。同时，2017版银皮书提出了承包商应建立合规验证系统，该文件须说明设计、材料、永久工程、工艺及任何工作均符合合同规定，同时还应包含由承包商实施的全部检验结果的报告方式。如果任何一项检验证明承包商存在不符合合同的情形，则适用第7.5款［缺陷及拒收］的相关规定及时完成纠偏处理。此外，2017版银皮书第1.11款要求承包商向业主提供全部能够证明其履约符合性的信息，包括保密信息。第5.2款要求业主在收到承包商报送的待审核文件后21天内必须做出回应，承包商只有在收到或视为收到相关通知后才能开展下一步工作。

通过以上分析可以看出，2017版银皮书补充了大量项目管理程序的细节要求，对承包商项目执行过程的管理更为严格，业主对项目执行的介入程度亦有所加深。

（3）索赔及争端解决机制

2017版银皮书将1999版中第20条［索赔、争端和仲裁］拆分为第20条［业主和承包商的索赔］和第21条［争端和仲裁］。将争端裁决委员会（DAB）改为争端避免/裁决委员会（DAAB），着重强调双方在发生索赔或争端的情形下应尽可能通过协商达成一致。

1）商定或决定

1999版银皮书，业主代表视为业主授权的人员，不要求业主代表具备工程师所应秉持的公正性。但2017版银皮书第3.5款［商定或决定］规定，当业主代表根据本款履行其职责时，不应视为业主的代理，业主代表应公正地（fairly）作出决定。2017版银皮书着重强调业主代表在促成双方达成一致过程中所应付出的努力。如双方根据第3.5款未能达成一致或业主代表未能作出决定，则该事项可视为争端并提交DAAB解决。如业主代表作出决定，但其中任何一方不满意其决定，可在收到决定后的28天内发出不满意通知（NOD），并在此之后的42天内将该事项提交DAAB。

关于效力问题，第3.5款做出了较为严格的规定，除非在28天内提出NOD，超出该期限后业主代表的决定将对双方产生最终约束力。如果任何一方没有发出NOD，又未遵守根据第3.5款达成一致的协议履约，或未按业主代表作出的决定履约，则另一方可直接将该事项提交仲裁，而无须提交DAAB解决。当此类未履约的情形构成合同实质性违约时，根据第15.2款、第16.2款规定，另一方有权终止合同。

2）索赔

2017版银皮书第20条［业主和承包商的索赔］对引起索赔的事项以及索赔程序进

行了统一的规定，业主发起的索赔与承包商一样受到索赔时效和索赔程序的制约。第20.1款［索赔］在引起索赔的事项中增加了一条，即如任何一方认为自己有权获得除费用补偿和工期延长以外的其他权利，而另一方不同意时，先按照索赔程序提交业主代表按第3.5款的规定处理，而不直接视为构成争端按争端解决程序（DAAB）处理。

1999版银皮书只规定如承包商28天内未能发出索赔通知，则丧失得到补偿的权利。2017版银皮书增加了需在84天内向业主代表提交完整详细的索赔报告的要求。如索赔不满足上述任何一个时效要求，则丧失获得补偿的权利。但如果未能在14天内提出时效抗辩（为索赔通知时，由接收方在收到索赔通知后14天内提出；为索赔报告时，由业主代表在时效期满后14天内提出），则该项索赔仍然有效。

3）争端避免/裁决委员会

1999版银皮书规定DAB是根据双方争端处理需要而临时性组建的。2017版银皮书第21.1款［DAAB的组建］明确要求DAAB为常设机构，应在合同数据表中规定的时间或合同签订后的28天内组建DAAB，DAAB的成员应从合同数据表中给出的候选人名单中选取。新增第21.3款［争端避免］，要求DAAB应尽可能协调双方通过协商达成一致，但无论该职责履行与否，都不影响DAAB对争端的处理或裁决。

总体而言，2017版银皮书在风险分担方面的规定更加具体，分担原则在1999版的基础上，对部分风险按照"承包商专业上可控"的原则进行了一定程度的调整，将例外事件、法律变更、不可预见的自然力事件等造成的部分后果责任让业主承担，其中自然类特别风险事件双方共担：业主承担工期责任，双方共担费用风险。为了进一步保证承包商落实设计风险责任，将职业责任险明确列为承包商应投保的险种，这也是国际工程最佳实践的体现。此外，2017版银皮书中新增了大量关于项目管理程序方面的规定，使其适用性和操作性更强。2017版银皮书在语言上更加严谨，管理程序上更加细致，风险分担方面更加均衡。2017版系列合同条件发布后，专家、学者以及实业界已经着手开展研究和讨论，但其推广和应用仍需时日。新的修订会引导业主和承包商的行为发生哪些变化，是否为国际工程界提供了一种更佳的惯例做法，这一切都将在实践中进一步验证。

本节内容摘自《国际经济合作》期刊2018年第5期

作者：赵珊珊、张水波、阿加克布、张启航

第 **8** 章

FIDIC 合同体系发展 60 年：
1957 ~ 2017

国际咨询工程师联合会（FIDIC）因其编制高质量的国际工程与咨询合同范本而享誉全球。FIDIC自1957年首次正式发布《土木工程施工合同条件》(红皮书第一版)以来，紧跟国际工程市场和商务模式的发展和变化，大约每10年会对其已有的合同范本进行修订更新，并适时编制新版合同范本，逐步形成了独具特色的FIDIC合同体系。FIDIC合同范本被广泛地用于国际工程承包和咨询市场，并在国际工程界具有巨大的影响力。

从合同性质看，FIDIC不仅出版工程承包合同，也编制出版工程咨询合同；从承包模式看，不仅编制施工合同，也编制工程总承包合同（P–DB/EPC）以及PPP（DBO）合同；从编制思想看，其合同范本不仅仅体现出严谨的法律思维，而且也正在向实用型的"项目管理思维"转变。

本章根据合同范本的性质对FIDIC合同体系进行归纳，简要介绍其相关合同范本，对FIDIC合同范本未来发布动向与编制计划进行介绍，最后对FIDIC合同范本60年的总体发展脉络进行总结。通过对FIDIC合同体系的简要剖析，希望能够加深国际工程人员对FIDIC合同范本的理解，提高其对国际工程合同风险的识别能力和工程合同谈判能力。

本章分为四个部分：

1）FIDIC合同体系简介

2）FIDIC工程合同范本的发展

3）FIDIC咨询服务合同范本的发展

4）FIDIC合同范本最新动向及未来发展展望

本章内容由天津大学全球工程经营学科交叉平台以及天津大学一带一路与PPP研究中心研究团队完成，张水波、吕文学、陈勇强执笔，张语芮负责资料收集和整理。

（注：本章内容选自我们团队2017年9月完成并发布在"全球工程经营公众号"上的一份报告，那时FIDIC2017版系列合同条件还没有正式发布。）

8.1 FIDIC合同体系简介

国际上编制出版工程合同范本的专业机构很多，其中最具影响力的主要有美国建筑师学会（American Institute of Architects，以下简称AIA）、英国土木工程师学会（Institution of Civil Engineer，以下简称ICE）和国际咨询工程师联合会（FIDIC）。由于背景不同，每个机构编制的合同范本也存在较大区别。AIA成立于1857年，是美国主要的建筑师专业协会，其制定并发布了AIA系列合同条件，在美国建筑业以及美洲其他地区具有较大的影响力。英国的ICE创建于1818年，其编写的《ICE合同条件（工程量计量模式）》以及近年来新编制的NEC/ECC合同范本系列在世界范围内产生了较大的影响，尤其在英联邦国家和地区。传统的《ICE合同条件》也是早期FIDIC合同条件制定的基础，但在国际工程市场上，影响力最大、使用最广泛的标准合同范本仍是FIDIC系列合同范本。FIDIC是最具权威的国际咨询工程师组织，它有力地推动着全球工程咨询服务业向着高质量、高水平的方向发展。

FIDIC于1913年由欧洲三个国家（比利时、法国和瑞士）的咨询工程师协会在比利时根特创立，后将总部移至瑞士洛桑，后来又将其总部设立在日内瓦。1959年，澳大利亚、加拿大、南非和美国等加入FIDIC，使其变成了一个真正意义上的国际化组织。时至今日，已经有100多个国家和地区成为FIDIC的会员，中国于1996年正式加入该组织。

FIDIC一直致力于实现国际工程承包市场的健康发展。其下辖七个专业委员会和两个专业人士组织（商业惯例委员会"BPC"、能力建设委员会"CBC"、合同委员会"CC"、职业道德管理委员会"IMC"、会员委员会"MemC"、风险与质量管理委员会"RC"、可持续发展委员会"SDC"、FIDIC争端裁决员组织"FBA"、培训师组织"FBT"），分别负责会员管理、良好商业惯例推广、能力建设、合同编制、咨询行业职业道德以及风险与责任方面的工作。其编制的合同范本在国际上享有很高的声誉，并一直在国际工程界得到广泛使用。

60多年来，FIDIC形成了一套比较完整的合同体系，并一直在补充、修改、更新原来的范本，如图8-1所示。为了满足市场发展的需要，FIDIC也增加或计划增加编制新型的合同范本，如与PPP项目相关的合同或文件。

根据合同的性质，FIDIC出版的合同范本包括两大类：一类是工程合同范本，即用于业主与承包商之间以及承包商与分包商之间的合同范本（简称"工程合同"）；另一类是工程咨询服务合同范本，主要用于咨询服务公司与业主之间以及咨询服务公司之间等签订的咨询服务协议或合作协议（简称"咨询服务合同"）。FIDIC合同范本分类如图8-2所示。

1999版"银皮书"
设计—采购—施工与交钥匙项目合同条件

2017版"银皮书"
设计—采购—施工与交钥匙项目合同条件

"黄皮书"第一版
电气与机械工程合同条件

"白皮书"第一版
业主/咨询工程师服务协议书

第一版
联营体协议书

"橘皮书"
设计—建造和交钥匙合同条件

1999版"黄皮书"
生产设备与设计—建造合同条件

"蓝绿皮书"第一版
疏浚与吹填工程合同条件

"金皮书"
设计—建造和运营项目合同条件

"紫皮书"
代表协议书

2017版"黄皮书"
生产设备与设计—建造合同条件

"黄皮书"第二版
"黄皮书"第三版
"白皮书"第二版
"白皮书"第三版
"白皮书"第四版
"白皮书"第五版
"蓝绿皮书"第二版

FIDIC 1913年成立

1963　1980　1987　1990　1991　1992　　1995　1998　1999　　2006　　2008　　2013　2016　2017

1957　1969　1977　1987　1992　　1994　　1999　　2005　2006　　2010　2011　　　2017

土木工程施工合同条件
"红皮书"第一版

"红皮书"第二版
"红皮书"第三版
"红皮书"第四版

咨询分包协议书
第一版

土木工程施工分包合同条件(配套第四版"红皮书")

施工合同条件
1999版"红皮书"

简明合同格式
"绿皮书"

施工合同条件(多边开发银行和谐版)
"粉皮书"第一版

"粉皮书"第二版
施工合同条件

"粉皮书"第三版
施工分包合同条件(配套99版"红皮书")

联营体协议书第二版

施工合同条件
2017版"红皮书"

咨询分包协议书第二版

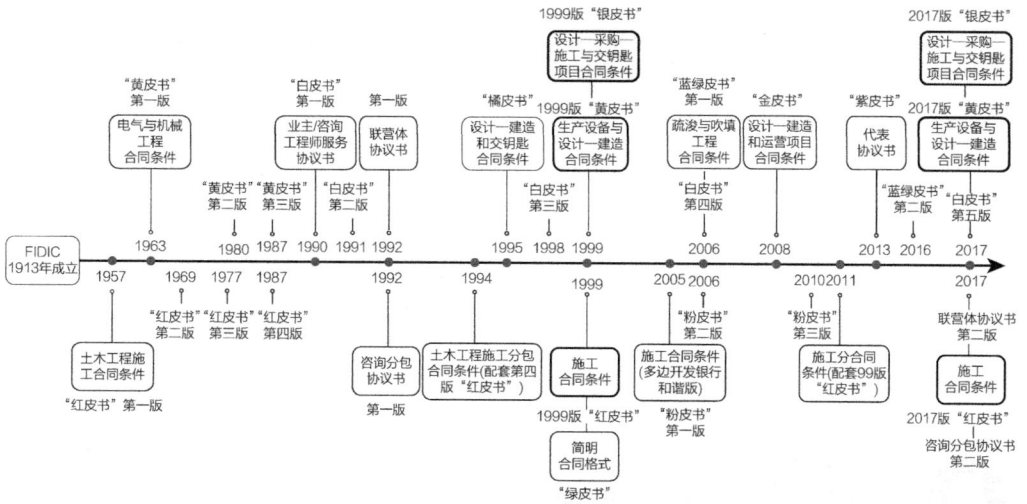

图8-1 FIDIC合同体系发展60年历程

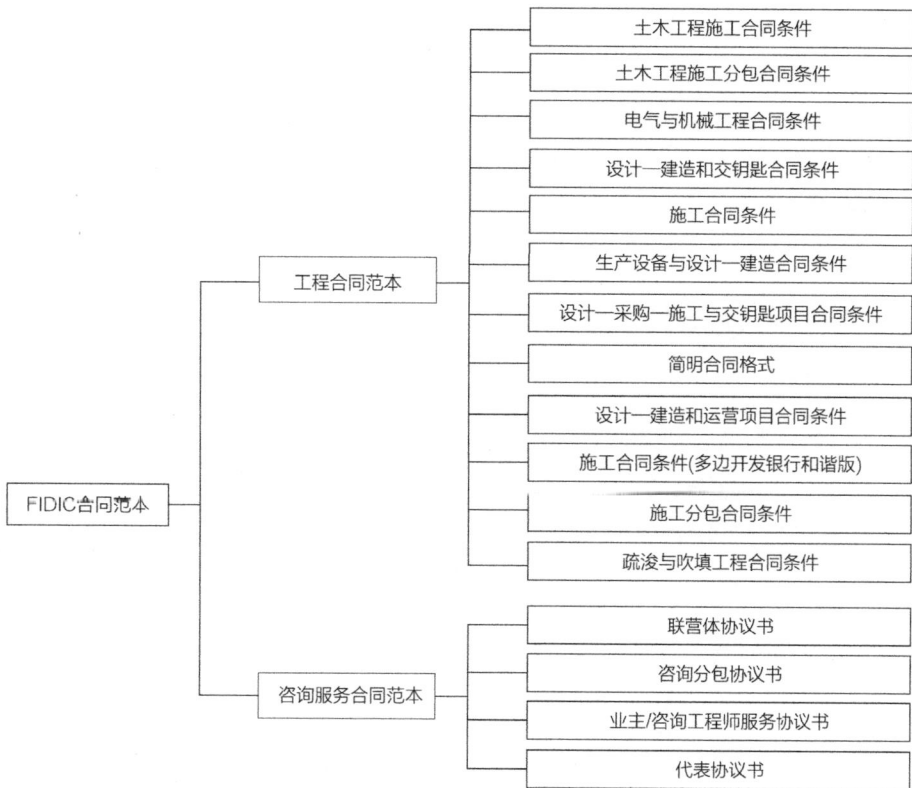

FIDIC合同范本

工程合同范本
- 土木工程施工合同条件
- 土木工程施工分包合同条件
- 电气与机械工程合同条件
- 设计—建造和交钥匙合同条件
- 施工合同条件
- 生产设备与设计—建造合同条件
- 设计—采购—施工与交钥匙项目合同条件
- 简明合同格式
- 设计—建造和运营项目合同条件
- 施工合同条件(多边开发银行和谐版)
- 施工分包合同条件
- 疏浚与吹填工程合同条件

咨询服务合同范本
- 联营体协议书
- 咨询分包协议书
- 业主/咨询工程师服务协议书
- 代表协议书

图8-2 FIDIC合同范本分类导图

8.2 FIDIC工程合同范本的发展

8.2.1　总体发展脉络

FIDIC专业委员会编制了一系列规范性合同条件，构成了FIDIC合同条件体系。它们不仅被FIDIC会员在世界范围内广泛使用，也被世界银行、亚洲开发银行、非洲开发银行等世界金融组织在招标文件中使用。FIDIC最早在1957年发布了第一版《土木工程施工合同条件》（Conditions of Contract for Works of Civil Engineering Construction），这个国际版主要基于《海外土木工程合同条件》（简称ACE合同范本），由通用合同条件和专用合同条件两部分组成。由于其封面为红色，很快以"红皮书"而闻名世界。

"红皮书"的第二版出版于1969年，该版本增加了用于疏浚与填筑的专用合同条件，并将其作为第三部分，得到了亚洲与西太平洋承包商协会国际联合会的批准与认可。

应20世纪70年代末到80年代后期发展中国家经济高速增长的需要，"红皮书"1977年第三版问世，其中包含了一些重大修改，例如定义费用、定义工程师的权利与义务以及规定合同范围被扩充等。该版本在全世界许多项目上都得到了成功的运用，已被翻译成了法语、德语与西班牙语。

"红皮书"第四版于1987年正式出版，在第三版的基础上进行大幅度修改，甚至范本的题目也做了变动：第三版题目中的"国际"一词被删除，目的是让全世界建筑业各参与方不但在国际工程中使用红皮书，而且在国内工程中也使用它。随后，"红皮书"第四版于1988年第一次重印并在其末尾刊出编辑方面的订正内容，订正的内容只涉及一些细枝末节，并不影响相关条款的含义。于1992年第二次重印时，又补充了一些订正内容，不仅统一了第四版"红皮书"的起草风格，而且其中一些增加或修改相关条款含义的修订具有重要意义。

1994年，FIDIC 出版了与第四版红皮书配套使用的《土木工程施工分包合同条件》（Conditions of Subcontract for Works of Civil Engineering Construction）。随着工业机电项目的增多，FIDIC于1963年出版了《电气与机械工程合同条件》（Conditions of Contract for Electrical and Mechanical Works，称为"黄皮书"）的第一版，并于1980年和1987年进行调整，发布了新的版本。1995年，《设计—建造和交钥匙合同条件》（Conditions of Contract for Design-Build and Turnkey，称为"橘皮书"）正式出版。以上红皮书（1987）、黄皮书（1987）、橘皮书（1995）和《土

木工程施工分包合同条件》、蓝皮书(《招标程序》)、白皮书(《业主/咨询工程师服务协议书》)、《联营体协议书》、《咨询分包协议书》等共同构成FIDIC彩虹族系列合同文件。

1999年,FIDIC根据国际工程市场的发展,编制了一套全新的标准合同范本,包括《施工合同条件》(Conditions of Contract for Construction)、《生产设备和设计—建造合同条件》(Conditions of Contract for Plant and Design-Build)、《设计—采购—施工与交钥匙项目合同条件》(Conditions of Contract for EPC/Turnkey Projects)、《简明合同格式》(Short Form of Contract)。这套合同范本与原"红皮书"和"黄皮书"相比发生了革命性的变化。这套合同版本发行后,总体上受到了业界的欢迎,但也存在一些不同声音,如《设计—采购—施工与交钥匙项目合同条件》由于在风险分担中承包商承担绝大部分风险,因此国际承包商对此版本颇有微词,甚至将此版本称为"披着羊皮的狼"。尽管如此,1999年这套范本出版后,很快得到了广泛的应用。

2005年,根据世界银行等国际金融组织贷款项目的特点,FIDIC编制了专门用于国际多边金融组织出资的建设项目的合同范本,即《施工合同条件(多边开发银行和谐版)》第一版(Conditions of Contract for Construction(Multilateral Development Bank Harmonised),称"粉皮书")。随后,分别于2006年、2010年发布了该合同范本的第二版和第三版。

2006年,FIDIC发布了第一版《疏浚与吹填工程合同条件》(Form of Contract for Dredging and Reclamation Works,称"蓝绿皮书")。随后,FIDIC对第一版"蓝绿皮书"进行修订,于2016年发布了第二版《疏浚与吹填工程合同条件》。

为适应国际承包形势的发展,FIDIC于2008年出版了《设计—建造和运营项目合同条件》(Conditions of Contract for Design, Build and Operate Projects,称"金皮书")。

2011年,FIDIC出版了与1999版《施工合同条件》配套的《施工分包合同条件》(Conditions of Subcontract for Construction)。

下面重点对1999版四本合同条件以及后续颁布、修订的主要工程合同范本进行介绍。

8.2.2 《施工合同条件》

《施工合同条件》(Conditions of Contract for Construction,称"1999版红皮

书"），是在1987年"红皮书"第四版的基础上，经过实质性修改编制而成的，推荐用于由业主提供设计方案的房屋建筑或工程项目。

1999版《施工合同条件》在适用范围、计价方式、管理以及风险分担上都与1987版《土木工程施工合同条件》有着较大的区别。首先，在适用范围方面，1987版《土木工程施工合同条件》主要应用于土木工程领域（Civil Engineering Construction），1999版《施工合同条件》的适用范围则更广，适用于房屋建筑或工程领域（Building or Engineering Works），包括土木、机械、电力、建造工程等。在计价方式方面，1999版《施工合同条件》中合同总体上仍采用单价形式，但双方也可以针对某些具体工作项目约定总价。在管理模式方面，业主聘请工程师对工程项目进行管理，工程师不再是独立的第三方而是作为业主方人员。在风险分担方面，1999版《施工合同条件》对承包商较为友好（pro-contractor），将大量风险分担给予业主，规定业主负责大部分的设计工作，承包商也可能承担少量的设计深化工作。

此外，从词语的使用来说，1999版《施工合同条件》的语言更为通俗易懂，便于国际用户使用。并且通用合同条件中的第一款"定义和解释"也有了较大的变动，由旧版的35个词语增加到62个，使得合同条款的定义更为清晰、明确。

1999版《施工合同条件》通用合同条件条款目录见表8-1。

8.2.3　《生产设备和设计—建造合同条件》

《生产设备和设计—建造合同条件》（Conditions of Contract for Plant and Design-Build，称"1999版黄皮书"），适用于电气和（或）机械设备供货，以及房屋建筑或土木工程的设计和实施。1999版黄皮书在1987年《电气与机械工程合同条件》第三版的基础上修改编制而成，并更名为《生产设备和设计—建造合同条件》，应用范围更加广泛，适用于大型复杂机电设备工业项目以及其他基础设施项目。就计价方式而言，总体上采用可调价总价合同，但在个别情况下可以采用单价合同。就管理模式而言，与1999版《施工合同条件》一致，由工程师代表业主对承包商进行管理，工程师不再是独立的第三方而作为业主方人员。就风险分担而言，1999版《生产设备和设计—建造合同条件》对承包商较为友好，风险分担较为均衡。值得强调的是，在该合同范本中承包商的工作不仅包括施工，同时也包括设计。

1999版《生产设备和设计—建造合同条件》条款目录见表8-2。

1999 版《施工合同条件》通用合同条件条款目录表　　　表 8-1

序号	英文目录	中文目录
1	General Provisions	一般规定
2	The Employer	业主
3	The Engineer	工程师
4	The Contractor	承包商
5	Nominated Subcontractors	指定分包商
6	Staff and Labour	员工
7	Plant, Materials and Workmanship	生产设备、材料和工艺
8	Commencement, Delays and Suspension	开工、延误和暂停
9	Tests on Completion	竣工试验
10	Employer's Taking Over	业主的接收
11	Defects Liability	缺陷责任
12	Measurement and Evaluation	测量和估价
13	Variations and Adjustments	变更和调整
14	Contract Price and Payment	合同价格和付款
15	Termination by Employer	由业主终止
16	Suspension and Termination by Contractor	由承包商暂停和终止
17	Risk and Responsibility	风险和职责
18	Insurance	保险
19	Force Majeure	不可抗力
20	Claims, Disputes and Arbitration	索赔、争端和仲裁

1999 版《生产设备和设计—建造合同条件》通用合同条件条款目录表　　　表 8-2

序号	英文目录	中文目录
1	General Provisions	一般规定
2	The Employer	业主
3	The Engineer	工程师
4	The Contractor	承包商
5	Design	设计

续表

序号	英文目录	中文目录
6	Staff and Labour	员工
7	Plant, Materials and Workmanship	生产设备、材料和工艺
8	Commencement, Delays and Suspension	开工、延误和暂停
9	Tests on Completion	竣工试验
10	Employer's Taking Over	业主的接收
11	Defects Liability	缺陷责任
12	Tests after Completion	竣工后试验
13	Variations and Adjustments	变更和调整
14	Contract Price and Payment	合同价格和付款
15	Termination by Employer	由业主终止
16	Suspension and Termination by Contractor	承包商暂停和终止
17	Risk and Responsibility	风险和职责
18	Insurance	保险
19	Force Majeure	不可抗力
20	Claims, Disputes and Arbitration	索赔、争端和仲裁

8.2.4 《设计—采购—施工与交钥匙项目合同条件》

《设计—采购—施工与交钥匙项目合同条件》(Conditions of Contract for EPC/Turnkey Projects，称"1999版银皮书")，是基于1995版《设计—建造和交钥匙合同条件》，即"橘皮书"的基础上进行修订，与其相似但不完全相同。1999版《设计—采购—施工与交钥匙项目合同条件》的适用范围主要有两个方面，第一是BOT或者类似的融资项目（由于在1999年PPP的融资方式并不盛行，因此此处类似的融资项目应包含PPP项目），相比传统类型的投资项目，BOT或者PPP类型的融资项目能够给承包商更多的话语权，由承包商自己完成勘察、设计、采购、施工、管理这一系列工作，因此更适合使用银皮书；第二个是电气、机械以及其他加工设备项目。交钥匙工程模式是包含项目策划、可行性研究、具体设计、采购、建造、安装、试运行等过程在内的全过程承包模式，承包商"交钥匙"时提供的是一套配套完整的可以运行的设施。1999版《设计—采购—施工与交钥匙项目合同条件》规定，工程项目采用总价合同，对于部分工程可以采用单价合同，项目的最终价格具有确定性。规定业主代表直接对项目进行管理，而无"工程师"这一角色。规定承包商承担项目的绝大多数风险，承包商对项目的实施负全部责任，业主很少介入，即承包商承担所有的设计、采购和施工责任，最后提供一个设备配备完整、可以投产运行的项目。风险分担不同是1999版银皮书与1999版黄皮书一个最显著的区别。1999版《设计—采购—施工与交钥匙项目合同条件》通用合同条件条款目录见表8-3。

1999版《设计—采购—施工与交钥匙项目合同条件》通用合同条件条款目录表　　表8-3

序号	英文目录	中文目录
1	General Provisions	一般规定
2	The Employer	业主
3	The Employer's Administration	业主的管理
4	The Contractor	承包商
5	Design	设计
6	Staff and Labour	员工
7	Plant, Materials and Workmanship	生产设备、材料和工艺
8	Commencement, Delays and Suspension	开工、延误和暂停
9	Tests on Completion	竣工试验
10	Employer's Taking Over	业主的接收
11	Defects Liability	缺陷责任
12	Test after Completion	竣工后试验
13	Variations and Adjustments	变更和调整
14	Contract Price and Payment	合同价格和付款
15	Termination by Employer	由业主终止
16	Suspension and Termination by Contractor	由承包商暂停和终止
17	Risk and Responsibility	风险和职责
18	Insurance	保险
19	Force Majeure	不可抗力
20	Claims, Disputes and Arbitration	索赔、争端和仲裁

8.2.5 《简明合同格式》

《简明合同格式》(Short Form of Contract，称"绿皮书")适用于资金额较小的工程或建筑项目，也可用于金额较大但是简单、重复性、工期短的工程项目。在计价方式上，根据工程项目的不同而自主选择单价合同或总价合同。在管理模式上，由于项目的简单性和直接性，"工程师"这一角色没有出现在合同条件里，业主任命代表对项目进行直接管理。在风险分担上，《简明合同格式》对承包商也较为友好，承担风险较少，承包商承担大部分设计工作，一般不雇用分包商，可能会雇用设计分包商。由于《简明合同格式》短小、简单、易于被掌握，广泛地被非英语国家翻译，并被大量应用。1999版《简明合同格式》通用合同条件条款目录见表8-4。

1999版《简明合同格式》通用合同条件条款目录表　　　　表8-4

序号	英文目录	中文目录
1	General Provisions	一般规定
2	The Employer	业主
3	Employer's Representatives	业主代表
4	The Contractor	承包商
5	Design by Contractor	由承包商设计
6	Employer's Liabilities	业主的责任
7	Time for Completion	竣工时间
8	Taking-Over	接收
9	Remedying Defects	修补缺陷
10	Variations and Claims	变更和索赔
11	Contract Price and Payment	合同价格和付款
12	Default	违约
13	Risk and Responsibility	风险和职责
14	Insurance	保险
15	Resolution of Disputes	争端的解决

8.2.6 《施工合同条件（多边开发银行和谐版）》

2005年，FIDIC与世界银行等国际金融组织合作编制了专门用于国际多边金融组织出资的建设项目的合同范本，即《施工合同条件（多边开发银行和谐版）》（Conditions of Contract for Construction（Multilateral Development Bank Harmonised，称"粉皮书"），并分别于2006年和2010年进行调整修改。《施工合同条件（多边开发银行和谐版）》主要以1999版《施工合同条件》为基本框架编写而成。在结构上，遵循FIDIC标准的合同格式和布局，包括通用条件、专用条件以及各种担保、保证、保函和争端裁决委员会（DAB）协议书的标准文本。在内容上，引入了多边开发银行专用的FIDIC施工合同条件，增加了银行的角色，更加强调HSE的管理。在适用范围上，《施工合同条件（多边开发银行和谐版）》主要供多边开发银行贷款项目中业主负责设计的施工项目使用。在计价方式上，总体上采用单价合同的计价方式。在管理模式上，业主雇用工程师，由工程师为业主管理合同的实施。在风险分担上，仍然是承包商友好型，总体对承包商有利，被认为是"亲承包商（pro-contractor）"，业主负责设计工作。

整体上看，《施工合同条件（多边开发银行和谐版）》具有自身特色，主要体现在以下三方面：

1）合同条件编排更合理、更结构化，如淡化了原来的"投标书附录"（Appendix to Tender）中的内容，而将大部分内容纳入了"专用合同条件"（Particular Conditions）；同时将"专用合同条件"分为"A部分"与"B部分"，增强了其使用性，其中A部分为"合同数据"（Contract Data），B部分为在通用合同条件基础上补充的"专用条件"（Special Provisions）。

2）措辞及相关规定更符合多边开发银行贷款项目的做法，如增加了银行贷款项目中的常用词，例如将"投标书"一词由"Tender"变为"Bid"。

3）程序上更严密，更具有操作性，如对1999版《施工合同条件》中未明确的利润具体额度进行了规定，对履约保函的调整额度进行了明确的规定，对工程师更换的相关问题做出了明确的规定。

2010版《施工合同条件（多边开发银行和谐版）》通用合同条件条款目录见表8-5。

2010 版《施工合同条件（多边开发银行和谐版）》通用合同条件条款目录表 表 8-5

序号	英文目录	中文目录
1	General Provisions	一般规定
2	The Employer	业主
3	The Engineer	工程师
4	The Contractor	承包商
5	Nominated Subcontractors	指定分包商
6	Staff and Labour	员工
7	Plant, Materials and Workmanship	生产设备、材料和工艺
8	Commencement, Delays and Suspension	开工、延误和暂停
9	Test for Completion	竣工试验
10	Employer's Taking Over	业主的接收
11	Defects Liability	缺陷责任
12	Measurement and Evaluation	测量和估价
13	Variations and Adjustments	变更和调整
14	Contract Price and Payment	合同价格和付款
15	Termination by Employer	由业主终止
16	Suspension and Termination by Contractor	由承包商暂停和终止
17	Risk and Responsibility	风险和职责
18	Insurances	保险
19	Force Majeure	不可抗力
20	Claims, Disputes and Arbitration	索赔、争端和仲裁

8.2.7 《疏浚与吹填工程合同条件》

FIDIC于2006年发布了第一版《疏浚与吹填工程合同条件》(Form of Contract for Dredging and Reclamation Works, First Edition, 2006, 称"蓝绿皮书")。2016年, FIDIC发布第二版《疏浚与吹填工程合同条件》(Form of Contract for Dredging and Reclamation Works, Second Edition, 2016, 称"新蓝绿皮书"), 由FIDIC和IADC (International Association of Dredging Companies, 国际疏浚公司协会) 共同合作完成。两版《疏浚与吹填工程合同条件》在结构上均遵循FIDIC标准合同条件

格式，分为通用合同条件和专用合同条件两部分；在内容上，均在1999版《施工合同条件》的基础上，结合疏浚与吹填项目的特点与发展趋势，例如变更程序简化、疏浚工程无缺陷责任期等。从适用范围来看，两版《疏浚与吹填工程合同条件》均适用于各类疏浚与吹填工程以及附属工程。从计价方式来看，两版《疏浚与吹填工程合同条件》均采用单价合同的方式。从管理模式来看，两版《疏浚与吹填工程合同条件》规定业主雇用工程师对工程项目进行管理。从风险分担来看，两版《疏浚与吹填工程合同条件》规定除了业主可以负责设计外，部分或全部设计工作也可以由承包商负责，这在一定程度上加大了承包商的风险范围。然而，两版《疏浚与吹填工程合同条件》也存在差异，第二版合同条件在第一版合同条件的基础上增加了争端裁决的适应性规则。2006版《疏浚与吹填工程合同条件》通用合同条件条款目录见表8-6。2016版《疏浚与吹填工程合同条件》通用合同条件条款目录见表8-7。

2006 版《疏浚与吹填工程合同条件》通用合同条件条款目录表　　　表 8-6

序号	英文目录	中文目录
1	General Provisions	一般规定
2	The Employer	业主
3	The Engineer	工程师
4	The Contractor	承包商
5	Design by Contractor	承包商设计
6	Defined Risks	风险识别
7	Time for Completion	竣工时间
8	Taking-Over	接收
9	Remedying Effects	修补工作
10	Variations and Claims	变更和索赔
11	Contract Price and Payment	合同价格和付款
12	Default	过失
13	Risk and Responsibility	风险和责任
14	Insurance	保险
15	Resolution of Disputes	争端解决

2016 版《疏浚与吹填工程合同条件》通用合同条件条款目录表　　表 8-7

序号	英文目录	中文目录
1	General Provisions	一般规定
2	The Employer	业主
3	The Engineer	工程师
4	The Contractor	承包商
5	Design	设计
6	Defined Risks	风险识别
7	Time for Completion	竣工时间
8	Taking-Over	接收
9	Remedying Defects	修补缺陷
10	Variations and Claims	变更和索赔
11	Contract Price and Payment	合同价格和付款
12	Default	过失
13	Risk and Responsibility	风险和责任
14	Insurance	保险
15	Resolution of Disputes	争端解决

2006版与2016版《疏浚与吹填工程合同条件》通用合同条件条款对比见表8-8。

2006 版与 2016 版《疏浚与吹填工程合同条件》通用合同条件条款对比表　　表 8-8

序号	2006年版"蓝绿皮书"目录	2016年"新蓝绿皮书"目录
1	General Provisions	General Provisions
2	The Employer	The Employer
3	The Engineer	The Engineer
4	The Contractor	The Contractor
5	Design by Contractor	Design
6	Defined Risks	Defined Risks
7	Time for Completion	Time for Completion
8	Taking-Over	Taking-Over
9	Remedying Effects	Remedying Defects
10	Variations and Claims	Variations and Claims
11	Contract Price and Payment	Contract Price and Payment
12	Default	Default
13	Risk and Responsibility	Risk and Responsibility
14	Insurance	Insurance
15	Resolution of Disputes	Resolution of Disputes

8.2.8　《设计—建造和运营项目合同条件》

为适应国际承包形势的发展，FIDIC于2008年出版了《设计—建造和运营项目合同条件》（Conditions of Contract for Design，Build and Operate Projects，称"金皮书"（DBO））。该合同条件是基于国际基础设施开发的需要，在1999版《生产设备和设计—建造合同条件》的基础上，加入了有关运营和维护的要求和内容编制而成，主要区别是承包商在工程竣工后，按照约定的期间，运营一段时间，并收取相应的运营费。其最大的优势是对项目全寿命周期成本进行优化，简化项目程序、保证质量，具有广阔的应用前景。DBO合同在实践上与EPC+OM类似，在某些国家也被认为属于PPP模式的一种具体形式。在结构上，《设计—建造和运营项目合同条件》主要包括通用合同条件、专用合同条件和各类协议书等范本，后附争端谈判协议书的一般条款和争端评判委员会成员的程序性规则，基本遵循了1999版FIDIC系列合同条件的格式和布局。在内容上，在1999版《生产设备和设计—建造合同条件》和1995版《设计—建造和交钥匙合同条件》的基础上进行大量修改，其中改进最多是处理及解决争端的条款，同时引入了新的条款来处理潜在争端，索赔及争端程序从严掌握，并包含了新条款推广"避免争端"，着手解决当事人不履行DAB裁决时如何处理的难题。此外，《设计—建造和运营项目合同条件》还对"争端"和"通知"下了定义，修改了"风险"和"保险"条款，并不再使用"不可抗力"这个术语。

2008版《设计—建造和运营项目合同条件》通用合同条件条款目录见表8-9。

8.2.9　《施工分包合同条件》

2011年出版与1999版《施工合同条件》配套的《施工分包合同条件》（Conditions of Subcontract for Construction）。在适用范围上，《施工分包合同条件》和1999版《施工合同条件》配套使用，也可以稍加修改用于任何分包项目。在计价方式上，采用单价合同，承包商按照计量的实际工程量向分包商进行支付。在管理模式上，分包商不直接接受工程师的指示，但享有对主合同的知情权，分包商受到工程师和承包商的监督和管理。在风险分担上，风险均摊，对分包商友好。

《施工分包合同条件》具有以下特点：

1）对分包合同进行了定义；

2）建立解决分包合同争端的争端裁决委员会的机制；

2008 版《设计—建造和运营项目合同条件》通用合同条件条款目录表　　表 8-9

序号	英文目录	中文目录
1	General Provisions	一般规定
2	The Employer	业主
3	The Employer's Representative	业主代表
4	The Contractor	承包商
5	Design	设计
6	Staff and Labour	员工
7	Plant，Materials and Workmanship	生产设备、材料和工艺
8	Commencement Date，Completion and Programme	开工日期、竣工和进度计划
9	Design-Build	设计—建造
10	Operation Service	运营
11	Testing	试验
12	Defects	缺陷
13	Variations and Adjustments	变更和调整
14	Contract Price and Payment	合同价格和付款
15	Termination by Employer	由业主终止
16	Suspension and Termination by Contractor	承包商暂停和终止
17	Risk Allocation	风险分担
18	Exceptional Risks	例外风险
19	Insurance	保险
20	Claims，Disputes and Arbitration	索赔、争端和仲裁

3）规定除了承包商对其设计承担满足使用功能的义务外，分包商在分包合同中也应该承担相同的设计任务；

4）引入了"承包商的指示"概念，规定分包商不仅应按照分包合同的规定实施、完成分包工程，还需要按照承包商的指示实施和完成分包工程项目，换句话说，其更加注重平衡承包商和分包商之间的权利和义务。

2011版《施工分包合同条件》通用合同条件条款目录见表8-10。

2011 版《施工分包合同条件》通用合同条件条款目录表　　　表 8-10

序号	英文目录	中文目录
1	Definitions and Interpretation	定义和解释
2	The Main Contract	主合同
3	The Contractor	承包商
4	The Subcontractor	分包商
5	Assignment of the Subcontract and Subcontracting	分包合同的转让和分包
6	Co-operation, Staff and Labor	合作、员工和劳务
7	Equipment, Temporary Works, Other Facilities Plant, and Materials	设备、临时工程、其他生产设备和材料
8	Commencement and Completion	开工和竣工
9	Tests on Completion	竣工试验
10	Completion and Taking-Over the Subcontract Works	分包工程的竣工和移交
11	Defects Liability	缺陷责任
12	Measurement and Evaluation	测量和估价
13	Subcontract Variations and Adjustments	分包合同的变更和调整
14	Subcontract Price and Payment	分包合同价格和付款
15	Termination of the Main Contract and Termination of the Subcontract by the Contractor	主合同的终止和承包商终止分包合同
16	Suspension and Termination by the Subcontractor	分包商暂停和终止
17	Risk and Indemnities	风险和保障
18	Subcontract Insurances	分包合同保险
19	Subcontract Force Majeure	分包合同的不可抗力
20	Notices, Subcontractor's Claims and Disputes	通知、分包商索赔和争端

8.3 FIDIC咨询服务合同范本的发展

8.3.1　总体发展脉络

FIDIC除了出版一系列在世界范围内广泛使用的规范性工程合同条件外，也致力于咨询服务合同范本的编制。

1990年，FIDIC正式出版了《业主／咨询工程师服务协议书》（Client/Consultant Model Services Agreement，称"白皮书"，后期也有译者翻译为：客户/咨询工程师服务协议书范本）。随后于1991年、1998年以及2006年，FIDIC对第一版"白皮书"进行修订和增补，分别出版了第二版、第三版和第四版。为适应市场发展需要，《业主／咨询工程师服务协议书》第五版于2017年正式推出。

1992年，FIDIC正式出版第一版《联营体协议书》（Joint Venture Agreement），第二版《联营体协议书》（Model Joint Venture（Consortium）Agreement）于2017年正式出版推出。

1992年，FIDIC出版第一版《咨询分包协议书》（Sub-Consultancy Agreement），2017年，FIDIC对该协议书进行修订，参照第五版《业主／咨询工程师服务协议书》出版了第二版《咨询分包协议书》。

2004年，FIDIC出版《代表协议书测试版本》（Model Representative Agreement Test ED）。2013年，在该试用版的基础上进行修正，FIDIC正式推出了供咨询工程师雇用项目所在国的当地代表时所使用的代表协议书范本，即《代表协议书》（Model Representative Agreement，称"紫皮书"）。

《业主／咨询工程师服务协议书》《联营体协议书》《咨询分包协议书》和《代表协议书》共同构成了FIDIC的系列咨询服务协议书。以下对咨询服务协议书系列进行简要介绍。

8.3.2　《业主/咨询工程师服务协议书》

《业主/咨询工程师服务协议书》（Client/Consultant Model Services Agreement，通称"白皮书"），最早问世于1990年，随后于1991年、1998年以及2006年，FIDIC对第一版"白皮书"进行修订和增补，分别出版了第二版、第三版以及第四版。为适应市场发展需要，《业主/咨询工程师服务协议书》第五版于2017年正式推出。整体来看，《业主/咨询工程师服务协议书》在建设项目业主同咨询工程师签订服务协议时参考使用，以及工程师提供项目的投资机会研究、可行性研究、工程设计、招标评标、合同管理、生产准备以及运营等设计建设全过程的各种咨询服务内容。2017版《业主/咨询工程师服务协议书》在结构上由两个部分组成：第一部分是协议书标准条件，即通用合同条件；第二部分是专用合同条件，即由于具体环境及情况的不同需要做出必要的变更。在内容上，该协议书对客户和工程咨询单位的职责、义务、风险分担和保险等方面做出了明确的规定，增加了友好解决争端等条款，更好地适应了当前工程市场的需要。相比于前几版，2017版《业主/咨询工程师服务协议书》（第五版）将"服务暂停和协议终止"从"开工、竣工、变更和终止"中独立，并将"义务"条款单独列出。

2006版《业主/咨询工程师服务协议书》通用合同条件条款目录见表8-11。2017版《业主/咨询工程师服务协议书》通用合同条件条款目录见表8-12。

2006版《业主／咨询工程师服务协议书》通用合同条件条款目录表　　表8-11

序号	英文目录	中文目录
1	General Provisions	一般规定
2	The Client	委托人
3	The Consultant	咨询顾问
4	Commencement, Completion, Variation and Termination	开工、竣工、变更和终止
5	Payment	支付
6	Liabilities	义务
7	Insurance	保险
8	Disputes and Arbitration	争端和仲裁

2017版《业主／咨询工程师服务协议书》通用合同条件条款目录表　　表8-12

序号	英文目录	中文目录
1	General Provisions	一般规定
2	The Client	委托人
3	The Consultant	咨询顾问
4	Commencement and Completion	开工和竣工
5	Variations to Services	服务变更
6	Suspension of Services and Termination of Agreement	服务暂停和协议终止
7	Payment	支付
8	Liabilities	义务
9	Insurance	保险
10	Disputes and Arbitration	争端和仲裁

2006与2017版《业主/咨询工程师服务协议书》通用合同条件条款目录对比见表8-13。

2006 与 2017 版《业主 / 咨询工程师服务协议书》通用合同条件条款目录对比表　　表 8-13

序号	2006版"白皮书"英文目录	2017版"白皮书"英文目录
1	General Provisions	General Provisions
2	The Client	The Client
3	The Consultant	The Consultant
4	Commencement, Completion, Variation and Termination	Commencement and Completion
5	Payment	Variations to Services
6	Liabilities	Suspension of Services and Termination of Agreement
7	Insurance	Payment
8	Disputes and Arbitration	Liabilities
9	/	Insurance
10	/	Disputes and Arbitration

8.3.3 《联营体协议书》

1992年，FIDIC正式出版第一版《联营体协议书》(Joint Venture Agreement)。第二版《联营体协议书》(Model Joint Venture (Consortium) Agreement) 于2017年正式出版。联营体分为法人型联营体和合同型联营体，合同型联营体又分为投资入股型和协作型两种。就适用范围而言，《联营体协议书》适用于合同型联营体。就利润分配而言，规定联营体应按照其所缴纳的资本在注册资本中所占的直接比例分享联营体的利润。就管理模式而言，经营管理机构作为联营体的最高运作机构，负责联营体的日常管理，除对联营体董事会负责外，其为独立自主的机构。就风险分担方式而言，联营体成员之间根据出资比例，即根据其所缴纳的资本在注册资本中所占的直接比例，对风险和损失进行分担。此外，联营体任何一方的全部或任何部分权益在未经他方当事人书面同意的情况下，不得以任何方式转让。《联营体协议书》不仅为联营体成员之间如何减轻风险和避免争端作出指导，而且为各方义务和行为的履行提供执行框架。

相比于1992年第一版《联营体协议书》，2017版《联营体协议书》对沟通机制、支持产权等进行定义，将"工作绩效"改变为"服务绩效"、"可分割性"改变为"强制性"，语言更加通俗，便于用户使用。1992版《联营体协议书》合同条件条款目录见表8-14。2017版《联营体协议书》合同条件条款目录见表8-15。

1992 版《联营体协议书》合同条件条款目录表　　　表 8-14

序号	英文目录	中文目录
1	Definitions and Interpretation	定义和解释
2	Joint Venture	联营体
3	Proposal Submission	建议书的提交
4	Performance of the Work	工作绩效
5	Language and Law	语言和法律
6	Exclusivity	排他性
7	Executive Authority	行政管理权
8	Documents	文件
9	Personnel	人员
10	Assignment and Third Parties	转让与第三方
11	Severability	可分割性
12	Member in Default	违约成员
13	Duration of the Agreement	协议有效期
14	Liability	责任
15	Insurance	保险
16	Promotional and Project Costs，Profits，Losses and Remuneration	市场开发与项目费用，利润，亏损和报酬
17	Financial Administration and Accounting	财务管理与会计
18	Guarantees and Bonds	保证与担保
19	Arbitration	仲裁
20	Notices	通知
21	Sole Agreement and Variation	协议的唯一性与变更

2017版《联营体协议书》合同条件条款目录表　　　　表 8-15

序号	英文目录	中文目录
1	Definitions，Interpretations and Communication	定义、解释和沟通
2	Joint Venture	联营体
3	Proposal Submission	建议书的提交
4	Performance of the Services	服务绩效
5	Governing Law and Language	管辖法律和语言
6	Exclusivity	排他性
7	Executive Authority	行政管理权
8	Documents	文件
9	Personnel	人员
10	Assignment and Third Parties	转让与第三方
11	Enforceability	强制性
12	Member in Default	违约成员
13	Duration of the Agreement	协议有效期
14	Liability	责任
15	Insurance	保险
16	Promotional and Project Costs，Profits，Losses and Remuneration	市场开发与项目费用，利润，亏损和报酬
17	Financial Administration and Accounting	财务管理与会计
18	Bank Accounts and Working Capital	银行账户和流动资金
19	Guarantees and Bonds	保证与担保
20	Confidentiality	保密
21	Intellectual Property	知识产权
22	Disputes and Arbitration	争端和仲裁
23	Notices and Other Communications	通知和其他交流机制
24	Entire Agreement and Amendments	完整协议与修改

1992版与2017版《联营体协议书》合同条件条款对比见表8-16。

1992版与2017版《联营体协议书》合同条件条款对比表　　表8-16

序号	1992版《联营体协议书》英文目录	2017版《联营体协议书》英文目录
1	Definitions and Interpretation	Definitions, Interpretations and Communication
2	Joint Venture	Joint Venture
3	Proposal Submission	Proposal Submission
4	Performance of the Work	Performance of the Services
5	Language and Law	Governing Law and Language
6	Exclusivity	Exclusivity
7	Executive Authority	Executive Authority
8	Documents	Documents
9	Personnel	Personnel
10	Assignment and Third Parties	Assignment and Third Parties
11	Severability	Enforceability
12	Member in Default	Member in Default
13	Duration of the Agreement	Duration of the Agreement
14	Liability	Liability
15	Insurance	Insurance
16	Promotional and Project Costs, Profits, Losses and Remuneration	Promotional and Project Costs, Profits, Losses and Remuneration
17	Financial Administration and Accounting	Financial Administration and Accounting
18	Guarantees and Bonds	Bank Accounts and Working Capital
19	Arbitration	Guarantees and Bonds
20	Notices	Confidentiality
21	Sole Agreement and Variation	Intellectual Property
22	/	Disputes and Arbitration
23	/	Notices and Other Communications
24	/	Entire Agreement and Amendments

8.3.4　《咨询分包协议书》

FIDIC最早于1992年出版第一版《咨询分包协议书》(Sub-Consultancy Agreement)。2017年，FIDIC对《咨询分包协议书》进行修订，出版第二版《咨询分包协议书》。2017版《咨询分包协议书》是在第五版"白皮书"的基础上，经过实质性修改编制而成的，适用于在《业主/咨询工程师服务协议书》指导下的咨询分包服务。相比1992年第一版《咨询分包协议书》，其在合同条款上做出了较大修改。一方面，条款从九条增加到十条，条款数量增加；另一方面，条款的描述上存在较大差异，同时对咨询分包服务的变更做出了更加详细的规定。

1992版《咨询分包协议书》合同条件条款目录见表8-17。2017版《咨询分包协议书》合同条件条款目录见表8-18。

1992 版《咨询分包协议书》合同条件条款目录表　　　　表 8-17

序号	英文目录	中文目录
1	Definitions and Interpretation	定义和解释
2	General Provisions	一般规定
3	Obligations of the Sub-Consultant	咨询分包商的义务
4	Obligations of the Consultant	咨询顾问的义务
5	Liability	责任
6	Insurance	保险
7	Suspension and Termination	暂停和终止
8	Exceptional Services	额外服务
9	Arbitration	仲裁

2017 版《咨询分包协议书》合同条件条款目录表　　　　表 8-18

序号	英文目录	中文目录
1	General Provisions	一般规定
2	The Consultant	咨询顾问
3	The Sub-Consultant	咨询分包商
4	Commencement and Completion	开工和竣工
5	Variations to Sub-Consultancy Services	咨询分包服务的变更
6	Suspension of Services and Termination of Sub-Consultancy Agreement	暂停服务和咨询分包协议的终止
7	Payment to the Sub-Consultant	分包咨询支付
8	Liabilities	责任
9	Insurance	保险
10	Disputes and Arbitration	争端和仲裁

1992版与2017版《咨询分包协议书》合同条件条款对比见表8-19。

1992 版与 2017 版《咨询分包协议书》合同条件条款对比表　　表 8-19

序号	1992版《咨询分包协议书》英文目录	2017版《咨询分包协议书》英文目录
1	Definitions and Interpretation	General Provisions
2	General Provisions	The Consultant
3	Obligations of the Sub-Consultant	The Sub-Consultant
4	Obligations of the Consultant	Commencement and Completion
5	Liability	Variations to Sub-Consultancy Services
6	Insurance	Suspension of Services and Termination of Sub-Consultancy Agreement
7	Suspension and Termination	Payment to the Sub-Consultant
8	Exceptional Services	Liabilities
9	Arbitration	Insurance
10	/	Disputes and Arbitration

8.3.5　《代表协议书》

2004年，FIDIC出版《代表协议书测试版本》（Model Representative Agreement Test ED）。2013年，FIDIC在该试用版的基础上进行修正，正式推出了供咨询工程师雇用项目所在国的当地代表时所使用的代表协议书范本，即《代表协议书》（2013年第一版）（Model Representative Agreement，称"紫皮书"）。在结构上，《代表协议书》遵循FIDIC标准合同范本格式，包括通用条款、专用条款、合同协议书及其附录以及指南四个部分。相比于测试版，2013版《代表协议书》中提出"反腐败"一词，并用大量语句对代表的反腐败要求进行描述，这不仅是国际环境的发展趋势和发展要求，同时也是职业道德底线的体现。另外，《代表协议书》继承了FIDIC合同范本平等公平的原则，就代表协议支付方式作出规定，咨询工程师收到相关委托人的支付款项时，才向代表支付报酬，这种款到即付合同（Pay-When-Paid）的支付对咨询工程师的利益给予了很好的保护，体现了咨询公司对风险的分担。总体来说，《代表协议书》为工程咨询公司开展咨询业务提供了新的合作方式和资源配置方式。

2004版《代表协议书测试版本》通用合同条件条款目录见表8-20。

2004 版《代表协议书测试版本》通用合同条件条款目录表　　表 8-20

序号	英文目录	中文目录
1	Definitions	定义
2	Interpretation	解释
3	Scope of Representation	代表范围
4	Limits of Representation	代表限制
5	Warrants	授权许可
6	Remuneration	酬金
7	Consultant's Rights	咨询顾问的权利
8	Currency, Exchange and Taxes	货币、外汇和税
9	Termination	终止
10	Notices	通知
11	Registration	注册登记
12	Liability	责任
13	Arbitration and Governing Law	仲裁和法律的适用
14	Confidentiality	保密
15	Corruption	腐败
16	Miscellaneous	其他

2013版《代表协议书》通用合同条件条款目录见表8-21。

2013 版《代表协议书》通用合同条件条款目录表　　表 8-21

序号	英文目录	中文目录
1	Definitions	定义
2	Interpretation	解释
3	Scope of Representation	代表范围
4	Limits of Representation	代表限制
5	Warrants	授权许可
6	Remuneration	酬金
7	Consultant's Rights	咨询顾问的权利
8	Currency, Exchange and Taxes	货币、外汇和税
9	Termination	终止
10	Notices	通知
11	Registration	注册登记
12	Indemnities	赔偿金
13	Governing Law and Dispute Resolution	法律适用和争端解决
14	Confidentiality	保密
15	Anti-Corruption	反腐败
16	Miscellaneous	其他

　　2004版《代表协议书测试版本》与2013版《代表协议书》通用合同条件条款目录对比见表8-22。

2004 版《代表协议书测试版本》与 2013 版《代表协议书》通用合同条件条款目录对比表　表8-22

序号	《代表协议书测试版本》目录	《代表协议书书》目录
1	Definitions	Definitions
2	Interpretation	Interpretation
3	Scope of Representation	Scope of Representation
4	Limits of Representation	Limits of Representation
5	Warrants	Warrants
6	Remuneration	Remuneration
7	Consultant's Rights	Consultant's Rights
8	Currency, Exchange and Taxes	Currency, Exchange and Taxes
9	Termination	Termination
10	Notices	Notices
11	Registration	Registration
12	Liability	Indemnities
13	Arbitration and Governing Law	Governing Law and Dispute Resolution
14	Confidentiality	Confidentiality
15	Corruption	Anti-Corruption
16	Miscellaneous	Miscellaneous

8.4 FIDIC合同范本最新动向及未来发展展望

8.4.1　对1999年版彩虹族合同范本修订工作计划

根据惯例，FIDIC一般10年左右根据国际市场的发展，对其出版的范本进行修订。截至2016年底，1999版红皮书、黄皮书、银皮书以及绿皮书四本彩虹族系列合同范本已出版长达17年。在大家的期盼中，2017年初，FIDIC发布了《生产设备和设计—建造合同条件》征求意见稿（Contract of Conditions for Plant & Design-Build（Pre-Release Edition））。

根据FIDIC合同委员会专家Siobhan Fahey认为对1999版彩虹族合同的修订依据主要包括：

- FIDIC合同的用户反馈（最重要的依据）
- 2008年FIDIC编写DBO合同的经验
- 2010年编写MDB合同条件协调版时所积累的经验
- FIDIC合同委员会特别顾问的建议
- 最新的国际工程发展动向以及良好实践做法
- 国际商会（ICC）的总体反馈
- 法院判决等

至于为什么选择先修订黄皮书，Siobhan Fahey解释到，从工作范围看，黄皮书与银皮书是类似的，都包括工程设计、采购、施工等；从管理角色与风险分担看，黄皮书与红皮书类似，但是黄皮书风险分担较为均衡，不像红皮书那样偏向承包商，也不像银皮书那样偏向业主方。修订好黄皮书后，其他两个版本的修订就会更加简便。

2017版黄皮书征求意见稿具有以下特色：

1）坚持语言上更"工程师化"，但同时认识到FIDIC合同作为法律文件，表达上应更加严谨，为此，FIDIC在1999版黄皮书给出的58个定义的基础上，又增加了32个专用术语定义，使得全部专有术语达到90个；

2）更加强调程序的完整与严谨，并且倾向对双方要求的对等性，如在1999版黄皮书中，并没有规定业主对承包商提出索赔的时间约束，而只规定了承包商对业主提出索赔的时间约束，在2017版黄皮书中，对业主提出同样的时间限制，但将原来的第20条分为两条，强化了处理争端的程序；

3）加强了工程师的职能，增加了"工程师代表"这一角色，更能反映国际工程现场的实际管理现状；

4）更加侧重项目管理化，例如，在第8.3款中，对于承包商在收到开工通知后提交的进度计划，给出了更为详细的规定，进度计划不但显示出项目工作的顺序，而且必须显示出各种工序之间的逻辑关系、关键路径与浮时等；

5）对QHSE提出了更高的要求，如在4.8、4.9款中提出了更加清晰和详细的健康与安全、质量管理体系、符合性验证体系等；

6）风险分担仍然在业主与承包商之间保持均衡，但编制方式发生了很大变化，在2017年修订版中，不再使用"不可抗力"（Force Majeure）这一术语，恢复采用了"例外风险"（Exceptional Risks）这一术语，将业主的风险分为三部分：业主的商业风险（Commercial Risks）、业主的损害风险（Risks of Damage）和特殊风险（Exceptional Risks），这种编排方式的逻辑性更强；

7）就争端解决而言，2017版黄皮书将争端与仲裁的解决单独编制为一个独立条款（21条），将"Dispute Adjudication Board"更换为"Dispute Avoidance / Adjudication on Board"，显示了FIDIC尽可能友好地解决争端的思想，更加倾向于高效的争端解决方式。

除了呈现各自的特点之外，FIDIC在随后的红皮书、银皮书的修订中，也会部分体现上述黄皮书修订的特点，尤其是在项目管理与程序化方面。

2017年《生产设备和设计—建造合同条件》（征求意见稿）通用合同条件条款目录见表8-23。

8.4.2　其他新型合同范本编写计划

除了对1999年版彩虹族合同修订外，FIDIC同时正在计划或编制以下合同范本，以满足国际工程市场的需要：

• 编制新的《设计—建造分包合同》（New Design–Build Subcontract），与新黄皮书设计—建造合同配套使用；

• 编制新的《隧道作业与地下工程合同》（New Tunneling and Underground Works），专门用于对地质敏感的工程项目；

• 编制新的《运营—设计—建造—运营合同》（Operate–Design–Build–Operate Contract，简称ODBO），用于已有旧项目改扩建和运营，构成现有适用于新项目的DBO合同的姊妹篇。

除了上述合同之外，FIDIC也正在考虑是否单独编制下列合同范本：

2017年《生产设备和设计—建造合同条件》（征求意见稿）通用合同条件条款目录表　　表8-23

序号	英文目录	中文目录
1	General Provisions	一般规定
2	The Employer	业主
3	The Engineer	工程师
4	The Contractor	承包商
5	Design	设计
6	Staff and Labour	员工
7	Plant, Materials and Workmanship	生产设备、材料和工艺
8	Commencement, Delays and Suspension	开工、延误和暂停
9	Tests on Completion	竣工试验
10	Employer's Taking Over	业主的接收
11	Defects after Taking Over	接收后的责任
12	Tests after Completion	竣工后试验
13	Variations and Adjustments	变更和调整
14	Contract Price and Payment	合同价格和付款
15	Termination by Employer	由业主终止
16	Suspension and Termination by Contractor	承包商暂停和终止
17	Risk Allocation	风险分担
18	Exceptional Risks	例外风险
19	Insurance	保险
20	Employer's and Contractor's Claims	业主和承包商索赔
21	Disputes and Arbitration	争端与仲裁

• 《离岸风电项目合同》（Contract for Off-Shore Wind Projects）

• 《可再生产业合同》（Contract for Renewables Industry）

除合同范本外，FIDIC还计划编制一些相关支撑FIDIC合同范本的文件，如：《基于网络的FIDIC术语词汇表》（Web-Based Glossary of FIDIC Terms）、《FIDIC合同黄金准则》（Golden Principles of FIDIC Contracts）等。

回顾FIDIC合同范本60年的发展历程，可以看出其具有以下特点：

• 合同模式紧跟国际工程市场的变化而不断更新和修订，二次世界大战后国际市场急需的土木工程合同以及随后的机电工程合同；从20世纪90年代逐渐流行的DB/EPC总承包合同再到近20年日益广泛使用的PPP合同（DBO/ODBO合同）；从传统合同到诸如新能源、可再生产业的专门合同，FIDIC无不显示出对市场需求的敏感和及时给予响应；

- 管理组织也不再是只有"工程师"来代表业主管理合同。"工程师"这一角色从独立无偏逐渐演变为"业主人员"，FIDIC在某些合同中删除"工程师"这一角色，直接采用业主代表管理合同；

- 随工程师角色的演变，争端解决引入了争端裁决委员会（DAB）裁定的程序，从而从主要靠"自决"转向"他决"，鼓励最大限度地采用"私人秩序"来解决争端；

- 合同编制虽然努力保持法律上的严谨性，但越来越趋向"项目管理化"，重视服务于项目管理专业人员，而不单单是律师等法务人员；

- 风险分担由"理论公平"到关注"应用现实"，在不同的合同范本中采用不同的风险分担模式，应用于不同的项目类型；

- 越来越重视程序的严谨性、完整性以及合同双方遵守程序的对称性；

- 合同编排结构更加逻辑化，语言更简明。

经过国际工程市场60年的应用检验，虽然在实践中也发现了一些不足，但从总体来看，FIDIC合同范本显示出了强大的生命力以及对国际工程市场的巨大影响力。FIDIC在未来会编制与发布更多、更成熟的合同范本，更好地服务于国际工程市场可持续的健康发展。

附：在中国翻译出版的主要FIDIC合同范本目录

（按翻译出版时间顺序）

1986：卢谦 翻译，张琰 校：FIDIC 土木工程施工国际通用合同条件（1977年第三版）. 北京：中国建筑工业出版社.

1991：臧军昌、季小弟、周可荣、张水波 翻译，何伯森、谢亚琴 校，许永康审校：FIDIC土木工程施工合同条件应用指南（附1987年第四版1988年订正版）. 北京：航空工业出版社.

1991：周可荣、张水波、谢亚琴 翻译，何伯森 校：FIDIC电气与机械工程合同条件（1987年第三版），北京：航空工业出版社.

1991：周可荣 翻译，何伯森、张水波 校：FIDIC业主/咨询工程师标准服务协议书（1990年第一版），北京：航空工业出版社.

1995：周可荣、张水波、谢亚琴、范运林、鹿丽宁 翻译，何伯森、陈大中 校：

FIDIC电气与机械工程合同条件应用指南（1988版）．北京：航空工业出版社．

1995：张水波、周可荣 翻译，何伯森、鹿丽宁 校：FIDIC业主/咨询工程师标准服务协议书应用指南（1991年版）．北京：航空工业出版社．

1996：刘英、刘尔烈、李长燕 翻译，何伯森、周可荣、张水波 校：FIDIC土木工程施工分包合同条件（1994年版，与1987年第四版红皮书配套使用）．北京：中国建筑工业出版社．

1996：何伯森、周可荣、刘英、叶永 翻译，张水波 校：FIDIC 设计—建造与交钥匙工程合同条件（1995年橘皮书）．北京：中国建筑工业出版社．

1999：张水波、周可荣、叶永 翻译，何伯森 校：FIDIC 设计—建造与交钥匙工程合同条件应用指南（1996）．北京：中国建筑工业出版社．

2002：朱锦林 翻译，徐章礼 校译，王川、徐礼章、唐萍 审定：菲迪克（FIDIC）施工合同条件（1999年版）．北京：机械工业出版社．

2002：周可荣、刘雯、万彩芸、王健 翻译，何伯森、张水波 校译，王川、徐礼章、唐萍 审定：菲迪克（FIDIC）生产设备和设计—施工合同条件（1999年版）．北京：机械工业出版社．

2002：王川 翻译，徐章礼 校译，王川、徐礼章、唐萍 审定：菲迪克（FIDIC）设计采购施工（EPC）/交钥匙工程合同条件（1999年版）．北京：机械工业出版社．

2002：吕文学、陈勇强 翻译，唐萍 校译，王川、徐礼章、唐萍 审定：菲迪克（FIDIC）简明合同格式（1999年版）．北京：机械工业出版社．

2003：国际咨询工程师协会/中国工程咨询协会编译（唐萍、张瑞杰、张洁 翻译，唐萍 校译，王川、徐礼章 审定）：菲迪克（FIDIC）合同指南（施工合同条件，生产设备和设计—施工合同条件，设计采购施工（EPC）/交钥匙合同条件）（2000年版），北京：机械工业出版社．

2004：卢有杰 翻译，唐萍 校译，王川、徐礼章 审定：客户/咨询工程师（单位）服务协议书范本（1998年第3版）．北京：机械工业出版社．

2004：唐萍 翻译，王川、徐礼章 审定：客户/咨询工程师（单位）协议书（白皮书）指南（2001年第2版）．北京：机械工业出版社．

2008：张水波、王佳伟、仇乐、隋海鑫、赫冰峰、张俊丽 翻译：FIDIC系列工程合同范本—编制原理与应用指南（2005年版），（原著：Nael，G. Bunni）．北京：中国建筑工业出版社．

FIDIC

附录

附录1

关于应用BIM项目使用FIDIC合同的用户建议（译）

建筑信息模型（Building Information Modelling，简称BIM）正在改变设计行业、施工行业甚至设施运维中的许多要素。作为一种数字数据技术，BIM被应用于项目规划、勘察、设计、施工和运营过程中的各个方面。数字数据技术一般包括数据采集、文档管理、设计和过程管理、估算、计划和进度安排、合同管理、性能管理和建筑信息建模等系统。

BIM具有不同程度的复杂性，既可以作为独立使用的计算机辅助设计工具，也可以作为整个项目团队全面共享的模型和信息。目前BIM在发达国家获得了更多的使用和更好的理解，为了提高质量和准确性，缩短交付时间以及节约成本，很多发达国家鼓励甚至要求使用BIM。同时BIM具有大幅提高建筑行业生产率、减小设施运营成本的可能性。

BIM不是一套合同条件，而是提供了一个平台，通过这个平台所有项目相关方可接触到与其设计和施工任务相关的信息。如果有可能的话，可以开发一个组合（有时称为联合或协作）模型供所有相关方共享，即使设计是由不同的设计方使用不同的计算机辅助软件完成的。图纸和规范保存在公共数据库（common database）中，可供所有人访问。这可以用于冲突检测、设计协调、变更沟通和工序安排。

目标和工作的协调是非常必要的，这通常是通过BIM协议（BIM Protocol）和BIM执行计划（BIM Execution Plan）实现，二者是访问和理解平台中工作内容的关键文件。设计人员需要理解并遵从BIM协议和BIM执行计划中说明的多设计（或细节）层次（Levels of Design or Detail，LOD），以确保每个层次都包含足够的细节从而使所有设计都能有效地进行，并避免不必要的变更。

BIM是建立在团队为单位的基础上的，成功使用BIM的项目促进了协作。FIDIC系列合同条件设计的初衷是对相关方公平，如果相关方能够认识到协作单位上的差异并恰当地使用合同，FIDIC合同条件同样适用于使用BIM的项目。这需要项目初期有一个合理的规划，除非业主自身具有足够的专业知识，否则建议业主应雇用专业的工程师，协助他们征集意向函、建议书、选择适当的项目团队并完成谈判签约。法律咨询同样必要，特别在后期谈判签约阶段。建议征求书必须清晰地列明业主对于咨询公司的期待和要求，应包括明确的BIM目标和期望收益。明确的RFP会帮助投标者积极响应，同时帮助业主选择最适合的咨询公司达到期望的BIM绩效。这个过程反过来也会促进所有相关方谈成适当的合同条款，建议该过程使用FIDIC的基于资质的选择（Quality Based Selection，QBS）指南。

使用BIM可以提高项目的信息质量，进而能够减少很多变更。因此有必要考虑传统的承包商和业主角色如何适应这种新的结构。通常来讲，BIM非常适用于集成项目交付模式（Integrated Project Delivery），如设计—建造（Design-Build，DB）和设计—建造—运营（Design-Build-Operate，DBO）等需要设计工程师、承包商和业主早期介入的项目模式。如果项目预期达到较高的BIM应用水平，可考虑在建造的基础上增加运营和维护等要素。

较高的BIM应用水平需要完全的信息共享，需要配备有资质的人员管理整个模型，这应当与项目经理的角色区分开，以确保项目责任清晰明确。如果业主和工程师都没有相应资质的人员，建议业主选择适当的外包资源。管理项目的BIM工作可能涉及超出职业责任险（Professional Indemnity Insurance）覆盖范围的风险，如果对风险的覆盖范围有异议，建议咨询专业的职业责任险承保人。同时建议该人员应具备诸如数据备份、整体连续的规划制定和网络安全等方面的能力和经验。

使用BIM的项目中，所有相关方应特别注意检查其工作范围及相关合同内容，确保其与BIM相关的职责是十分明确的。FIDIC识别出使用BIM的项目主要有如下风险来源：

- 对服务范围的误解
- 数据的不恰当利用或使用不恰当的数据
- 无效的信息、文档或数据管理
- 网络安全和模型或数据的保管职责
- 交付物、批准流程和交付的定义

为了管理上述及其他与数字科技相关风险，FIDIC鼓励咨询公司对其提供的服务范围给予明确的定义时考虑如下问题：

- 由其提出的BIM系统信息和版本信息，以及其所采用的管理流程
- 业主、其他咨询方和承包商的访问权限和限制
- 数字环境下项目其他参与方对数据可能的依赖情况

- 平台运行时间和访问方面的限制，以及平台不可用状态下可能的免责范围（exclusion of liability）

- 网络攻击情况中可能的免责范围

- 其他方行为引起的专业责任下可能的免责范围或限制

- 对组合模型当前或先前问题的访问以及对模型更改的完整核查追踪信息（complete audit trail）的访问

项目完工时，模型应更新到竣工的状态，包括图纸和嵌入的数据，经验表明这项工作很重要，因此完成此项工作的责任应清晰并且应提供适当的酬劳。

应核实合同中传达通知的方式是共同的数据平台还是更加传统的方式。

项目的分包商也应受BIM协议和执行计划的约束。

合同中的争端解决过程应考虑到BIM管理过程的协作性，同时应咨询设计、施工和法律方面的专家。

法律顾问应对合同进行检查，确保合同不会无意间导致一个联营体的产生，从而在某些司法辖区可能构成风险。

如果合同中有符合预期目的（FFP）条款，应确保条款清晰表明谁负责履行该条款，同时也要明确修复责任如何在参与方之间划分。

应确保与组合或联合模型更改相关的核查追踪信息（audit trails for modifications）在建设过程和完工后都能得到追踪和保存，并可由适当的相关方访问。由于项目设计和施工相关方众多，应确保各相关方和整个项目都有适当的责任限度（appropriate limits of liability）。

对于应用BIM的生产设备或设计—建造项目，除了应考虑上述原则和注意事项，还应在起草专用条件时关注黄皮书通用合同条件中的（包括但不仅限于）如下条款：

条款号	条款名称	条款号	条款名称
1.1	定义	2.3	业主的人员和其他承包商
1.3	通知和其他通信	2.5	现场数据和参照项
1.5	文件优先级	3.2	工程师的职责和权力
1.10	业主对承包商文件的使用	4.1	承包商的一般义务
1.11	承包商对业主文件的使用	4.6	合作
1.15	责任限度	4.7	放线

条款号	条款名称	条款号	条款名称
4.9	质量管理和合规验证体系	8.3	进度计划
4.20	进度报告	9.1	承包商的义务（竣工试验）
5.1	一般设计义务	13.3	变更程序
5.2	承包商文件	17.3	知识产权与工业产权
5.6	竣工记录	17.4	承包商的保障
5.7	运营和维护手册	17.5	业主的保障
5.8	设计错误	17.6	共同保障
6.8	承包商的管理	19.2.6	法律和当地习惯要求的其他保险
6.10	承包商的记录		

FIDIC即将出版"技术指南"（Technology Guideline）和"针对BIM的工作范围界定指南"（Definition of Scope Guideline Specific to BIM），为使用BIM的FIDIC用户提供进一步的支持。这些文件正在编制，将会在1999版FIDIC系列合同条件第二版（2017版）出版后很快发行。

（译者注：以上为2017版黄皮书中关于应用建筑信息模型的项目使用FIDIC合同的用户建议，红皮书和银皮书与黄皮书基本一致，只是在起草专用条件时重点关注的条款不同，红皮书中无第5.1款至第5.8款，银皮书中无第3.2款［工程师的职责和权力］，取而代之的为第3.1款［业主代表］，并增加第3.2款［其他业主的人员］。）

本附录摘自2017版黄皮书
由金梦夏翻译，张帅军、姚洪江校译

附录2

FIDIC 2017版系列合同范本整体英文版目录

Acknowledgements

Notes

General Conditions

Contents

Clauses 1 to 21

Appendix：General Conditions of Dispute Avoidance/Adjudication Agreement

Annex：DAAB Procedural Rules

Index of Sub-Clauses

Guidance for the Preparation of Particular Conditions

Introductory Guidance Notes

Particular Conditions Part A - Contract Data

Particular Conditions Part B - Special Provisions

- Notes on the Preparation of Tender Documents

- Notes on the Preparation of Special Provisions

- Clauses

Advisory Notes to Users of FIDIC Contracts Where the Project Uses Building

Information Modelling Systems

Annexes: Forms of Securities

Forms of Letter of Tender, (*Letter of Acceptance*) Contract Agreement and

DAAB Agreement

注：以上目录以2017版黄皮书为例，红皮书和黄皮书整体目录完全一致，银皮书只是没有红皮书和黄皮书的Letter of Acceptance，其他均与另外两本一致。

附录3

FIDIC 2017版通用合同条件二级子条款英文目录

（注：本附录首先列出2017版黄皮书通用合同条件的所有二级子条款目录，红皮书和银皮书与之不同的地方在后面列出）

General Conditions of Contract for Plant and Design-Build

Contents

1. **GENERAL PROVISIONS**

1.1 Definitions

1.2 Interpretation

1.3 Notices and Other Communications

1.4 Law and Language

1.5 Priority of Documents

1.6 Contract Agreement

1.7 Assignment

1.8 Care and Supply of Documents

1.9 Errors in the Employer's Requirements

1.10 Employer's Use of Contractor's Documents

1.11 Contractor's Use of Employer's Documents

1.12 Confidentiality

1.13 Compliance with Laws

1.14 Joint and Several Liability

1.15 Limitation of Liability

1.16 Contract Termination

2. **THE EMPLOYER**

2.1 Right of Access to the Site

2.2 Assistance

2017版红皮书
General Conditions of Contract for Construction

2017版红皮书与黄皮书相比：第1.9款改为［Delayed Drawings or Instructions］；将黄皮书的第4.4款［Subcontractors］和第4.5款［Nominated Subcontractors］移到了红皮书第5条［Subcontracting］；在第4条［The Contractor］中增加了第4.4款［Contractor's Documents］和第4.5款［Training］（这两条在黄皮书中是第5条［Design］的内容）。

2017版红皮书没有黄皮书的第5条［Design］，第5条整体改为：

5	SUBCONTRACTING
5.1	Subcontractors
5.2	Nominated Subcontractors

2017版红皮书没有黄皮书的第12条［Tests after Completion］，红皮书第12条整体改为：

12	MEASUREMENT AND VALUATION
12.1	Works to be Measured
12.2	Method Measurement
12.3	Valuation of the Works
12.4	Omissions

2017版红皮书与黄皮书的所有其他二级子条款的名称均保持一致。

2017版银皮书
General Conditions of Contract for EPC/Turnkey Projects

2017版银皮书与黄皮书相比：去掉了第1.9款［Errors in the Employer's Requirements］和第10.4款［Surfaces Requiring Reinstatement］；第10.2款改为［Taking Over of Parts of the Works］、第14.6款改为［Interim Payments］、第14.13款改为［Final Payment］。

2017版银皮书第3条整体改为：

3	THE EMPLOYER'S ADMINISTRATION
3.1	The Employer's Representative

3.2   Other Employer's Personnel

3.3   Delegation Persons

3.4   Instructions

3.5   Agreement or Determination

3.6   Meetings

2017版银皮书与黄皮书的所有其他二级子条款的名称均保持一致。

附录4

FIDIC 2017版系列合同条件中关键词或词组索引及参考中文

1.	Accepted Contract Amount	中标合同金额
2.	Advance Payment Certificate	预付款支付证书
3.	Advance Payment Guarantee	预付款保函
4.	Base Date	基准日期
5.	Bill of Quantities	工程量清单
6.	Claim	索赔
7.	Commencement Date	开工日期
8.	Compliance Verification System	合规性验证体系
9.	Conditions of Contract	合同条件
10.	Contract	合同
11.	Contract Agreement	合同协议书
12.	Contract Data	合同数据
13.	Contract Price	合同价格
14.	Contractor	承包商
15.	Contractor's Documents	承包商文件
16.	Contractor's Equipment	承包商的施工设备
17.	Contractor's Personnel	承包商人员
18.	Contractor's Proposal	承包商建议书
19.	Contractor's Representative	承包商代表
20.	Cost	成本
21.	Cost Plus Profit	成本加利润
22.	Country	工程所在国
23.	Dispute Avoidance/Adjudication Board	争端避免／裁决委员会

24.	DAAB Agreement	争端避免／裁决委员会协议
25.	Date of Completion	完工日期
26.	Daywork Schedule	计日工表
27.	Defects Notification Period	缺陷通知期
28.	Delay Damages	误期损害赔偿费
29.	Dispute	争端
30.	Drawings	图纸
31.	Employer	业主（雇主）
32.	Employer's Equipment	业主的施工设备
33.	Employer's Personnel	业主人员
34.	Employer's Requirements	业主要求
35.	Employer–Supplied Materials	业主提供的材料
36.	Engineer	工程师
37.	Engineer's Representative	工程师代表
38.	Exceptional Event	例外事件
39.	Extension of Time	工期延长
40.	Final Payment Certificate	最终支付证书
41.	Final Statement	最终报表
42.	Foreign Currency	外币
43.	General Conditions	通用合同条件
44.	Goods	货物
45.	Interim Payment Certificate	期中支付证书
46.	Joint Venture	联营体
47.	JV Undertaking	联营体的承诺
48.	Key Personnel	关键人员
49.	Laws	法律
50.	Letter of Acceptance	中标函
51.	Letter of Tender	投标函
52.	Local Currency	当地货币
53.	Materials	材料

54.	No-objection	不反对
55.	Notice	通知
56.	Notice of Dissatisfaction	不满意通知
57.	Part	部分工程
58.	Particular Conditions	专用合同条件
59.	Party	当事方（一方）
60.	Parties	合同双方
61.	Payment Certificate	支付证书
62.	Performance Certificate	履约证书
63.	Performance Damages	性能赔偿费
64.	Performance Security	履约保证
65.	Permanent Works	永久工程
66.	Plant	生产设备
67.	Programme	进度计划
68.	Provisional Sum	暂定金额
69.	Quality Management System	质量管理体系
70.	Retention Money	保留金
71.	Review	审核
72.	Schedules	资料表
73.	Schedule of Payments	支付计划表
74.	Schedule of Performance Guarantees	性能保证表
75.	Schedule of Rates and Prices	费率与价格表
76.	Section	区段
77.	Site	现场
78.	Special Provisions	专用条件
79.	Specification	规范
80.	Statement	报表
81.	Subcontractor	分包商
82.	Taking-Over Certificate	接收证书
83.	Temporary Works	临时工程

84.	Tender	投标书
85.	Tests after Completion	竣工后试验
86.	Tests on Completion	竣工试验
87.	Time for Completion	竣工时间
88.	Unforeseeable	不可预见
89.	Variation	变更
90.	Works	工程

常用词组缩写及含义：

1.	BIM（Building Information Modelling)	建筑信息模型
2.	BOQ（Bill of Quantities)	工程量清单
3.	BOT（Build，Operate and Transfer)	建造 – 运营 – 移交
4.	CVS（Compliance Verification System)	合规验证体系
5.	DAAB（Dispute Avoidance/Adjudication Board)	争端避免／裁决委员会
6.	DAB（Dispute Adjudication Board)	争端裁决委员会
7.	DB（Design and Build)	设计 – 建造
8.	DBB（Design Bid Build)	设计 – 投标 – 建造
9.	DBO（Design，Build and Operate)	设计 – 建造 – 运营
10.	DNP（Defects Notification Period)	缺陷通知期
11.	EOT（Extension of Time)	工期延长
12.	EPC（Engineering，Procurement and Construction)	

设计 – 采购 – 施工

13. FIDIC（Fédération Internationale des Ingénieurs–Conseils)

国际咨询工程师联合会

14.	FFP（Fit For the Purpose（s))	符合预期目的
15.	FPC（Final Payment Certificate)	最终支付证书
16.	IPC（Interim Payment Certificate)	期中支付证书
17.	HSSE（Health，Safety，Security and Environment)	

健康，安全，治安与环境

18.	JV（Joint Venture)	联营体

19. NOD（Notice of Dissatisfaction）   不满意通知
20. PI（Professional Indemnity Insurance）   职业责任险
21. PPP（Public，Private and Partnership）   公私合营合作伙伴关系
22. QMS（Quality Management System）   质量管理体系

附录5

本书主要图表索引

注：第8章共有23个表，在此略去。

主要参考文献

[1] FIDIC. Conditions of Contract for Construction（Second edition)[M]. 2017.

[2] FIDIC. Conditions of Contract for Plant and Design-Build（Second edition)[M]. 2017.

[3] FIDIC. Conditions of Contract for EPC/ Turnkey Projects（Second edition)[M]. 2017.

[4] FIDIC. Conditions of Contract for Construction（First edition)[M]. 1999.

[5] FIDIC. Conditions of Contract for Plant and Design-Build（First edition)[M]. 1999.

[6] FIDIC. Conditions of Contract for EPC/ Turnkey Projects（First edition)[M]. 1999.

[7] FIDIC. FIDIC Contracts（1999 Editions) Guide[M]. 2000.

[8] FIDIC. FIDIC Procurement Procedures Guide[M]. 2011.

[9] Nael G. Bunni. The FIDIC Forms of Contract（Third edition)[M]. Blackwell Publishing Ltd, Oxford, 2005.

[10] 张水波，何伯森. FIDIC新版合同条件导读与解析[M]. 北京：中国建筑工业出版社，2003.

[11] 张水波，陈勇强. 国际工程合同管理[M]. 北京：中国建筑工业出版社，2011.

[12] 陈勇强，张水波. 国际工程索赔[M]. 北京：中国建筑工业出版社，2008.

[13] 陈勇强. 项目采购管理[M]. 北京：机械工业出版社，2002.

[14] 吕文学，张水波. FIDIC设计—建造和运营项目合同条件导读与解析[M]. 北京：中国建筑工业出版社，2010.

[15] 吕文学. 国际工程承包[M]. 北京：中国建筑工业出版社，2008.

[16] 吕文学. 国际工程项目管理[M]. 北京：科学出版社，2013.

[17] 丁士昭. 工程项目管理[M]. 北京：中国建筑工业出版社，2006.

[18] 成虎，宁延. 工程管理导论[M]. 北京：机械工业出版社，2018.

[19] 梁镒. 国际工程施工索赔[M]. 北京：中国建筑工业出版社，1996.

[20] 田威. FIDIC合同条件应用实务[M]. 北京：中国建筑工业出版社，2002.

[21] 邱闯. 国际工程合同原理与实务[M]. 北京：中国建筑工业出版社，2002.

[22] 崔军. FIDIC合同原理与实务[M]. 北京：机械工业出版社，2011.

[23] 张水波，陈勇强. 国际工程总承包：EPC交钥匙合同与管理[M]. 北京：中国电力出版社，2009.

[24] 刘家明，陈勇强，戚国胜. 项目管理承包—PMC理论与实践[M]. 北京：人民邮电出版社，2005.

[25] 汪世宏，陈勇强. 国际工程咨询设计与总承包企业管理[M]. 北京：中国建筑工业出版社，2010.

[26] 范云龙，朱星宇. EPC工程总承包项目管理手册及实践[M]. 北京：清华大学出版社，2016.

[27] 陈勇强，汪智慧，张浩然，孙春风译. 项目管理—计划与控制技术[M]. 北京：中国建筑工业出版社，2011.

[28] 张水波，吕文学译. 工期延误与干扰索赔

分析准则[M]. 北京：北京交通大学出版社，2013.

[29] 张水波. 国际工程英汉—汉英词典[M]. 北京：中国建筑工业出版社，1999.

[30] 张水波，谢亚琴. 国际工程管理英文信函写作[M]. 北京：中国建筑工业出版社，2001.

[31] 郭振杰. 现代工程保险经营管理国际化通用手册[M]. 北京：北京管理科学出版社，2007.

[32] 陈自强. 整合中之契约法[M]. 北京：北京大学出版社，2012.

[33] 张水波，吕文学，陈勇强. FIDIC合同体系发展60年：1957到2017. 全球工程经营公众号，2017.

[34] 高原，梁学光，张苗苗. 国际工程常用保函惯例比较分析—URDG、ISP98条款解读[J]. 国际经济合作，2008年第11期.

[35] 高原，张水波，仇乐. 论ICC "见索即付保函统一规则" 下的国际工程保函[J]. 哈尔滨商业大学学报（社会科学版），2006年第3期.

[36] 潘鹏程，刘应宗，王颂贤. FIDIC条件下设计方职业责任探讨[J]. 中国港湾建设，2006年第1期.

[37] 邓晓梅，田芊. 国际工程保证担保制度特征的研究[J]. 清华大学学报，2003年第2期.

[38] AIA. Standard Form of Agreement Between Owner and Design-Builder[M]. A141™-2004.

[39] JCT. Design and Build Contract[M]. 2011.

[40] International Chamber of Commerce. Uniform Rules for Demand Guarantees (URDG) 2010 Revision[M]. ICC Publication No. 758.

[41] Munich RE. CEAR – Construction and Erection All Risk Policy[M]. 2015.

[42] Russell Kenley, Olli Seppänen. Location-Based Management for Construction: Planning, scheduling and control[M]. Spon Press, 2010.

[43] CLYDE & Co. FIDIC Red Book 2017 A MENA perspective, 2017.

[44] Victoria Peckett, Adrian Bell, Jeremie Witt, Aidan Steensma. CMS guide to the FIDIC 2017 suite, 2018.

[45] Jeremy Glover. The Second Edition of the FIDIC Rainbow Suite has arrived. The Construction & Energy Law Specialists, 2018.

[46] Chen Yongqiang, Wang Wenqian, Zhang Shuibo, You Jingya. Understanding the multiple functions of construction contracts: The anatomy of FIDIC model contracts[J]. Construction Management and Economics, 2018.

[47] Wang Wenqian, Chen Yongqiang, Zhang Shuibo, Wang Yu. Contractual complexity in construction projects: conceptualization, operationalization, and validation[J]. Project Management Journal, 2018.

注：1. 本书作者刊登于《国际经济合作》杂志的FIDIC 2017版合同条件系列分析文章的相关信息，详见每节后面的标注。

2. 本书第8章所附的在中国翻译出版的主要FIDIC合同范本目录均为本书参考文献，在此不再重列。